Fudan Translation Series
学术顾问：吴友富 范 徵

广告创意战略

Creative Strategy in Advertising（第九版）

〔美〕邦尼·L·朱丽安妮（Bonnie L. Drewniany）
A·杰尔姆·朱勒（A. Jerome Jewler）◎著
杭虹利 李全喜 曹姝婧 王婧津◎译

復旦大學出版社

序

广告令人狂热。也许,有些人会对你说他们讨厌广告,但他们仍然通过电子邮件给朋友和家人发送广告;有些人则将他们喜欢的商业广告下载到移动电话上,时不时拿出来欣赏。尽管一些对广告持怀疑否定态度的人会对你说TiVo(一种数字录像设备,它能帮助人们非常方便地录下和筛选电视上播放过的节目)的出现意味着广告的结束,但你怎么解释,在足球超级杯赛事时,超过半数的美国成年人与其说是在看比赛,不如说他们更多是在观看广告?

广告非常富有活力,它随着技术的不断发展而持续演变,但广告的基本理论长期以来都没有发生变化,这些理论可归结为:你应该洞悉你的品牌、客户以及他们之间是怎样相互作用的。

这本书将帮助你了解富有创意的解决问题的程序。在第一章中,我们会对广告的创意进行定义。你们将会明白创作富有新意且高效的广告并不像它们看上去那么容易,它不是为简单地引起注意或者提出一句口号,也不是为了愉悦你的朋友,做广告更多的是应该明白客户的品牌如何融入它的目标受众的生活中。

第二章是新加的章节,由雪城大学的苏·威科特·阿尔萨瑞(Sue Westcott Alessandri)撰写,它阐述了品牌的重要性。第三章讨论变幻莫测的市场,这章将帮助你了解该怎样对少数族群、老年人和其他被广告客户忽略的群体作广告。

第四章主要是关于寻找事实,它是广告创意程序的开始。在这章中你将学会该问些什么类型的问题以及怎样对这些问题的回答进行深层次的展开。第五章将通过搜集信息、洞察信息和制定有关广告创意的战略规划等程序来对你进行指导。你将依照在第五章中学会制定的战略陈述,在第六章中得出一些创意。这些都不是实际广告,它们只是一些引导你最终付诸执行的创意而已。

第七章开始讨论广告的战术方法。在这章中你将学会怎样为平面广告撰写文案。第八章将告诉你怎样从视觉的角度来对你的想法进行表达。第九章讨论广播广告;第十章讨论电视广告;第十一章讨论直复营销的魅力;第十二章将对互联网广告提出深刻的见解。

第十三章将关注传统广告以外的一些领域,这些领域包括公共关系、销售促进、社会营销和游击营销。你将发现,你的客户所面对的问题的很多解决方式并不限于传统的广告。你甚至想要跳过第七章至第十二章的内容而直接阅读这一章,这样你就能有个全局观念。

最后,第十四章则对你将创意出售给客户的方法进行探讨。

正如你在本书中所看到的实例,你会发现我将许多客户纳入了此书。其中一些广告活动的预算数额巨大,但也有许多广告活动的预算只占客户进行竞争所需花费的数额中很小的一部分。这些广告中,有些是由总部设在纽约和洛杉矶的全球广告机构创作的,有些则由南卡罗来纳州的哥伦比亚市,马里兰州的银泉市和纽约州的雪城等较小的广告公司创作。

尽管客户以及他们的广告预算千差万别,但解决问题的程序却没有改变。你将发现广告活动的成功与否不在于你花了多少钱,而是在于你对品牌和客户的了解有多少以及你和他们交流互动的效果。

我对以下这些帮助这本书得以出版的人员表示感谢:出版商莱恩·乌尔(Lyn Uhl)、编辑助理金伯利·阿尔法贝姆(Kimberly Apfelbaum)、技术项目副经理卢西达·宾汉姆(Lucinda Bingham)。我要感谢艾莱恩·琼斯(Elaine Jones)对这本书所作的校对。同时我还要感谢这些书评家,他们对这本书的改进提出了宝贵的意见,他们是内布拉斯加大学的休·雷利(Hugh Reilly)、印第安纳大学东南分校的罗纳德·欧尔曼(Ronald Allman)、哥伦比亚大学的赫本·艾伦(Herb Allen)、大谷州立大学的乔·赫尔哥特(Joe Helgert)、得克萨斯州立大学阿灵顿分校的劳拉·佐拉(Lara Zwarun)和中央奥克拉荷马大学的乔伊·莱布如格(Joey Niebrugge)。

我特别要对我的朋友、导师和同事A·杰尔姆·朱勒表示深深的感谢,这本书的每一页内容,以及我所作的每一次演讲,都离不开他的影响。我还要感谢我的学生,是他们使这本书最终得以成型。

希望你能够喜欢这本书,在阅读中找到乐趣,就像我当初写作时那样其乐无穷,我希望它能够激发你从事富有创造力的工作。

邦尼·L·朱丽安妮

目　录

第一章

创意：意想不到但又相关的好主意

伟大的广告是由创作人员对品牌、顾客以及两者之间的相互作用进行深刻理解而激发产生的。它始于客户提出的问题，以为顾客提供解决方案而结束。因此，在下笔之前，你应该对广告的布局草拟一幅草图，或者进行集体头脑风暴，以寻求了解客户的品牌是怎样融入目标受众的生活。例如，一家房地产公司想要对其开发的戈兰特(The Grant)公寓进行销售，这是一栋坐落在华盛顿特区的富有装饰艺术(Art Deco)风格的建筑物，室内配置升级了，配有硬木地板、地毯、花岗岩的厨房工作台面和一些新设备，且每一单元都配有洗衣机和干衣机。这栋楼位于马萨诸塞大街的中心位置，步行就能到达公共交通中心、餐馆区、酒吧和俱乐部。其销售价格也比较合理，工作室的起价为189 000美元，而在城市中心区的一些公寓的售价在100万美元以上。但是这些工作室的面积不大。更为复杂的是，就在该公寓改装房推向市场之前，市场上的住房和公寓的销售量开始萎缩。

显然，价格是一种吸引顾客的手段。与客户一起，拿苏提-亨克尔广告公司(Nasuti & Hinkle Agency)决定以两类人群为戈兰特的目标客户。第一类目标客户是那些首次购房且年收入40 000美元以上的青年人，他们目前租房居住，而且很有可能与他人合租；第二类目标客户是商业客户，包括那些来自其他城市作短期逗留的商务来访人员，工作地点距离住家较远但每天上下班都得往返的通勤者，他们往往需要一个工作日的家，飞机的空乘人员等等。交通和餐饮便利对这两类目标客户具有很大的吸引力，而且这两类客户都不需要或者想要大面积住房，但这两类目标客户的相同点也仅仅只有这些：他们的生活方式和接触媒体的习惯有很大的不同。那么，拿苏提-亨克尔公司是如何将广告信息有效地传达给他们呢？它使用了两种不同的富有创意的媒介方式。

传达给首次购房者的信息侧重于强化租房与合租的不利之处。为了对这次广告活动增加富有创意的悬念，拿苏提-亨克尔公司注册了十几个网址，这些网址作为广告标题刊登在当地运行的网站，同性恋报纸和其他的一些网址上，同时它们也刊登在戈兰特附近的公共汽车站，另外这些网址还印上了12 000张啤酒杯垫，而进入当地的酒吧（见图1-1a至f）。

每一个网址都会转接到同一个链接页面，页面会直接显示针对首次购房者需求的广告，上面这样说道："当前，华盛顿特区公寓的价格是使每一位35岁以下的正常人无法拥有一个自己的家。但是，别着急，你完全有可能拥有一套属于你自己的房子，不必再与父母同住，或者租房或者与人合租了！我们公寓的起步价仅为189 000美元。"

a. 网址意思：成为使用你冰箱的第一人

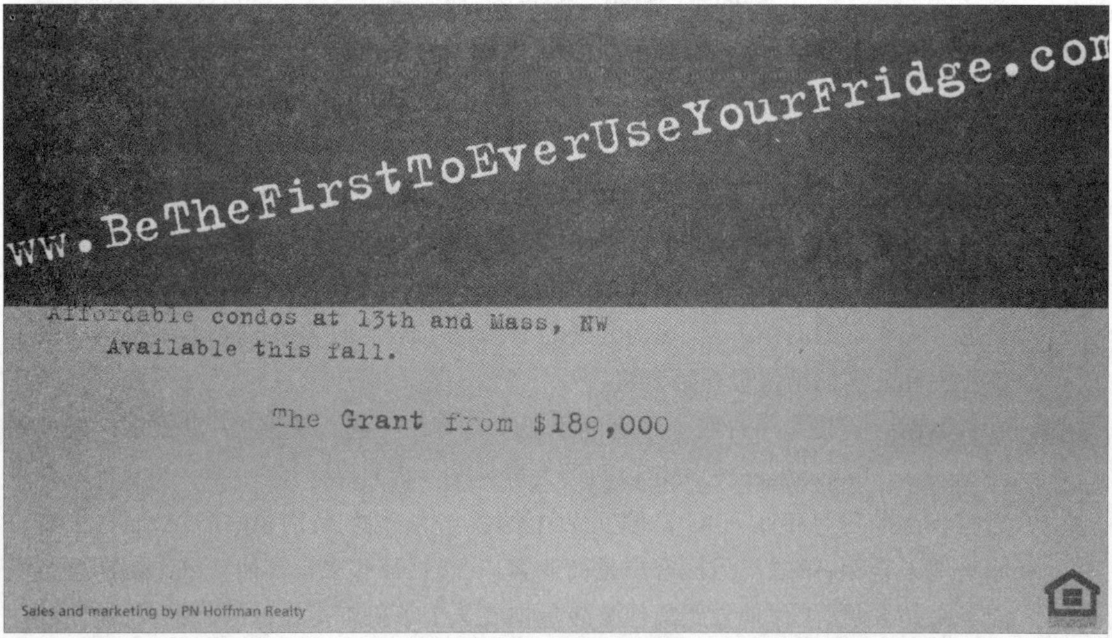

b. 网址意思：不用再标记自己的食物了

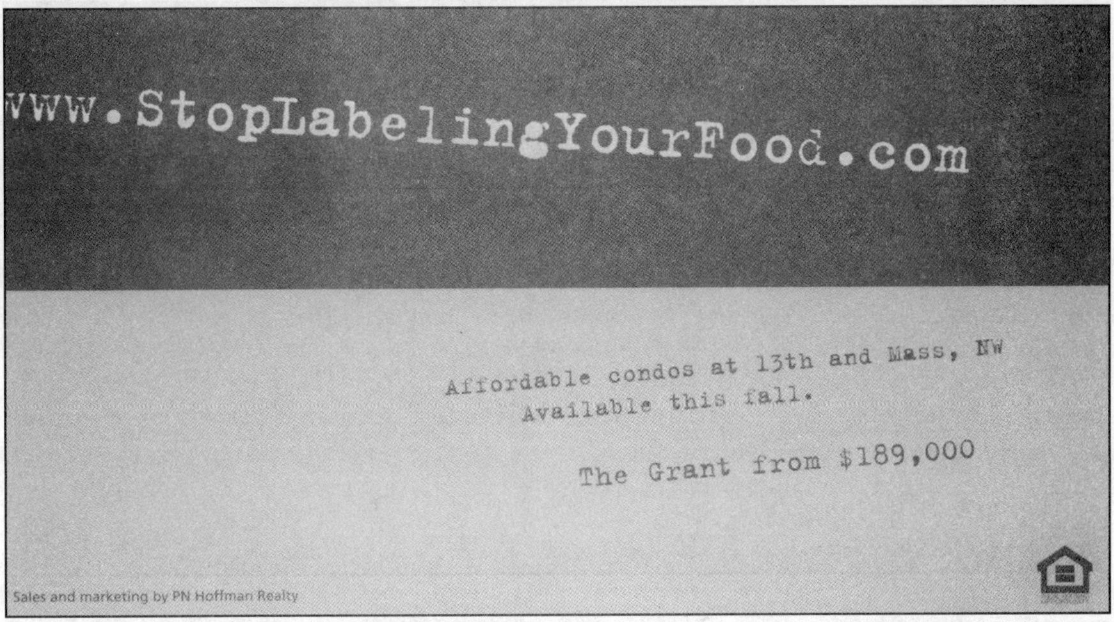

c. 网址意思：我想要抵扣税金

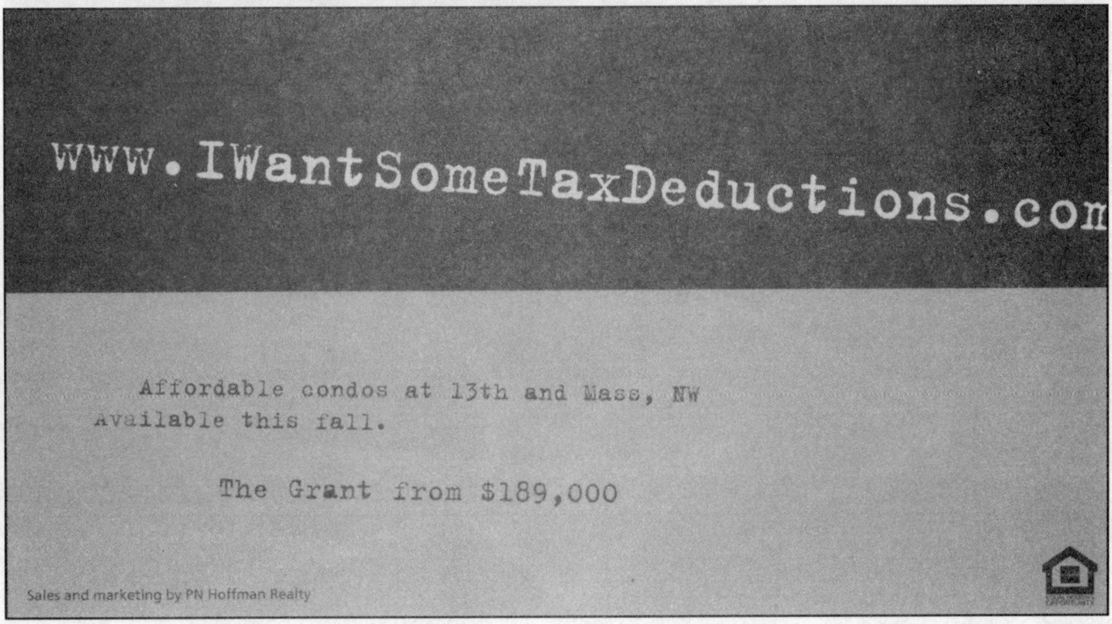

d. 网址意思：年纪太大，不想再租房

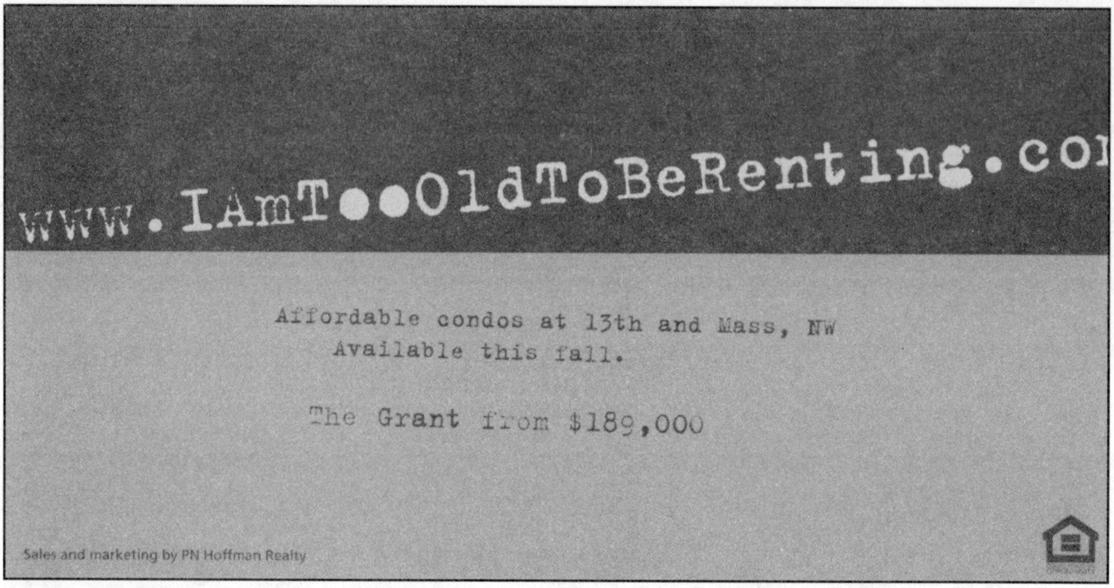

e. 印有网址的啤酒杯垫

f. 印有网址的电话亭

图 1-1 如果你曾与他人同住或者曾租住公寓,你可能只需在一次头脑风暴会议就能想出十几个甚至更多的有关这次广告活动的网址。它直接道出了其目标受众的经历,这就是这次广告非常成功的原因。

(感谢拿苏提-亨克尔广告公司提供)

而传达给商业客户的广告信息则是通过在《华盛顿商业报》(*Washington Business Journal*)上刊登广告和直接邮寄广告这两种方式来进行的。从视觉上看,这则广告与此前针对首次购房者的广告一样,但它们传达的态度截然不同。这则广告,其主要想法是使商务人士们感觉如在自己家中般轻松自在,即使事实上距离他们的家庭有数英里之远。设计的网址为www.AHotelIsNotAHome.com。针对商业客户的链接页面给人感觉比较成熟稳重,它邀请感兴趣的买家与销售代表预约面谈的时间。该链接页面上的部分广告词这样说道:"焕然一新,戈兰特。传统经典的公寓住宅,糅合现代配置。对于那些首次购房者、远距离通勤者以及那些在市中心办公、经常有城外访客的公司来说,这是一个拥有自己公寓的绝佳机会。"

戈兰特公寓的广告活动正是广告中创造性的绝佳例子,它懂得品牌该如何与其目标客户相联系。它出人意料,但是,它又有足够的说服力。

创意的定义

富有创意的广告能够使品牌和它的目标受众关联起来,并以一种意想不到的方式提出好的创意。让我们来仔细看看这个定义的构成。

富有创意的广告能够使品牌和它的目标受众关联起来。创意总监安·海顿(Ann Hayden)解释道:"我确信,人们,所有的人都想从其他人那里购买东西。客户想知道你是谁,你的习惯和你的价值观。他们希望能够预测你的想法,他们需要信任你。如果他们在基于一些人性的基础上与你建立关系,并相信他们与你有些共通之处,他们会非常乐意让你销售给他们使他们感到快乐的东西。"①

让我们注意一下戈兰特这一品牌所传达的信息是怎样和两类截然不同的目标受众关联起来的。他们似乎在说:"我们了解你的问题所在,我们能够帮助你。"对于年轻的目标受众来说,他们的问题就是因租房和共室所面临的争吵和麻烦;而对于那些年龄稍长、事业有成的商务人士来说,他们的问题则是他们因公出差时,有种与家里脱离的感觉。

富有创意的广告能够展现好的点子。这种好点子的提出方式可以是理性的,可以是感性的,或者是以两者相结合的方式提出的。因为竞争者可以复制大部分的产品和服务,而感性的点子不易复制,所以它通常比理性化的点子更有力量。

---

① From the Saatchi & Saatchi Business Communications website, www.saatchibiz.be, 1999.

戈兰特广告采用的方式是两者结合的方式。理性的角度即该公寓是买得起的;感性的方式即让你感到当拥有自己的住房时,你的生活将更美好。同样,奇丽奥(Cheerios)谷物食品的广告也采用感性和理性相结合的方式。在其一则广告中,一名小男孩看见他爷爷读出奇丽奥盒子侧面的文字。"你在干什么呀?"小男孩问道,爷爷解释说他在为他的考试做准备,"考试?什么课啊?"男孩边问边开始大声咀嚼奇丽奥。爷爷回答说是胆固醇考试,上次没有考好。当旁白为产品定调"奇丽奥被证明是有助于降低胆固醇的唯一的优质冷藏谷物食品"时,摄影机将镜头拉近对着产品盒。当爷孙俩离开早餐桌时,小男孩对爷爷说他希望爷爷能够考100分。但让小男孩大吃一惊的是,爷爷回答道:"好啊,我会努力争取达到190分左右。"

富有创意的广告是出人意料的。让我们来看看图1-2中关于斯特勒牌渔线的广告。广告公司本可以策划成一名男子旋转渔线轮钓上一条大鱼的情形。但是,由于大家都会想到这种创作方式,因而很容易会使观众把斯特勒牌渔线与其他的渔具广告混淆起来。与之不同的是,图片上这名男子所穿的带有裂缝的裤子会让你觉得奇怪,产生疑惑:这则广告是关于什么的呢?此时,广告语"世界上最可靠的渔线"向观众传递了信息并增加了视觉效果。

请记住,这些意想不到的元素可能是文字、视觉和媒介或者是以上三项的综合。戈兰特将网址和酒吧中的杯垫作为广告工具,这一点是别人想不到的。在这里,媒介也是创意的一部分。

媒介:新的创意灵感

信息传递的时间和场合可以与文字和图片同样富有创意。2006年足球世界杯期间,为了将阿迪达斯定位为足球服饰行业的领袖,李岱艾广告公司将足球的场景喷绘在德国科隆火车站的天花板上。为了吸引纽约市民购买乔夫瑞(Joffrey)芭蕾舞团的演出门票,盛世长城广告公司(Saatchi & Saatchi)将一具与真人一样大小的女芭蕾舞演员的塑像放置在一栋办公楼的旋转玻璃门内。为了展示迷你库伯车(Mini Cooper)的微型尺寸,克里斯蓬波特—博古斯凯广告公司(Crispin Porter + Bogusky)将迷你车放置在福特多用途旅行运载车的车顶上。

即使是日常生活中的小物品都可以成为媒介工具。巴黎的欧莱雅公司在干洗衬衫的衣架上作广告,以此对它的男士专业护肤系列产品进行促销。每个厚纸板衣架随附价值2美元的优惠券,衣架上的广告语是"你的衬衫都没有皱褶,那为什么委屈

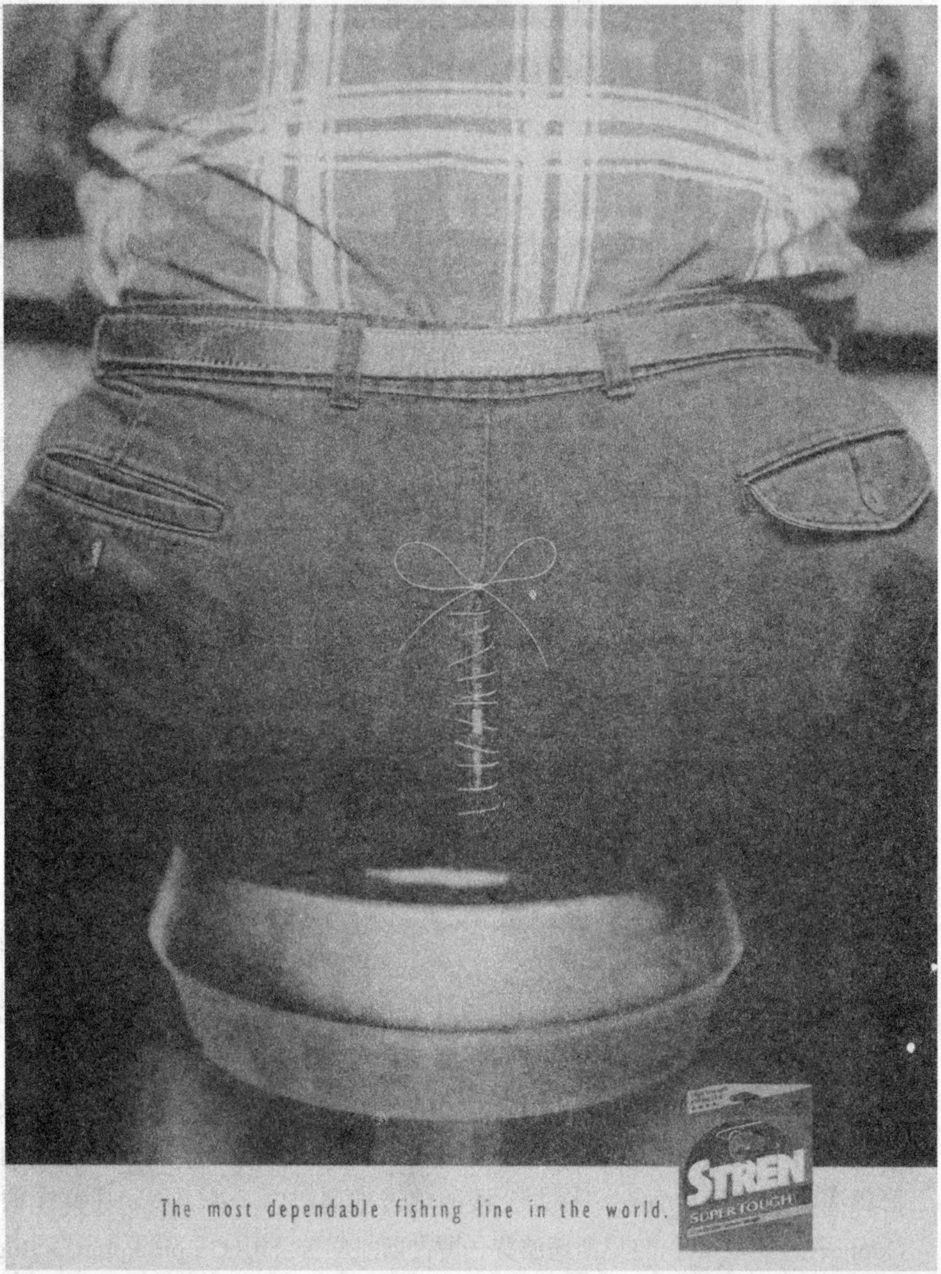

图 1–2 世界上最可靠的渔线。你怎么能让顾客确信你的渔线异常结实？展示一条吊上来的大鱼也许是一种很明显的方式，但以前曾经有人这样做过。这则由卡米切林切广告公司(Carmichael Lynch)为斯特勒公司创作的广告让人出乎意料且使它的品牌和目标受众关联起来。

（感谢斯特勒公司提供）

你的脸庞呢？”大陆航空公司通过中餐馆的外卖饭盒对纽约与北京之间的直达航班进行推广，饭盒上标注的信息是“我们可以飞往整个世界”。天气频道(Weather Channel)在分发给飞机上乘客的饼干包装袋上留下这样的广告语:“相信我们,不用打开窗户看天气！”

许多广告客户在洗手间中发布广告信息,旨在吸引人们的专一注意力。格林斯邦(Greenspon)广告公司西南分公司在这种理念的基础上更进了一步,他们在男洗手间便槽的上方和内部购买广告位置,为夏洛特切克队(Charlotte Checkers)——曲棍球队做宣传。广告公司将印有夏洛特切克队队名的曲棍球放置在城市中50家酒吧和餐馆的洗手间内。便槽上部的广告词这样写道:“令人感到恶心的不是我们将拿那球玩耍,而是我们将在礼拜五的晚上用它来击败绿谷队(Greenville)。”想想这种方式语言很粗俗吧?好的,看看这里：据说有人把洗手间里的曲棍球偷走了。格林斯邦公司对此作了回应,发表了一则由夏洛特切克队老板杰夫·罗格(Jeff Longo)代言的模拟公益广告。“我们最近将一些夏洛特切克队的曲棍球放置在城市的各个男洗手间内,我们以为不会有人去偷尿液浸泡过的曲棍球”,这时,罗格给观众一个机会,让他们去切克的网站获取干净的曲棍球,以“尽全力避免公共健康突发事件”。有人偷了曲棍球了吗?或者它只不过是一个宣传花招?只有广告公司和它的客户心里最清楚。

请注意,虽然你几乎可以在每个地方刊登广告,但这并不意味着你应该这样做(试想一下,便槽底部并不是适用于所有品牌的)。你应该问问这种媒介是否与品牌和顾客相关联,同时你应该记住,出于各种各样的原因,人们选择逃往没有手机信号的偏僻小岛,有人选择居住在没有连锁餐馆和商店的社区。这就是所谓的休整和享受生活的质量。英国伯克郡的一家著名快餐连锁店被迫降低其位于高速公路旁的霓虹灯箱广告的高度,因为它破坏了连绵起伏的山地风景。同样,在荷兰的一座小城,一家广告客户由于将广告信息刊登在绵羊裹的毛毯上，而被处以每天1 000欧元的罚款。为什么？因为它违反了这座城市禁止在高速公路沿途做广告的禁令。

即使在媒体铺天盖地的城市,广告的刊登位置也会有所限制。芝加哥市和旧金山市要求IBM公司支付罚金和清理费用,原因是其广告代理人将喷涂广告做到了城市的人行道上。耐克公司也认识到它在街道上的印花图案违反了纽约市的法规,该法规这样写道:“以任何方式、任何广告品或者任何印刷品,通过油漆、印刷、书写或者粘贴的方式来损坏任何一条街道都是非法的。”就在耐克的过失广告行为之后,微软公司将具粘贴性的蝴蝶粘贴在曼哈顿所有的地铁入口处、公用电话亭和自动卖报机上。于是,交通部责令其将这些蝴蝶全部撤销。

不仅仅只是城市的管理者监督广告信息,消费者可能才是最严厉的批评家。索尼公司就被消费者好好地上了一课:索尼公司雇用了一些涂鸦艺术家将小孩在玩掌上娱乐平台(PSP)的图像喷涂在城市的建筑物上,试图以此与都市中追求时尚的消费者进行真正的沟通,然而结果却适得其反。在旧金山,真正的涂鸦覆盖了索尼的"伪"涂鸦(graffiti):在其中的一个地点,有人写下了"滚出我们的城市"这样的话语,用"Fony"这个字覆盖索尼的标识,并附上一首四句话的打油诗猛烈抨击索尼公司;在另一个地点,有人用喷涂的方式在其"伪"涂鸦上评论道:"穿着反文化外衣的广告。"①

源自消费者的灵感

使消费者参与你的广告活动的一种方法是邀请他们创作他们自己的广告。全国保险公司邀请了一些消费者,请他们自己来阐述"天有不测风云"这个意思,这些消费者的用语被发布在纽约时代广场的超大屏幕上。埃默德—纳特公司(Emerald Nuts)邀请其访客在以Emerald Nuts的11字母为每个单词开头的情况下来编写稀奇古怪的故事。数以千计的人尝试了这个活动,最后获奖的作品"数以百万计愤怒的英格兰人在晚上用小小的药签重新描绘了南极的熏衣草"(译者注:该作品的英文为Enraging Millions England Repainted Antarctica Lavender During Night Using Tiny Swabs,其首字母即为该公司名称)公布在了网上和报纸广告中。

万事达信用卡公司邀请一些电视观众,让他们根据一则在奥斯卡金像奖颁奖晚会上首播的商业广告,来创作一则"价值连城"的广告语。这则商业广告是这样开始的:大片的空地中央,一名男子坐在桌边,当他在一台老式打字机上打字时,画外音说道:"空白,9美元。"接着,一名女子骑着摩托车进入了画面,画外音说道:"空白,60美元。"最后,这名男子跳上摩托车的后座,一起驶向空旷的道路。"空白",画外音说道,"价值连城!"《页岩》杂志(Slate)的塞思·史蒂文森(Seth Stevenson)发现,至少在最初阶段,网站允许人们在空白处留下顽皮不雅的字眼。他承认说,"看到在高预算和摄影技术近乎完美的一个男子坐在空地中央的这样一个场景中,出现'笨蛋(这里这个词dildo不雅):9美元'这句话时,我好像回到了年轻时代,激动不已!"②

---

① Ryan Singel, "Sony Draws Ire with PSP Graffiti," www.wired.com, 5 December 2005.
② Seth Stevenson, "The End of a Played-Out Ad Campaign?" www.slate.com, 5 May 2006.

通用汽车公司发现,由顾客创作广告有时是有风险的。公司邀请顾客创作2007年雪佛兰塔胡车(Chevrolet Tahoe)的互联网广告,这时,有些顾客将多用途车与油老虎联系起来,这可是全球气候变暖的罪魁祸首和气候恶化的“战争贩子”!

虽然广告客户与他们的消费者保持联系很重要,但这并不意味着他们应该给予消费者担当“诽谤者”这一角色的自由和空间,这也并不意味着所有的事都可以放开。多力多滋味(Doritos)邀请一些消费者来创作一则在超级杯比赛中上映的30秒钟的广告,消费者在一些方面是有约束的。在比赛期间,为了获得在网上进行视频播放和争夺收视率,这些业余的广告创作者们必须遵循一个主题:多力多滋味消费者对风味的无比热情。除此之外,菲多利公司(Frito-Lay)则依靠雅虎的编辑评论来确保没有任何一则使公司品牌受损或者传达与公司价值观相背离信息的广告可以在其网站上发布![1]

能够在这些创意挑战中脱颖而出,对于从事你的广告生涯来说,是一种十分有效的助推方式。另外一种构建你资质的重要方式是参加广告创意竞赛,例如美国广告大赛奖(参见图1-3a至c),图1-4与图1-5展示了一些赢得哥伦比亚广告俱乐部美国广告大赛奖的学生的广告作品。其他的广告创意竞赛的名单,请看下表。

广告创意竞赛一览表

你的作品令人印象深刻吗?这里有一种方法可以检验,让专家对照其他学生的最好作品来对它进行比较评价。

学生个人竞赛

- 安迪美国广告大赛奖。由美国广告联合会主办,学生可以参加当地广告俱乐部的年度广告竞赛,如果他们的作品获奖,他们将得以参加地区级别和国家级别的竞赛,并有机会获取现金奖励。网址:www.studentaddys.com
- 安迪学生奖。由纽约广告俱乐部主办,所有在官方认可学历的高等学校就读的学生都可以参加该竞赛,优胜者可以获得5 000美元的奖学金,并获得参加安迪颁奖典礼的入场券。网址:www.andywards.com
- 纽约艺术总监俱乐部学生奖。就读广告、图像设计、摄影、插图和新兴媒体等专业和项目的本科生和研究生可以提交其公开发表或未公开发表的作品,获奖作品将参加巡回展出。网址:www.adcny.org

---

① The winning commercial, created by 21-year-old Dale Backus, was the fourth most popular spot in the *USA Today* ad poll.

续 表

广告创意竞赛一览表

- 雅典娜学生奖。由美国报业协会主办。学生可以提交单个报刊广告和系列报刊广告，竞赛优胜者将获得总额为5 000美元的丰厚奖金。网址：www.naa.org
- 克里俄学生金像奖。在官方认可的广告、电影或设计项目中注册的学生将有机会参加比赛，赢得令人向往的克里俄金像奖。网址：www.cliowards.com
- 英国设计和艺术指导协会学生奖。胜出者将获得现金奖励，并获邀参加在伦敦举行的英国年度设计和艺术导演大赛。网址：www.dandad.org
- 伦敦国际广告奖。学生的作品由世界顶尖的创作总监评审，胜出者将获得一次去伦敦参加伦敦国际广告颁奖晚会的机会。网址：www.liaawards.com
- 金铅笔奖。广告专业的本科生和研究生根据壹俱乐部提供的简要材料创作广告。胜出者将获得一支金铅笔、现金，以及获奖作品在年报上发表等不同的奖励。网址：www.oneclub.com
- 广播-水星奖。该奖为表彰学生在大学的广播广告创作设计的出色表现，奖励为2 500美元的现金。网址：www.radiomercuryawards.com
- 年青的枪支奖。学生可以通过参加个人广告比赛或者三种广告的执行活动来获得现金奖励和李奥贝纳全球广告公司的实习机会。网址：www.ygaward.org

团队竞赛

- 美国广告联合会的全国学生广告比赛。学生团队为一名全国性的广告客户开发整合营销传播活动方案。参加这次广告比赛的学生必须是他们所在大学美国广告联合会地方分会的会员。胜出的学校将获得现金奖励，学生也可以建立一些业内关系网。网址：www.aaf.org
- 贝特曼广告设计大赛。四到五名学生组成的团队为一名赞助商设计一次公共关系活动。获奖的学校将获得现金奖励，学生将获得相关经验和建立关系网的机会。参加这次比赛的学生必须是他们所在大学美国公共关系学生委员会地方分会的会员。网址：www.prsa.org
- 直复营销教育基金高校回音竞赛。由最多四名学生组成的团队将制定一项直复营销计划，帮助解决一名全国性的广告客户所提出的挑战。胜出的团队将参加一场重要的行业会议，并获得一些促销礼品。网址：www.the-dma.org/dmef

出版物

- 档案。一本展示世界各地富有创意的作品的评论，包括优秀的学生作品。网址：www.luerzersarchive.us/submission.asp
- 青红黄黑。一本致力于刊登学生作品的杂志，所有作品由专家评审。它邀请学生发表广告、设计、摄影和插图等作品。网址：www.cmykmag.com
- 沟通艺术。该杂志可以接受未公开发表的插图和摄影作品，但广告和设计版本仅仅接受大部分观众所熟知且已出版的作品。网址：www.commarts.com/CA/
- 方式。该年鉴主要刊登来自互动设计大赛、国际设计大赛和自我提升大赛的获奖作品。网址：www.howdesign.com

a. 关于竞争

AAF
Ad2
THE NATIONAL STUDENT ADDY COMPETITION
It's cutthroat. It's subjective. It's loaded with arrogant creative directors dismembering your work. In other words . . .
IT'S JUST LIKE THE REAL AD WORLD.
ENTER TODAY AT WWW.STUDENTADDYS.COM
STUDENT
ADDY®
THE FUTURE OF ADVERTISING
$1,000 CASH PRIZE FOR NATIONAL BEST OF SHOW!

b. 关于印象

AAF
Ad2
THE NATIONAL STUDENT ADDY AWARD
Impresses employers even more than it will
IMPRESS YOUR
MOTHER.
ENTER TODAY AT WWW.STUDENTADDYS.COM
STUDENT
ADDY®
THE FUTURE OF ADVERTISING
$1,000 CASH PRIZE FOR NATIONAL BEST OF SHOW!

c. 关于价值

图 1–3 全国大学生安迪广告大赛。将你的广告作品带入美国广告大赛,向你未来的雇主证明你比其他竞争同一工作岗位的学生要优秀得多!

(感谢美国广告联合会提供)

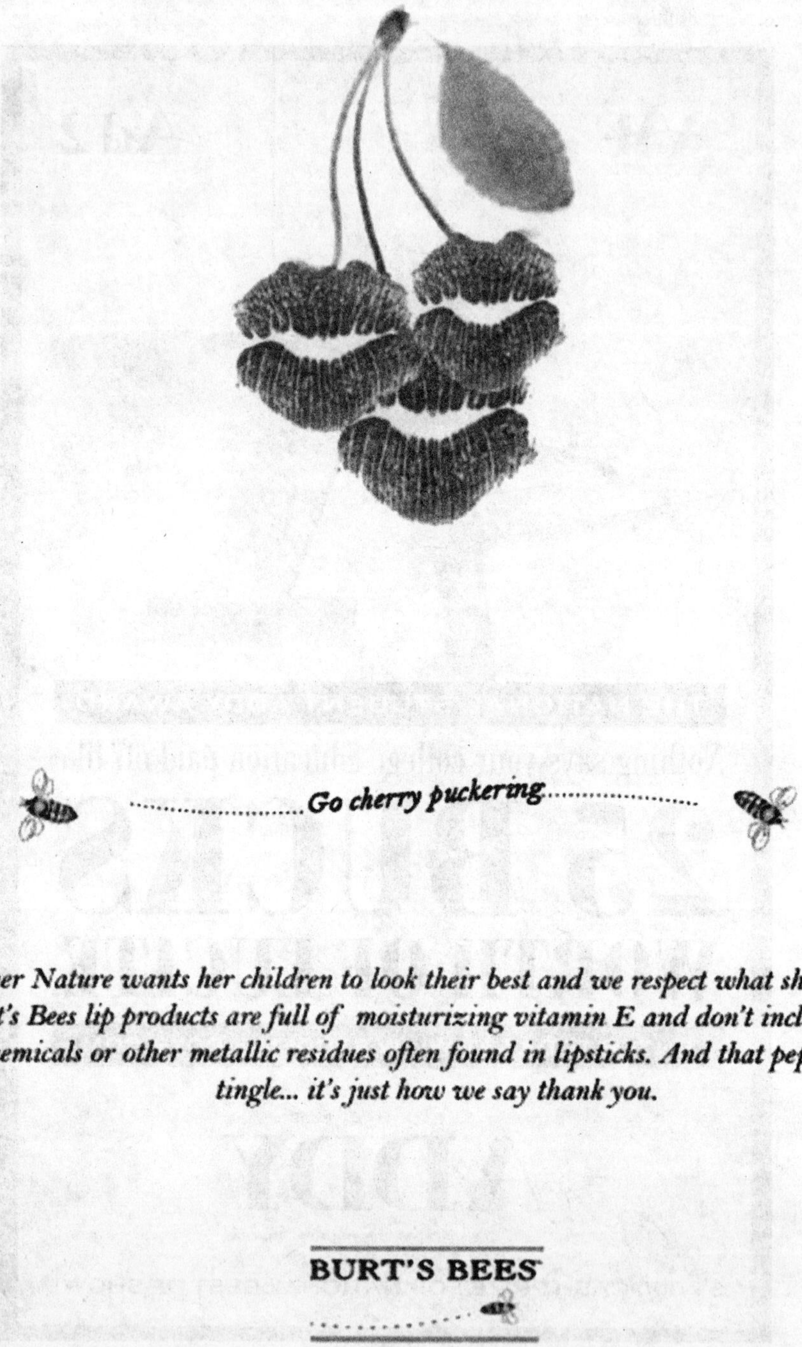

图 1–4　让樱唇的褶皱一扫而光。这件学生作品赢得了2006年哥伦比亚俱乐部全国安迪广告大赛的金奖。

（感谢阿勒克斯·贝斯（Alexi Bass）提供）

图 1–5 你知道你的伴侣去哪里了吗？这件学生作品赢得了2006年哥伦比亚俱乐部全国安迪广告大赛的银奖。

（由阿勒克斯·格林顿（Alex Grinton）提供）

娱乐，抑或广告

兰斯·克雷恩(Rance Crain)是克雷恩传播公司的总经理和主编，他引用一位父亲寄给编辑的信："对于超级杯广告中来势凶猛的蜥蜴以及经数码技术处理而重生的猫王和翩翩起舞的土豆等形象，我六岁半的儿子不经意地提出了发人深省的评论：'这些广告都很酷，一点都不像那些常规广告，它们总是想让你买东西。'"[①]

像那位小男孩一样，大部分的观众都喜欢超级杯比赛的广告，因为这些广告比较幽默，雇了许多演艺明星，里面有很多有趣的广告动物。不幸的是，这些观众并没有在收银柜旁同样表达他们对这些广告的钟爱。超级杯的广告很难避免这种状况——从产品销售状况来说，其中一些长期以来最著名的广告都是一大败笔。这么说，在广告中就不应该运用幽默、演艺明星和有趣的动物吗？当然不是，但是你应该有策略地运用这些技巧。

幽默

看看这则电视广告：在一部业余的舞台剧演出中，两名小孩在森林中迷路了，这时，一位好心肠的仙女出现在空中，开始朝他们飞过去。"不要怕，小朋友，我会帮……"话没说完，"砰"的一声！她突然摔下来跌倒在舞台上。广告结束语响起："要是使用斯特勒就好了。斯特勒，世界上最可靠的渔线！"这则广告的幽默出人意料，让我们感同身受。它向人们传达了与产品相关、意想不到、难以忘怀的信息，让我们有理由去购买斯特勒牌渔线，因此，这则广告效果极佳。

关于在广告中如何使用幽默，下面有一些技巧：

- 明白幽默和笑话的不同。笑话是一次性的，听过一次后，第二次再听到就不那么有趣了。同一则笑话听多了就十分单调乏味。然而，与笑话不同，幽默要精细得多，它通常包含那些使你想要重复地去看或听的细微的差别。许多幽默的广告，你看的越多，会觉得越有趣！

　　一家喜剧俱乐部在制作一则广播广告时，很好地领会了笑话与幽

① Remarks by Rance Crain to the Columbia Advertising and Marketing Federation, Columbia, SC, 17 March 1998.

默的不同,这则广告推广的是它的产品笑声。在广告中他们记录了各种不同的笑声——轻声地笑、格格地笑、傻笑、吃吃地笑、气急败坏地大笑和冷笑等。你可以一遍又一遍地听这个广告,每一次你都会笑,因为笑声是有感染力的。

- 把幽默与人们的体验关联起来。喜剧俱乐部的广告如此有趣的一个原因是,听众可以联想到他们熟悉的笑声。这则广告很好地把幽默与人们的体验联系了起来。

　　艾伦-凯公司(Allen Kay)的广告商科勒-凯合伙人公司(Korey Kay & Partner)在幽默广告的创作上,赢得了无数的奖项,它坚信广告应该"以人为中心"。正如凯对《代理》(*Agency*) 杂志所说的:"我们将幽默(humor)拼成h-u-m-a-n("人"的英文)。"它包含了许多人们在生活中看到的和认识到的讽刺之处,看到这些,人们会会心地说:"对啊,我就有过那样的经历。"[①]注意一下在本章末的"简单案例"中讲述的列克星顿医疗中心的广告,它与人们的日常经历是多么相关啊!它们对生活中的小事故稍加调侃,但是又不显得轻率。

- 确保幽默对你的产品的信息传达至关重要。你是否曾经对一则广告如此地着迷,以至于除了公司试图推广的产品的名字外,你能够复述广告中几乎每一个细节?如果产品的信息因广告中的幽默而变得模糊隐晦,那么这则广告就是失败的。为了使广告中的幽默成功,必须确保它对你产品信息的传达至关重要。
- 理解你的目标受众的幽默感。你的广告应该迎合目标受众的品位、渴求和敏感性。在你和你朋友看来十分有趣的东西并不一定意味着其他人也会这样认为,甚至可能有些人因此而受到伤害。所以,必须确保你的幽默迎合目标受众的口味。图1-6反映了寻求刺激感的目标受众的幽默感。
- 避免触犯他人的幽默。取笑少数族群、残疾人和老人的幽默很可能让你引火烧身。因为在《喷气式飞机》(*Jet*)杂志上刊登了这则广告:"与你前任男友不同,它每天早上都去上班!"一家汽车公司冒犯了美国黑人。一

---

① Robyn Griggs, "Grinning in the Dark," *Agency*, Fall 1998, pp.16–17.

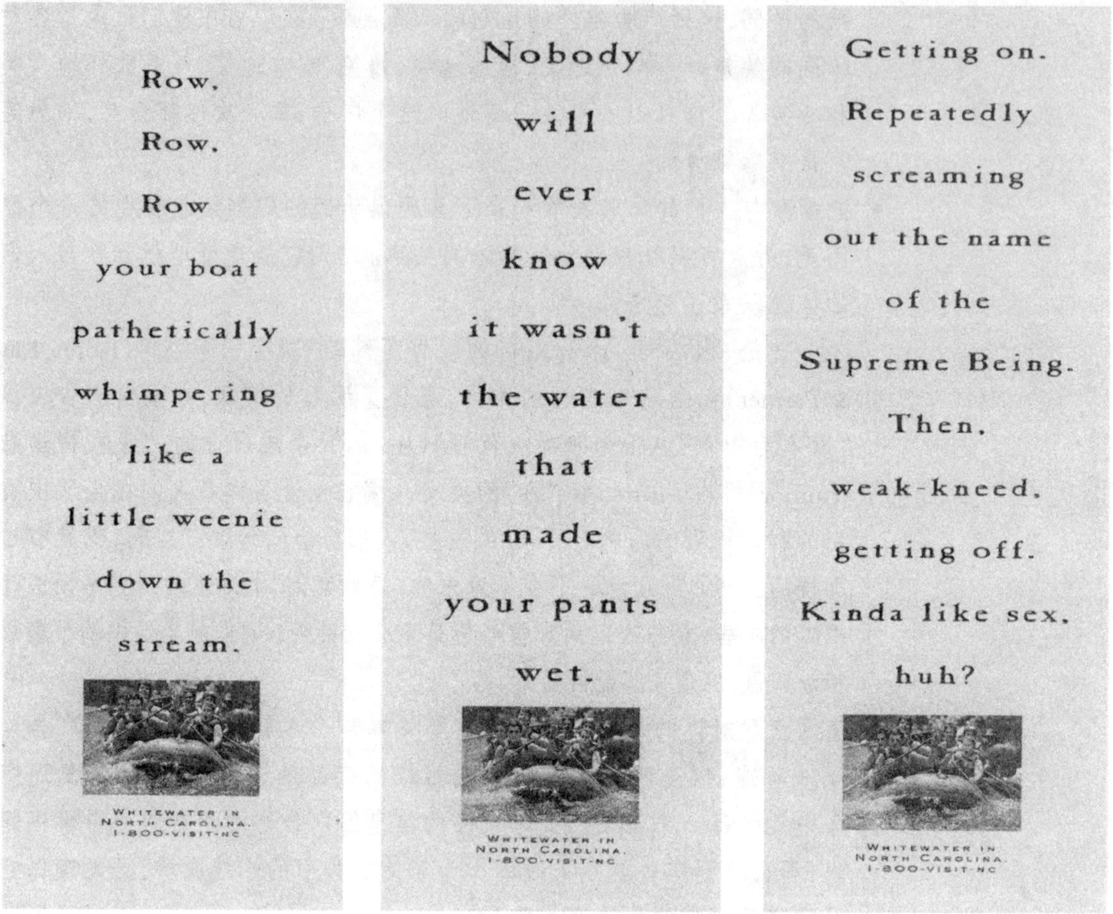

图1–6 欢乐！颠簸！刺激！如果你经历过白泉漂流，你会认同这些广告将会勾起你的回忆。如果你还不曾尝试过，那么赶快行动——它会使你的头脑清醒。

（感谢洛夫勒–凯切姆–蒙特乔伊广告公司[Loffler Ketchum Mountjoy]提供）

家服装折扣店因下面这则广告而冒犯了犹太人："像英国人那样着装，但像犹太人那样思考！"

- 可以玩赏你的产品，但不要取笑它。如果你能将他人眼中的缺点转变成一种优势，那么，自我嘲弄式的幽默将会起一定的作用。(Motel 6)六顺汽车旅馆在这方面做得非常出色。它并不试图遮掩其在室内设施方面的不足，反之，它大肆宣扬这一点。在六顺汽车旅馆，你不会有精致的肥皂、欧洲巧克力或者松软的浴衣，但是，你可以以令人满意的价位住到舒适的房间！关于这则长期广告活动的具体情况请看第9章的"简单案例”。

- 不要认为你的客户是愚蠢的。试想一下:你是会从那些明显地将你视作白痴的人那里买东西,还是会从那些看似欣赏你的智慧的人那里买东西?绝对伏特加酒(Absolute Vodka)在它的广告词中加入了一些聪明微妙的幽默元素后,销售量明显增长。

名人代言

在一些最受欢迎的广告中,我们经常能够看到名人的身影,利用名人进行广告宣传有如下的许多优势:

- 名人有使人驻足的力量。名人吸引公众眼球,在各种繁多广告中他们能吸引到公众的注意力。“喝牛奶了吗?”这场印刷品广告活动,展示了数以百计名人的牛奶小胡须,从而使牛奶变得很酷,这些名人包括体育界、政治界的明星和卡通人物等。超级名模泰拉·班克(Tyra Banks)出现在《十七岁》(*Seventeen*)杂志以及《体育画报》(*Sports Illustrated*)的泳装广告中。在《十七岁》杂志中,她身穿白色圆领衫,蓝色牛仔裤,嘴唇上露出一撇牛奶小胡子。广告词如是说:“姑娘们,这里有一美容小窍门。想想你以及你最好的10个朋友,其中很可能有9个缺钙,那怎么办?喝牛奶。每天3杯牛奶将为你提供骨骼成长所需要的钙。将来,当你比伙伴们高出一大截,你该怎么办。”

  在《体育画报》的广告中,泰拉穿着金色条纹比基尼,留着招牌的牛奶小胡须。广告词这样说道:“不要光艳羡啊,听我说。每五名骨质疏松症患者中,只有一名是男性。但不要担心,钙可以帮助你预防骨质疏松。低脂肪的冰牛奶是钙的主要来源。所以,不要光坐在那里傻盯着我,快去喝牛奶吧!”

  看看这些广告是怎样把牛奶与它的目标受众联系起来的?这就是好的广告!

- 追星族崇拜名人。广告客户希望目标受众能将对明星的崇拜转移到对品牌的喜爱上来,这里的关键是,必须确保明星不会给品牌蒙上阴影。

  2006年,美国在线(AOL)和哥伦比亚广播公司(CBS)作了一场“史上最好的超级杯商业广告”的民意调查,以下这则广告摘得了桂冠:一位小男孩与他的偶像——匹兹堡铁人队的前锋米·乔·格林（Mean Joe Greene)成为朋友。广告以格林沿着球员通道，蹒跚前往藏衣室为开场，很明显铁人队的这次表现不是很好，这位防守型前锋参加了全天的比赛。这时，一位眼中满是敬畏的小男孩在过道中遇上了格林，他关切地问道:“你……需要什么帮助吗?”“不需要!”这位冷漠的前锋大声吼道，小男孩试着安慰这位输了球的前锋:“我只是让你明白……你是最棒的!”“是的，那当然，”格林嘟囔了一声，试着不去理会小男孩。但小男孩坚持要让格林感觉好受点，因此，他又问道:“喝我的可乐吧?”格林挥挥手叫小男孩离开，但小男孩仍然坚持:“真的，你可以试一下!”很勉强地，格林接过可乐，一大口就吞下这整瓶16盎司的可乐，这时，可口可乐的广告词伴着音乐读出:“可乐和微笑，让我感觉很好，很妙……”以为自己不能在偶像的心中留下深刻的印象，沮丧的小男孩开始走开。这时，格林拦住了他，把自己的球衣脱下来抛给他，表示感谢。这位惊喜的小男孩大声呼叫“哇，太谢谢你了，米·乔!”可口可乐的广告词继续读出:“就应该这样做，我希望整个世界都对我微笑……来一瓶可乐，来一个微笑!”

这个在1980年超级杯中播放的、广受欢迎的广告，至今仍然能在观众中产生共鸣。它使产品，而不是足球明星，成为广告中真正的明星。

- 人们对名人的私生活很着迷。有时候，名人的一些负面形象也能够激发出意想不到的广告创意。尼尔森(Nelson)曾经陷入美国税务局的丑闻，但他仍然出现在H & R 布洛克公司(H & R Block)(译者注：美国一公司，提供税务申报等财务方面服务)的一则广告上。在广告中，他被迫担任一家虚构的剃须乳公司的产品代言人，以此来偿清他所欠的税款；而真实生活中，他通过一本相册的发布还清税款。即使你不了解这名民间歌手的花边小絮，这则商业广告仍然很有意思。更重要的是，这则广告把广告客户与目标受众关联起来。广告以这样的语句结束:“不要听信那些流言蜚语。让H & R 布洛克公司帮您免费复核税项事务，我们会发现其他公司没有注意到的问题!”
- 名人独特的个性特征有助于传递好的创意。身高7.5英尺的篮球明星姚明和威尔尼·特罗埃(Verne Troyer)一起出现在一则推广苹果12英寸和17英寸屏幕笔记本电脑的广告中。其中，姚明和小屏幕笔记本电脑在一起，威尔尼·特罗埃则和大屏幕笔记本电脑待在一起。两位篮球巨星以此戏剧性的方式进一步诠释了这个好创意——尺寸。

- 名人被认为是各自领域的专家。利用名人做广告的关键是建立名人的专业知识与广告品牌之间的关联。一名运动员为体育用品代言很自然，但是如果他为高脂肪、高热量的垃圾食品代言，显然就不太可靠。

在你认为名人就是广告之前，请考虑到用名人的一些缺点：

- 名人的代价昂贵。许多顶尖运动员、演员和歌星拍广告的费用动辄要价数百万美元。小公司和低价产品的公司根本不可能花这么多钱来请名人作广告。即使大公司在投入数百万美元的费用之前都应该三思而后行。百事可乐的两则超级杯广告展示了布兰妮·斯皮尔斯（Britney Spears）演绎过去年代音乐作品的情景。在2002年，这两则广告的播出共花费了580万美元；但是，它们在《今日美国》（*USA Today*）举办的年度超级杯广告的民意调查中，排名情况十分糟糕。一则90秒钟的广告在所调查的52则广告中排名第43位，另一则30秒钟的广告居然排名倒数第三！①
- 名人经常只能是权宜之计，而非长久战略。名人会流行，也会不流行。他们的知名度发生变化，他们的号召力也即随之改变。看看10年或20年前的某本人物杂志，又有多少当时的超级巨星现在仍然十分走红呢？

说唱之父汉默（MC Hammer）在20世纪80年代十分出名，他生活挥霍无度，以为他的明星效应永远不会消失。但很快他就淡出了人们的视野，并且负债累累，于是全国保险公司想到以他为主角作保险广告。这则广告以汉默在一栋门口覆盖着一个巨大闪亮的"H"字母（大厦的灯饰）大楼前载歌载舞表演"你不能触摸这里"（"U Can't touch this"，一歌曲）开始，然后，这则广告剪切至"五分钟以后"（"5 minutes later"，一歌曲），画面显示的是汉默坐在他的大楼前，大楼上挂着"抵押品赎回权被取消"的标记。同时，广告词这样说道："天有不测风云，当意外发生时，全国保险公司可以帮助你！"这种自嘲式的幽默很有效，进一步传达了"生活中充满了不确定性"这个信息。在这种情形下，过气明星做代

---

① "Super spots from the Super Bowl: USA Today's 14th Annual Ad Meter," www.usatoday.com, 4 February 2002.

言的效果,远比流行的当红明星要好!

- 名人可能不可信。《广告时代》的一项调查显示,63%的受访者认为名人做广告代言"仅仅是为了钱",还有43%的受访者认为名人"甚至没有使用过产品"①。

  一则冠军牌(Champion)运动服装的广告展示了口碑不佳的职业篮球运动员形象,其中一名球员在玩一个印有美元钞票图案的篮球。画外音询问道:"什么时候你鞋上的标识比你的情感表白更重要?什么时候'重新谈判'这个术语从商业领域转向了体育领域?这些冠军都去哪里呢?"接着,屏幕上的形象转为一群普通人在踢足球、在追逐奔跑嬉戏。旁白继续说道:"我们的世界没有灯光闪耀,我们只对自己负责。我们才是冠军……"

- 名人代言太多产品,给消费者造成困惑。老虎伍兹(Tiger Woods)就陷入了尴尬被动的境地:在为耐克服饰拍摄广告时,他还在泰特斯特(Titleist)高尔夫俱乐部击了一个泰特斯特牌高尔夫球。

- 名人的光环会掩盖广告信息。尽管名人会引起人们对广告的注意,但有些顾客只关注名人,而忽略了促销的产品是什么。在一个广告中,姚明想用支票购买一纪念品。收银员指着"谢绝支票"的提示回应道:"由(Yo)",姚明纠正了她的发音,"姚"。他们来来往往地重复着"由"和"姚",广告最后以对威士(Visa)支票卡的简单描述结束。对于广告中明星和品牌"哪方应处在首要位置"的问题,这则广告可是一个很好的示例。观众很可能会记住姚明的名字,但他们是否能记住是哪家信用卡公司赞助了这则广告,这就无法确定了!如果收银员叫这位来自中国的球员亮出他的签证与护照,而姚明则拿出威士支票卡,那么威士这一品牌将更容易被观众记住。(译者注:签证一词的英文正是威士的英文)

- 名人的负面新闻会损害赞助商利益。能多益(Nutella),在科比·布莱恩特(Kobe Bryant)这位篮球巨星因强奸一名妇女而被起诉后,终止了与他的代言人协议。凯马特(Kmart)公司在高尔夫老将福兹·佐勒尔

---

① Dave Vadehra, "Celebs Remain Entertaining, if Not Believalbe," Advertising Age, 2 September 1996.

(Fuzzy Zoeller)嘲笑老虎伍兹吃炸鸡和羽衣甘蓝后,终止了与他的代言合同。辛普森(O.J.Simpson)曾经是最出名的代言人之一,但他以后可能再也不会出现在任何一则广告中了。

"用代价不菲,极具知名度的明星做代言人,就像是在佛罗里达的海滩上拥有一栋昂贵的沙滩别墅那样, 如果不是即将到来的暴风雨让你整夜担心不敢入睡,那效果还是极强的",《广告时代》的广告评论人鲍勃·加菲尔德(Bob Garfield)说道。①

至少,在以下两种情况下,你应该避免使用名人做广告:首先,你可能没有这么多的预算资金使用名人;其次,使用名人也并无创意,你的投入应该显示你解决问题的创意,而并不是依赖名人。

宣传商品的个性化形象

格格笑的面粉团子,会讲话的小狗狗,翩翩起舞的葡萄干,数年以来,所有这些精灵古怪的形象为公司的产品和理念进行了很好的定位。创意大师泰德·贝尔(Ted Bell)指出像欢乐绿巨人(Jolly Green Giant)和山德士上校(Colonel Sanders)这样的形象已成为其公司构成中的一部分,消费者,即使年龄上有断层,对它们都有种情感上的寄托。"看到山德士上校,我们一下子就能够认出来,根本不需要解释。当这些老形象重新出现时,挑剔的新观众似乎也很喜欢它们。年轻的消费者喜欢它们,因为这些形象有些土气古怪;年长的消费者喜欢它们,是因为它们令人怀旧!"②

如果做得好,这些角色将传达一种特有的卖点。咔嚓声、噼啪声和嘭声强化了凯洛格公司的家乐士稻谷麦片(Kellogg's Rice Krispies)在添加牛奶时所发出的独特的声音。美国家庭人寿保险公司(AFLAC)的鸭和政府雇员保险公司(Geico)的壁虎使得它们所代表的保险公司更容易为人们所接受,并使公司的品牌名称在消费者的心目中占据了首要中心地位。

因为它们不会变老, 这些广告形象可以吸引不同年代的消费者。护林熊(Smokey Bear),老虎东哥(Tony the Tiger)和欢乐绿巨人都有50多年的历史了。桂格

---

① Bob Garfield, "Champion Forgoes Endorser and Scores a Couple of Points," Advertising Age, 14 July 2003, p.29.

② Warren Berger, Advertising Today (London: Phaidon Press, 2001), p.285.

燕麦人(Quaker Oats)早在1887年时就被推出(他的胆固醇含量一定很棒)。为了庆祝花生先生(Peanut)的90岁生日(亦是绅士品牌[Planters]的100周年),FCB广告公司邀请顾客为这位著名广告形象的新形象进行投票。新广告中的花生先生衣着粗拙,而不像原来那样戴着招牌高帽、擎着拐杖和携着单镜的形象。就连喜剧《超人前传》(*Bizarro*)都取笑花生先生的新形象,它在剧中让花生先生穿上了说唱歌手的服饰!

这些动画广告形象的最大优点也许就是你能够完全控制它们。不像名人,它们不会因在商店行窃被抓,不会在有点名气的情况下飙车,或者不会在公众面前说一些愚蠢的话,但是,它们也能像明星那样吸引一批忠实的客户群体。汉堡王的国王(Burger King's king)是杰·莱诺今夜脱口秀(The Tonight Show with Jay Leno)栏目中的嘉宾;旅游之城公司的漫游小矮人(Travelocity's roaming Gnome)曾出现在威尔和格雷斯栏目(Will & Grace)和急速前进栏目(The Amazing Race)中。梅西百货公司每年的感恩节大游行队伍中都会出现无数的广告形象。同样,在纽约的年度广告周庆祝活动中,这些广告形象的大游行也是最受人欢迎的活动之一。

不过,仍然有很多创意总监认为这种广告形象是在玩花样,而且感觉有点过时。对,在某些情况下,他们的想法是正确的。这里的关键窍门就是得使广告形象与消费者相关联。这可能就意味着需要对老的广告形象进行一次整容或者个性的再塑造。20世纪50年代M&M公司糖果人的老形象,从今天的标准来看,有点做作了。多亏威恩顿工作室(Vinton Studios)和BBDO广告公司对它进行了重新包装,糖果人的形象向个性化方面发展,它们有各自个性和缺点了!红色糖果人自我,把自己视作M&M糖果包的老大;黄色糖果人甜蜜但有点头脑简单;绿色糖果人十分性感,尤其是当它穿上时髦的白色呼啦舞靴时;蓝色糖果人呢,则因为颜色较深而显得好酷!

同样,汉堡王的国王也经历了一次形象再塑。1970年代时的国王是讨人喜欢的卡通形象,它经常与英俊的伙伴多动先生(Sir Shakes-A-Lot)和油炸巫师(Wizard of Fries)表演魔术。2004年,克里斯蓬波特-博古斯凯广告公司将汉堡王国王重新设计为古怪的,或者说恐怖的形象,这对年轻人很有吸引力。汉堡王的全球营销总裁勒斯·凯雷(Russ Klein)对《广告周刊》说,这次活动使其品牌重新变得"神秘"了,汉堡王因而成为流行文化的领头羊。

与幽默和名人的运用一样,广告商品的个性性形象必须与消费者和品牌有相关性。另外,需要牢记的是,人们喜欢某种广告形象,并不意味着他们就喜欢你的品牌。很多人都喜欢宠物网(Pets.com)的那个会唱歌、穿短袜的小木偶,但很少有人想过从宠物网上订购宠物,现在,那个可爱的穿短袜的小木偶只能作为收藏品在易趣网上拍卖。

伦理和法律问题

在"富有创意"这一点上,你能走多远?

询问自己以下这些关于广告方面的问题:

- 调查显示,大部分的消费者对烟酒的消费并不多,妇女、拉美裔美国人和非洲裔美国人则是烟酒的主要目标客户,在这种事实调查面前,我们是应该赚取利润还是应该更审慎些?
- 一则著名的止痛片广告应该告诉公众"大部分医院选择我们品牌"的原因是其价位很低吗?
- 对于无医学背景的消费者,是否该告诉他们有必要向医生询问处方药的各种品牌吗?
- 在每天都有飙车族惨死的年代,汽车制造商应该鼓吹他们的赛车比喷气式飞机还要跑得快吗?
- 广告客户应该在电视广告中使用祈使语气吗?比如说:"她应该是金发碧眼——或者如果是黑色皮肤,不该是很黑的那种——而且漂亮,但不是太漂亮";"中西部的说话风格,中产阶级的打扮,非犹太人";或者"如果我们使用黑人,就该让他们显得有档次点"。
- 即使仅仅对暴力和专制的模仿,它们出现在商业广告中合适吗?
- 对与性有关的影射又如何?如果关于性的话题有市场,那么应该对其有所限制吗?

广告客户为了追求创意,有时他们会做得很过分。但是,在有些情形下,消费者会被激怒而集体发起抵制。媒体可以选择不刊登他们认为具有冒犯性的广告,正如《世界时装之苑》(*EllE*)杂志做的那样,它宁愿选择在其杂志中留空,也不刊登贝纳通的一则广告,因为它展示了一名男性艾滋病患者即将死去的情景。还有的时候,某些广告太过分以至于违反法律而遭受数额巨大的罚款。

规则

在创作广告以前,你应该懂得以下一些规则:

- 明白夸大和欺骗之间的区别。夸大的法律定义是:“以宽泛、含糊和赞赏的语言来表达夸张的言论或大话,它与对产品独有的特征进行错误描写或陈述是有区别的,所以,夸张不会被提起诉讼。”① 例如,一则关于意大利面条果酱的广告声称“它和妈妈做的一样好吃!”很少有人会相信这是个真实的陈述。如果你妈妈的厨艺不尽人意,你也许还会希望广告所说的不是真的。
- 在对产品的某项性能作出声明之前,你必须准备如何对它进行佐证。你也许想促销一份健康保险金,或声称你产品的性能优于其他公司的。在这样做之前,请注意,联邦贸易委员会,食品及药物管理局和全国首席检察官联合会会要求你对所作的论断提供证实性的依据。如果你做不到,他们可以命令你做一系列的事情,包括撤下问题广告和刊登矫正性广告。

  2006年,一名联邦法官责令烟草公司在销售香烟时停止使用“低”、“超低”、“淡”和“中性”等这样的术语,因为他认为这些术语“含蓄地或公开地向吸烟者传达这样的信息:低焦油含量的香烟对健康的危害没有高焦油含量的香烟那么严重”②。除此之外,法官还责令四家烟草公司刊登为期一年的矫正性广告。

  如果你的广告对竞争对手的产品、服务或商务活动的性质、特点、质量或地域来源等进行了歪曲和诽谤,他们会对你提起诉讼!约翰迪尔公司(John Deere & Co.)制止了MDT公司在广告中对其约翰迪尔商标表示轻蔑;威尔金森刀具公司(Wilkinson Sword)在作了其产品具有优越性的虚假声明后,被判支付吉列公司(Gillette)953 000美元的赔偿金。

  百事可乐对可口可乐推出的动力(Powerad)运动型饮料的广告提出起诉。在这则广告中,两名身着门诺教服饰的小伙子在做马车拉力比

---

① J. Thomas Russell and W. Ronald Lane, *Kleppner's Advertising Procedure* (Upper Saddle River, NJ: Prentice Hall, 2002), pp.635-636.

② Wendy Melillo, "Big Tobacco Must Fund Anti-Smoking Ads," www.mediaweek.com, 21 August 2006.

赛,最终装载10捆干柴的马车击败了装载50捆干柴的马车。这时广告将镜头剪切至一图示,该图示分别列出了佳得乐(Gatorade)饮料和动力饮料的总热量,其中佳得乐的热量为50卡路里,动力的热量为10卡路里,同时旁白说道:"10比50少,选择动力,低卡路里的运动饮料!"作为佳得乐的生产商百事公司,立即对这则广告提出上诉,其原因是当人们工作过头后,他们需要更多的热量。可口可乐立即进行了庭外调停,撤下了这则广告!

- 不要抄袭其他公司的创意理念。不管你听到什么,模仿并不都是表达恭维的最真诚的方式。耐克公司强制要求大众汽车公司撤下印有"飞车乔杰(Jorgen)"标题的广告,因为它与耐克公司的"飞人乔丹"这一商标太接近了。
- 不要与其他人有雷同之处。由于菲利多雷公司(Frito-Lay)和它的广告机构特蕾西–洛克(Tracy Locke)在为多利多兹做广播广告时,使用了一位听起来很像威兹(Waits)的人作代言,汤姆·威兹为此获得了近240万美元的赔偿金。在三星公司使用了一名身穿睡袍、头戴金色假发、站在标有公司名称的字符板前的女性机器人后,凡娜·怀特(Vanna White)因此而获得了40万美元的赔偿金。
- 尊重其他公司的商标。老虎东哥和埃克森(Exxon)老虎和平共处了30多年,但是当埃克森公司开始使用它的老虎商标来销售食品时,凯洛格公司(kellogg's)因其对自己老虎商标的侵权提起上诉。第二章将提供更多的关于商标以及如何保护商标的内容。
- 注意广告在孩子面前的言词。对成年人合适的广告对小孩子来说也许是无法接受的。商业改善局(Council of Better Business Bureaus)的儿童广告评审部(Children's Advertising Review Unit, CARU)要求桂格燕麦公司(Quaker Oats)将"嘎吱嘎吱船长"(Cap'n Crunch's)牌的花生黄油香脆麦片的广告做一下调整。在广告中,船长将一罐花生黄油扔往船外,同时说道:"谁需要它?"儿童广告评审部担心的是,小孩可能会相信麦片即使不如花生黄油那般好,至少它与花生黄油同样有营养。

儿童广告评审部要求凯洛格公司停止播放苹果杰克(Apple Jacks)牌谷类食品的广告,因为它涉及了一个"坏"苹果。这则引发争议的广告讲述的是一个机敏且脾气随和的肉桂棒——即指西纳蒙(CinnaMon)

与一个矮小、有点坏的以及爱抱怨的苹果——即指坏苹果之间的故事。在这个广告中，坏苹果总是在算计怎么才能打败西纳蒙来夺得苹果杰克的大碗,但最终都一一失败了。儿童广告评审部认为,小孩很有可能会从广告传达的信息中得出这样的结论：苹果对他们来说不好，也不好吃,而苹果杰克甜蜜的美味只是肉桂带来的。

不仅这些针对儿童的广告需要接受儿童广告评审部和其他群体的监督,有些针对成年人的广告,例如啤酒和香烟,也会受到严厉攻击。比如说,当调查显示骆驼老桥(Joe Camel)和百威青蛙(Budweiser frogs)被大部分的小孩所认知时，它们的广告都被一一终止了。即使关于宝氏(Post)葡萄坚果的广告都被视为有失公允,因为广告中的一名代言人将葡萄坚果的"自然精华"成分与他在森林中摘采的野坚果和野浆果进行比较。这样的信息是不可接受的,原因在于,一些野外的坚果和浆果有毒,而小孩很可能分辨不出。

创新的挑战

创作好的广告并不是件容易的事。任何人都能用几分钟仓促地做出一则广告,在书报、广播、电视、电子邮箱、广告牌和互联网上,每天你能看到或听到这些广告;有些人想到的点子可能比较粗糙而且会冒犯他人。但是,除非这些点子能与销售信息和目标受众关联起来,否则它们没有多大的作用。

富有创意的广告能和它的目标受众关联起来,并以一种意想不到的方式来展示好的创意。这种关联性来源于事实,而这种意想不到的联系,则来自设计者和艺术总监的灵感,它是能使信息受到关注的附加组成部分。这就是本书所探讨的：识别广告中的问题,收集相关事实,以及通过批判性的和富有创意的思考过程,加上你敏锐的洞察力来创作一则令人难忘的广告,这样的广告不仅能够吸引注意力,而且会以一种观众能够理解和接受的语言向正确的观众传递正确的信息。

看看本书中的一些广告，看看你是否能够辨别每则广告中出人意料的成分,看看它能否通过"相关联"这一要求。对于这些广告,观察一下娱乐的想法是否融合了事实性的信息,于是你想立刻欣赏这则广告。广告的创作者是否尽一切可能来吸引他们所寻求的目标受众?他们是否因为为了一句滑稽的话或者语不惊人誓不休的陈述或图片而放弃了一个好的主意？这指的是,要看看广告中的娱乐成分有没有和广告的信息发生冲突,或者它还是强化了广告的效果?

建议活动

1. 建立一份你一天中看到的或听到的广告清单,一共有多少则?能清晰生动地记住多少?其中又有哪些不同寻常之处?

2. 找出在你看来品位很低的广告实例。在不削弱推广信息的效果的前提下,应该如何才能消除这些缺点。

3. 尽管有人争辩说很难为一般产品制作出富有创意的广告,但是广告专业人士却反驳道:"乏味不是借口!"作家詹姆士·戈曼(James Gorman)花了近3页的杂志版面来探讨廉价铅笔的魅力。其中有一部分,他这样写道:

> 还记得铅笔吗?想起了削铅笔时的那股雪松味了吗?是否还记得用锋利的笔尖首次在一张洁净的白纸上写字时的那种欣喜?是否还记得令人着迷的、长而锋利的笔尖以及光滑的、六角形的铅笔因自己焦虑与神经质而被自己咬得又短又秃时心中的内疚感?
>
> 我一直把铅笔给忘记了,直到最近,因为在电脑面前待的太久,所以决定好好地休息一下。此时,我想起了铅笔,人们还在用铅笔吗?有没有真正的铅笔爱好者?或者激光复印机和钢笔已经取代了一切?[①]

戈曼还附加说他与位于新泽西州莫里斯镇的铅笔制造协会通过电话,并发现"铅笔销售得很好"!据他了解,美国铅笔制造公司的每年产量为20亿支铅笔。他还发现,铅笔早在1564年就已存在了,当时在英格兰发现了大量的石墨矿藏。渐渐地,人们懂得怎么推广普及石墨,应该掺合些什么物质以及怎样烘烤,从而使它更结实和更便于书写。厄纳斯特·海明威(Ernest Hemingway)和沃尔特·惠特曼(Walt Whitman)写作时用铅笔,而不是钢笔或打字机(或计算机)。弗拉基米尔·纳博科夫(Vladimir Nabokov)和赫伯特·胡佛(Herbert Hoover)也是如此。亨利·梭罗(Henry Thoreau)曾经营过铅笔生产的家族生意。最后,戈曼写道:"即使你每天吃一支铅笔也不会伤害你的身体",这是因为"铅笔"中的"铅"不是"金属铅",而是石墨。

---

① James Gorman, "pencil Facts," adapted From Wigwag, February 1990.

如果戈曼可以花三整页版面的笔墨来描写铅笔，你是否能够就创作一则广告，赋予铅笔一种强有力的个性，以至于消费者吵着嚷着要更多的铅笔呢？尝试一下吧。

4. 在全国性的杂志上找出一则广告，或者描绘一则广播广告或电视机广告。试着根据以下的指导方针写一评论：

a. 该广告是否引起了你的注意，同时又没有让你感到困惑？它是否在广告充斥的报纸杂志中脱颖而出（或在电视或收音机里）？

b. 该广告是否考虑到了目标受众的感受？它是否清晰地确定了它的目标受众？它是否让观众有种参与感——广告是否让你大声惊呼："他们谈的是我"？

c. 该广告是否清晰地传播核心利益？它是否有理由促使你考虑购买，不管是出于感性还是理性的缘由，或公开吸引你购买还是含蓄地暗示了你？如果它只是含蓄地暗示，那它表达得足够清晰吗？

d. 该广告有否使用某种手段来使你记住一些重要的事情？其中有没有一两句特别出彩的广告词？

e. 该广告是否使你对广告中的产品、广告本身、生产商和你自己产生良好积极的感觉？

f. 无论如何微小，该广告中是否存在着需要改进的方面？该如何对它进行改进？

网上查询：了解更多有关创意的知识

关于广告创意更多的信息，可以访问以下网址：

- 广告论坛：www.adforum.com
- 克里俄广告金像奖：www.Clioawards.com

关于伦理、焦点问题和法令规章的更多信息，请参考以下网址：

- 广告教育基金会：www.aded.org
- 商业改善局：www.BBB.org
- 儿童广告评审部：www.caru.org
- 联邦贸易委员会：www.ftc.org
- 食品和医药管理局：www.fda.gov

⊙ 简单案例

"紧急"对你而言意味着什么?

我们大家都做过蠢事,比如像吃有些异味的食物,捅个黄蜂窝看黄蜂会不会真有反应,在未检查瓶口朝向的情况下,拔掉香槟的塞子!哎哟!这些愚蠢的行为可不仅只是伤害了自尊噢。尽管这些伤害可能没有生命威胁,但是通常都应该得到及时的医疗救治。那你怎么办呢?马上飞奔急诊室?那里不时有救护车呼啸着送进处在生死存亡关口的病人。在医生的预约排满的情况下,你只能碰碰运气看医生能否挤出空来搭理你?列克星顿医疗中心将为你提供更好的医疗服务!

列克星顿医疗中心有六处紧急治疗设施,对无关生命威胁的伤病比如说扭伤、骨折以及需要缝合的伤口等进行紧急救治。这些设施是为了减轻医院急诊室的负荷而建立的,它们分布的位置极佳,能够确保来自南卡罗来纳州列克星顿郡任何地方的伤病人员在15分钟内都能得到紧急救治。

尽管地理位置十分便利,但这些紧急治疗设施并没有充分发挥其应有的能量。因此列克星顿医疗中心的营销部邀请里格斯广告公司(Riggs Agency)和疯猴工作室(Mad Monkey)策划一次广告活动,期望增加5%的客流量。

里格斯广告公司和疯猴工作室开发了一次获奖的成功广告活动,它使用幽默的手段来吸引人们的注意力并使之与观众共鸣。大部分医疗中心的广告吹嘘的是最新的技术或富有爱心的医疗团队(这些都乏味得让人打哈欠),与它们不同的是,列克星顿的广告更关注现实生活中人们的不幸。由于广告中的伤病都没有生命威胁,幽默地使用就比较合适。

疯猴工作室的总经理罗瑞·加德勒(Lorie Gardner)解释道:"在对这次活动进行集体讨论时,我们发现我们中的大部分人都有一瘸一拐地、步履蹒跚地或扛着其他人走进急诊室的经历。大部分的情况下,我们去急诊室是因为我们缺乏判断力,这很荒诞,换句话说,我们就是目标,事故在等着我们发生。更重要的是,我们意识到不管是扭伤或突如其来的疹子,当它发生在你身上时,都是很要紧的。所以我们的主题语是'不管你发生什么紧急意外,我们都在你身边'。"

艺术总监约翰·法斯特(John Foust)说道:"这件事情可是个烫手的山芋。"在一次典型的集体讨论会议上,创作团队继续讨论这些主线,边看着自己的素描簿,艺术总监边问:“在玩弄捕蛙器(frog gig)时,你曾试图做的最愚蠢的事是什么?”“清理我的脚趾甲?”一名广告文案撰稿人试探性地回答道。艺术总监停顿了一下,想了想,然后回应:“这不稀奇!”

加德勒对创作团队在比稿时怎样将理念传达给客户进行了描述:“这是需要时间创作完成的,我们写好脚本后会将它表演出来。有时候我们还会使用各种各样的能够帮助作出效果的照片和人物来创作一些概念广告。然而,对这个项目,我们简直就像只会‘吮吸着手指’了,我觉得很慌的!”

在这次活动最早的一则电视广告中,一名调皮的男孩披着超人的披肩、戴着超人的护目镜出现在镜头里,我们从广告背景中听到他妈妈在叫他:“山姆(Sam)……把电视的音量调低点。山姆……山姆……,哦,请告诉我你不会试图再去飞吧!”正在她要求他当心的时候,他飞一般地跳下阳台,直接摔进灌木丛。这时,旁白的广告主题语读出:“不管你发生什么紧急意外”。小山姆毫无畏惧,起身抖了下披肩,重新扶正他的护目镜,爬回阳台继续他的超人表演!

这则关于年轻超人摔下阳台的故事源于医疗中心一名副总裁的真实生活经历。马格丽特·格雷格丽(Margaret Gregory)就是列克星顿医疗中心营销与公共关系部经理,同时,她是个小男孩的妈妈,她对这则广告评论道:“这则广告对那些比其他任何人都清楚自己孩子的想象力有多高的父母很有吸引力,往往到最后,跑一趟医疗中心是必不可少的。”

另一则广告以一哥哥和一妹妹在争执谁最先体验一新雪橇为特写镜头开始。你可能会感觉到那边刚开始下雪,因为孩子们身上穿着厚外套,裹着围巾,戴着手套。小男孩最终赢得争执,他对妹妹说:“这是我做的,是我的雪橇。”妹妹眼睛转了转,困惑地低声嘀咕:“老是这样子!”然而,当摄影机将镜头拉远,你才发现,小山坡上没有一丁点雪,更糟糕的是,这不是普通的雪橇,它的后面带有两个轮子,滑雪橇的人扑在前面。当妹妹推他的时候,你将听到熟悉紧急治疗的主题语:“不管你发生什么紧急意外。”

并不是只有小孩子会发生一些意外,成年人也会做蠢事的。另外一则电视广告说的是一名男子在午夜打开冰箱里的残羹剩菜的故事。从皱巴巴的铝箔包装,你可以感觉得到这些食物在冰箱中已经有一段时间了。这名男子闻了下食物,把它放下,又闻了一下,自言自语地说:“闻着还好!”这时,广告主体语响起:“不管你发生什么紧急意外。”

当里格斯广告公司和疯猴工作室的创作团队进行头脑风暴时,团队成员开始相

（感谢列克星顿医疗中心提供）

（感谢列克星顿医疗中心提供）

互展示各自身上的伤疤。广告文案撰稿人麦克·鲍尔森(Michael Powelson)若有所思地说:"当四五个人聚集在桌边,讨论他们的伤疤的时候,一些有趣的事情就会发生。他们开始讨论时动机十分单纯,但是有时候他们会竞相展示他们的伤疤,即使他们再脱更多的衣服来比赛各自的光荣历史,我也不会太惊讶。"

在另一则电视广告中,三名男子围着一堆篝火,每个人都在吹嘘他们那些伤疤的苦难经历。其中一个人是由于鱼钩出错导致,另一人则是患阑尾炎惹的祸,第三个家伙的伤疤是三级烧伤所致,当时他在将他获奖的巧克力蛋奶酥拿出烤箱。当他说到这里时,正在篝火上烤着他的果浆软糖被烤成了脆松饼!短时间内,他大概不会被食品通道(Food Channel)栏目邀请去做嘉宾大厨吧。

一则收音机广告捕捉了人们需要紧急治疗的众多原因。

列克星顿医疗中心的"故事"

男子:事情是这样发生的。

女孩:说来话长。

妇女：你真的想知道吗?

男子：我当时正在屋顶上……

妇女：我们很饿。

男孩：妈妈告诉我不要做……

男子：一切都没问题,在……

妇女：一开始,味道很不错……

男孩:“就那样做”,我说。

女孩：就在那个瞬间,一切发生了……

男子：我仅仅把脸转过去一秒钟,但是……

妇女：你知道,然后就……

男孩：梆的一声。

男子：砰!

女孩：嘀嗞……

妇女：嗷唔嗯……(模仿作呕吐状)。哎,太尴尬了!

女孩：他们太奇怪了……

男孩：你的手臂只能往一个方向弯。

妇女：好的,好,你们告诉过我了……

男子：(模仿女人的声音)用你的膝盖而不是你的背……

女孩：但是,我情不自禁地抓它……

男孩：看起来像一个发霉的葡萄柚……

女孩：冰都帮不上忙……

男子：我试图等等再说,但是……

女子：我得把东西吐出来……

男孩：去……紧急治疗中心吧,它位于……

女孩：列克星顿。

男子：香槟。

男孩：巴特伯格-里斯维勒。

妇女：斯沃斯。

男子：吉尔伯特。

女孩：艾尔莫。

播音员：每一道伤疤都有一个故事。这就是列克星顿医疗中心的紧急治疗部存在的原因。来自南卡罗来纳州列克星顿郡任何地方的伤病人员在15分钟内都能得到紧急救治。不管你发生什么紧急意外,你都能得到最佳的治疗。

广告牌上刊登了一些患者在去紧急治疗中心之前说的最后几句名言:

"挑战就是冒险。"

"他先开始的。"

"嗨,看这个!"

"噢,没有那么重的。"

"噢,他不会咬人吧。"

"肯定是我吃过的什么东西变质了。"

这些广告打动了各行各业的人,因为这勾起了他们对各自生活中类似事故的回忆。这场广告活动始于2005年夏天,获得了数不清的奖项。更重要的是,紧急治疗中心急诊就诊人数比上一年同期平均增长了7个百分点,6个紧急治疗中心的就诊人数的增长分别从6%到14%不等。而这个增长的结果并不是偶然的。

(感谢列克星顿医疗中心提供)

2

第二章

品牌：识别与形象战略[①]

花一分钟的时间思考一下苹果电脑公司的广告战略：在其广告中苹果电脑公司使用贾斯廷·朗(Justin Long)代言Mac 机，约翰·霍德曼(John Hodgman)代言PC机。朗的形象悠闲、年轻、很酷，而霍德曼则为一个中年人陈旧臃肿的形象。任何接触过以上任一款电脑的人都知道，苹果是在对它的电脑进行阐述：它们使用简便、能够有效防止病毒，而且任何一款台式机的视觉效果都极佳。苹果通过使用朗对这些特质进行刻画，而用另一相反的人物形象来对竞争产品的消极特质进行刻画，这一做法巩固了苹果的品牌个性形象。

品牌的定义

品牌，正如人一样，也有它的个性，所有你知道的与你所想到的有关品牌方面的问题，都通过两种方式来传达它的个性：品牌识别和品牌形象。品牌识别是指通过战略规划和对自身进行有目的的展示来获得其在公众心目中的正面的形象。基本上，这是公司或品牌所做的一切自我展示，包括它的名称、标识、主题语、色彩、建筑

① 雪城大学纽浩思公共传媒学院苏·威科特·阿尔萨瑞博士(Sue Westcott Alessandri)撰写

风格、甚至声音。因此品牌展示给公众的每一样东西,即人们看到和听到的每一样东西,都是品牌识别的一部分。你可以说这就像一个人,有名字、外貌、着装风格以及特别的言谈举止等,所有这些构成了某个人的识别。

品牌识别带来品牌形象

公众如何看待品牌识别则是另外一个问题,在广告中我们把这称为品牌形象。品牌形象就是公众对公司或品牌的知觉。一般来说,品牌形象是人们对公司与品牌识别联想的直接结果。如果从传播的角度来思考品牌形象,那么,在消费者看到品牌的广告,进入出售某一品牌的商店或者与品牌的服务人员进行互动的每个时刻,品牌形象就在客户的心目中形成了。

品牌识别,以及随之而来的品牌形象,形成了品牌的核心,在对品牌进行广告传播时,两者都十分重要。总之,没有品牌识别,品牌将没有公众角色,因为品牌识别是品牌在市场中的一张公共面庞。广告中的识别要素为消费者形成对品牌的形象提供了捷径:

品牌识别+品牌形象=品牌声誉(reputation)

所有单个的识别要素——名称、标识、主题语、色彩以及建筑风格,当它们组合在一起时通常被称为品牌的“格式塔”(gestalt),即完形,这就是说它们组合的整体效果比各要素简单叠加的效果要好得多。让我们以靶子连锁超市(Target)为例。从电视广告到店堂的装饰风格,消费者的感受是一致的,干净、整洁、时尚,它使折扣购物也有了较好的感觉。苹果也同样如此——它的电视广告是以白色为背景,与专卖店一样的白色相匹配一致,体现了苹果公司个人电脑干净洁白的形象!这种一致性和对称性能够促使忠实的Mac机用户确信:没有比这更好的电脑了。

然而,品牌识别绝不仅仅只是视觉效果而已。如果你认识到品牌识别体现为将品牌展现给公众的方式,而品牌形象则是公众对这种展示方式的知觉,那么,我们就比较容易进入下一步,也就是说品牌识别与品牌形象直接关系到品牌的声誉。

品牌的声誉没有品牌形象那样短暂,对它进行塑造也是困难重重,它需要经历一定的时间通过对品牌形象产生总体印象后才能建立起来。这意味着对于正面的品牌识别的投资可以带来正面的品牌声誉,这正面的品牌声誉通常会转变为顾客的忠诚度。例如,盛世长城广告公司创造了“至爱品牌”(lovemark)这一词,用以形容那些

"激发超越理性忠诚度"的品牌。[①]"至爱品牌"象征着那些拥有简直不合逻辑的高忠诚度的品牌，比如像Mac机。

正如忠诚度可以赢取一样，忠诚度也会失去，而在另一些情况下，它甚至可以重获新生。法国鳄鱼是以法国著名的网球明星瑞恩·兰格仕(René Lacoste)的名字命名的，它以"钝吻鳄"作为品牌的标识，于1930年推向市场，并成为类大学预科生群体(译者注："preppy set"为俚语，指比较富有的精英阶层，不一定年轻，但行为像大学预科生)中拥有很高知名度的品牌。据说当第一个标识作为设计元素出现在衣服上时，产品的销售量急剧增大，随即它就失去了高档品牌的吸引力，最后，这个品牌差不多在市场上销声匿迹了。然而，最近它又重新回到市场了，价位比以前更高，并被誉为市场上最贵的网球服饰品牌之一。自2002年始，它的销售量增长了800%，以至于你不得不怀疑"公司象征性的图像"是否是公司成功的主要原因。[②]

虽然每一个品牌都能达到传奇般的状态是不可能的，但是，这应该是每一个品牌的宏伟目标。不是说，品牌声誉始于品牌识别，既然品牌声誉来源于品牌形象，那么，营销工作者至少可以通过对品牌视觉识别的直接管理来间接地控制品牌形象和品牌声誉。

品牌识别的要素

名称

品牌的名称是品牌最重要的资产之一，也是品牌最容易向市场推广的资产之一。给品牌命名变得如此重要，以至于一些机构全力地投入到给品牌命名的工作上。想想一些你所喜欢的品牌的名称：你曾经想过它们是怎么来的吗？有些品牌名称可能是由专业的命名公司设计出来的，有些可能是由广告机构和品牌所有者创造出来的，有些甚至可能是由公司的总裁想出来的。

现在，耐克的品牌名称深入人心，你可能都没有考虑过耐克这一名称与它的品

---

① Kevin Roberts, *Lovermarks: The Future Beyonds Brands*(New York: Powerhouse Books, 2004).

② Vivian Manning-Schaffel, "Lacoste: The Alligator's Back in Style," Businessweek, 13 September 2005. Rumor has it that the alligator logo appeared on shirts as a joke. Rene Lacoste was dubbed "The Alligator" by the American press after a bet he made. Lacoste asked friend to draw a crocodile, which he then had embroidered onto the blazer he wore on the court.

牌匹配得多么完美：耐克(Nike)就是胜利女神！你觉得“第六维度”(Dimension 6)这个名称能够使一家运动鞋公司迅速取得这么巨大的成功吗？而这“第六维度”是耐克的创始人菲尔·耐特(Phil Knight)的选择。颇为传奇的是，“耐克”这一品牌名称是一名员工梦中想到的。[①]所以啊，谁又能说睡眠时是没有创造力的呢？

好的品牌名称孕育成功，但即使是再好的品牌名称在公司业绩不佳的情况下，也不能为公司提供任何庇护。品牌名称只是品牌识别的一部分。

标识

标识是品牌或公司用来向消费者标示自己的视觉符号。标识可以仅仅只是一个图案，或者一个单词，后者被典型地称为标识语。看看靶子连锁超市的红色靶心标识。红色和白色的符号是简单标识的典型例子，它实际地反映了品牌的名称。现在，在靶心的标识上穿过三个弹眼，这样会和原来的标识作用相同吗？这种带有弹眼的标识会使公司同样成功吗？靶子连锁超市的创始者们在20世纪60年代的时候就曾考虑过使用有弹眼的标识，但是就是在那个时代，他们仍然觉得这可能不符合自身品牌的最大利益。[②]

捷蓝(jetBlue)和联邦快递(FedEx)是两个将标识语作为他们基本识别符号的强势品牌。捷蓝这一名称的由来很有趣。当时，这家刚成立的航空公司的管理团队苦苦思寻着公司的名称。公司的总裁大卫·尼尔曼(David Neeleman)希望“蓝”字能成为航空公司的名称或者名称中包含“蓝”这一字。然而，要将这样一个宽泛的词语注册商标，显然有难度。公司传播部门人员在与尼尔曼讨论公司的名称时，建议公司将“蓝”字包含在公司的名称中。“我只不过随便说而已”，她说，“你可以称呼它‘**飞蓝**’或者称呼它‘**捷蓝**’或者……‘**捷蓝**’，不知从哪里魔法般地冒了出来，很明显这就是他们想要的”。那天晚上晚些时候，传播部门的员工便在餐巾纸上草拟了一个简单的标识语，现在这个标识语的由来就是那样简单。[③]

联邦快递的标识语是由兰多品牌咨询公司(Landor Associates)于1994年设计的。如果你迅速地看一眼，你会发现紫色与橙色的标识语看起来很简单直接。但如果你

---

① Karen Post, “*Branding naming,*” *Fast Company*, 6 June 2005.

② Laura Rowley, On Target: How the world’s Hottest Retailer Hit a Bull’s Eye (Hoboken, NJ: John Wiley & Sons, 2003).

③ Barbara S. Peterson, *Blue Streak: Inside jetBlue, the Upstart that Rocked an Industry* (New York: Penguin Group, 2004).

稍微仔细地注意一下字母“E”和字母“X”中的空隙，你会清楚地发现一个箭头指向右方。兰多公司设计了这样一个标识，但联邦快递并没有对箭头进行宣传，相反，它让客户自己去发现箭头——据说这箭头意味着速度和准确性，这可是一项“隐性的奖励”。（见表2-1）

主题语

主题语是与品牌名称或标识同时使用的具有代表性的短句，它也可以被称为品牌的口号或者座右铭。最近的一些著名的主题语包括多地带无线通讯公司（Verizon Wireless）的“现在能听到我吗？”

相对于其他的识别元素，主题语会随着时间的推移而不断发生变化。它会在以下的场合发生改变：当开发出新的富有创意的广告活动时，当雇佣新的广告机构时，或者广告语的使用价值被充分利用了以后。然而，有些主题语长期保持不变，甚至成为人们口头禅的一部分。

FedEx® Express

图2-1 联邦快递标识语中的箭头强化了公司品牌对速度和准确性的承诺。

（感谢联邦快递公司提供）

当主题语成为流行文化的一部分时,它兼具正面与负面影响。在短期内,拥有大众化的且容易记住的主题语可以促使人们将主题语与品牌联系起来,例如:"现在能听到我吗?"而在负面影响方面,成为流行文化的一部分的主题语很容易成为陈词滥调。随着时间的推移,主题语与品牌的联系会慢慢地减弱,它们更多地是被视作妙语佳句。如果人们开始引用某个主题语,但说不出该品牌的名称,那么就是更换主题语的时候了。

色彩

想一想你所喜欢的品牌,它们是不是影响力极大,以至于你仅凭颜色就能辨别出来?颜色能够促进产品的销售,这也许看起来有点不可思议,但是想一想你大学的情况。大学可能采用一种或两种颜色作为其主要的鉴别方式,运动员,球迷以及任何停留在书店买T恤衫的人都会自豪地穿上这种颜色的衣服。在一些情况下,学校的体育活动用该颜色来命名。雪城大学的官方标志色是橙色,其运动队在2004年时重新命名。新的名称是什么?你猜对了:是橙队![1]

然而,这并不仅仅是校园现象。一些公司也开始意识到将他们的品牌和颜色联系在一起的威力。例如,UPS公司在2002年时开始了一场广告活动,它在广告中问道:"棕色可以为你做什么?"

当你想到可口可乐时,你可能会想到苏打水,但是你可能同时会想到可乐的红色。人们将可口可乐和红色强烈地联系在一起,这是可口可乐公司100多年来对消费者精心教育的结果。这种联系带来了双重效果:首先,当你看到红色罐装的苏打水时,你可能会立即想到可口可乐。

1994年,可口可乐最大的竞争对手百事公司决定,它不再以可口可乐使用红色的方式来"使用"颜色,除非你还要算上可口可乐在瓶罐上和招牌上使用的白色,不然,可口可乐的颜色就是"红色"。相反,百事决定将蓝色作为它的主题颜色。公司对此作了调查,并确定蓝色"在消费者心目中的形象是现代的、酷的、令人兴奋的和富有活力的,这个颜色能让人精神为之一爽"。[2]

---

① There are several schools that include their official color in their team names. A few examples include Tulane University Green Wave, Marquette University Golden Eagles, Depaul University Blue Demons, Cornell University Big Red, Duke University Blue Devils. St.John's University Red Storm, University of Alabama Crimson Tide, and Harvard University Crimson.

② John A. Quelch, Pepsi Blue (Boston, MA: Harvard Business School Publishing, 1998).

单独就颜色而言，它也是一种可以营销的识别元素。例如，2006年格利登(Glidden)公司和家得宝公司(Home Depot)合作提供“团队色彩”服务，这是一组许可制作的涂料颜色，它们与职业篮球队、足球队、棒球队、全国赛车联合会的司机和大学的颜色完美地匹配起来。

如果你仍然不相信颜色的强大力量以及颜色的可营销性，试想一下当你收到装在红色天鹅绒盒中的钻石戒指时感觉会怎样；再想想当收到装在蒂芬尼(Tiffany & Co)公司生产的欧鸲蛋蓝色的盒子中的戒指时，心情是怎样的。蒂芬尼公司将它的品牌和包装盒联系得如此紧密，以至于蒂芬尼的空盒子都经常出现在拍卖现场。

建筑与内部设计

下一次当你走进一家公司的建筑物或总部时，想一想该建筑物或办公室向你传达了关于该公司的什么信息。你能够在没有看到标志的情况下说出公司是从事什么行业的吗？如果答案是“能”，那么该公司或品牌在将它的形象反映到它的建筑物和内部设计这一方面做得不错。

耐克的178英亩的“校园”，也就是位于俄勒冈州比弗顿的公司总部，包括16栋建筑物，它们都以知名度极高的体育界名人命名。[①]校园中还建有一条越野赛跑道和“环法自行车大赛”的模拟装置，四辆自行车立在一张大的法国地图前面。想要做运动的员工(一次四人)可以选择一个特定的自行车竞赛级别，计算机将自动地调节自行车的张力。

最普遍地使用内部设计来反映它们的品牌识别的也许是传播行业。广告机构通常用它们的办公室装饰来体现公司所从事的行业。由于广告业是个创意领域，走进广告机构后，你将看到带有主题风格的装饰布局，这并不是件稀奇的事情。纽约概念农场(Concept Farm)的内部设计是围绕农场的主题建立起来的，而这又是从其网站上顺延下来的。

最后，公司识别的一些要素比如它的内部设计，也有源于公司历史的。芝加哥的李奥-贝纳广告公司在公司的每个接待处都放置了一碗苹果，它要让在那里工作的每一个员工都记住，当贝那特在经济大萧条期间创办广告公司时，人们说他最后(会失败)将只能在街上卖苹果。

---

① “Company Overview, Nike Inc.,” www.nike.com/nikebiz/nikeiz.jhtml? Page=3&item=facts, accessed August 30, 2006.

声音

数年以来，摩托车公司哈雷戴维森公司（Harley-Davidson）一直向美国专利商标局给它的“常规曲柄针双V引擎”所发出的声音申请商标。哈雷戴维森公司认为它们公司引擎发出的轰隆声非常独特，可以和其他公司的摩托车区别开来，而且公司希望确保其他公司不会抄袭其独特的轰隆声。①尽管哈雷戴维森公司最终撤下了商标申请，但政府已认识到声音是组织识别中一个十分重要的组成部分。

1950年NBC公司被允许对它的三响音阶进行商标注册，该声音商标一直使用到现在，G、E和C调音乐声能够让人马上认出这是孔雀广播电视网（译者注：“peacock network”指的是NBC的状如孔雀开屏的台标）。另外一则你可能认知的声音商标是米高梅电影制片有限公司（MGM）的狮子吼，你可能在电影正式播放前听到过它。②

当今，声音商标并不多见，但是许多公司和品牌都认识到独特的声音可以是它们识别中十分有效并且容易记住的一部分。想想当你进入全国任何一家星巴克店时你所听到的声音，或者想想当你走过购物中心里艾伯克龙比-菲奇（Abercrombie & Fitch）的专卖店时，你所听到的音乐的类型和音量。即使你不知道确切的音乐作品是什么，但你已然会描述它，只因为这种声音与专卖店的联系实在是紧密。

声音作为品牌识别一部分的一个特殊例子是马自达公司的“咔嗒—咔嗒”（“zoom zoom”）广告活动。尽管这次活动在广告界中相对比较新颖，但是广为传播的“咔嗒—咔嗒”声音已经与公司的品牌不可磨灭地联系在一起了，人们只要一听到它就会想起马自达。

另外一个著名的例子是美国家庭人寿保险公司（American Family Life Insurance Company）的广告活动。你觉得你不知道这则广告吗？你当然知道啦，这是美国家庭人寿保险公司的广告活动，其中一只鸭子在嘎嘎嘎地叫——“啊嘎嘎嘎嘎”，（译者注：这里鸭子的“嘎嘎嘎”的叫声与该公司首字母缩写AFLAC非常相似）它使人们意识到他们需要额外的保险。具体可以看看图2-2。与许多人一样，你会发现你也会嘎嘎地叫出而不是说出这家保险公司的名称。

---

① Michael B. Sapherstein, “The Trademark Registrability of the Harley-Davidson Roar: A Multimedia Analysis,” Intellectual Property and Technology Forum, www.bc.edu/bc_org/avp/law/st_org/iptf/cles/content/1998101101.html, accessed August 10, 2006.

② Ibid.

图2–2 挤压一下这件美国家庭人寿保险公司的玩具鸭，它会发出如电视广告中一样“嘎嘎……嘎嘎……”的声音。出售这些玩具鸭所获得的利润，被用来资助美国家庭人寿保险公司设在亚特兰大医院儿童健康中心的癌症和血液病中心的工作。

（图片由德比·加里斯[Debbie Garris]拍摄）

开发品牌识别：做调研

正如大部分的广告方案那样，品牌的识别只有经过全面调研后才能有所发展。在本书的后面章节，你将学会各种各样的调研方式，广告公司通过这些方式深刻了解该品牌的消费者。

建立品牌识别需要进行的调研类型包括对两种不同类型的观众的认识：内部的和外部的。内部观众通常指的是公司内部员工，也可能是其他的与品牌有紧密联系的人。外部观众则有消费者、股东、销售者、社区以及其他的利益相关者。

例如，让我们再回到百事可乐的例子，当时百事公司想要明确它的品牌识别元素在全球消费者心目中是否一致，于是百事请一家广告公司进行了一次视觉识别审查。这家广告公司收集了来自34个国家的2 000张百事识别元素的照片（这包括出现在广告招牌及碳酸饮料罐上的名称和标识）。这些收集起来的识别元素所反映的结果令人大吃一惊：百事所使用的品牌识别元素在一些国家内部以及在不同的国家之间，存在许多的不一致。[①]

投射统一的信息

想想你是如何学习的。大部分人需要在多次听到、看见或者经历过某一事物后，才能真正地理解它。例如，当一则广告出现在电视上时，第一次你可能没有看完整个广告，或许因为正在做其他事情，你只听到广告，实际上也就没有看到广告。可能需要几次以后，你才能主动地处理广告所试图表达的效果。营销工作者基本上能够明白这点，大部分人都接受整合营销传播的观点了，即如果品牌能够通过多种媒介来传达统一的信息，那么品牌的传播将取得最佳的效果。

整合营销传播的先行者在消费者如何处理他们所接受的品牌信息的方式上，开发了这种理念。正如你是通过在记忆中的知识基础上来继续学习，而并不是每一次都从头开始一样，营销工作者现在明白了，在消费者的记忆中的信息并有没有被替换，而是新的信息与保存在记忆中的原有信息将结合在一起。这对于作为广告专家的你意味着：你需要记住消费者不仅接受和试图处理你所创作的信息，他们也在接受和试图处理由各种传播专家所创作的信息。要注意，普通的消费者对广告、公共关系、促销等各种传播方式的区分并不是很关注，他们更倾向于将品牌所有的信息传播都视为是由同一种媒介发出的。[②]（关于整合营销传播的战术问题请看第13章）

如今，当品牌决定怎样将信息传达给消费者时，它有一些媒介可选择。选择任何一种媒介都应该被视为一种与消费者沟通的接触点，一种与公众进行沟通和强化品牌信息的机会。通常，单个的或一组识别元素将会在下列媒介上出现：广告、网站、产品包装、建筑物内部装饰与外观、标示、服饰与制服、文具、表格、出版物、汽车和其他的交通工具（包括飞机和热气球）、促销以及免费样品等。这些都是一些传统的元素，营销工作者已经开始使用更富创意的方式向消费者传达品牌信息，如将识别元素引入电视节目和电影之中。

---

① Quelch, Pepsi Blue.

② Don Schultz, S.I. Tannenbaum, and R.F. Lauterborn, Integrated Marketing Communications: Pulling It Together & Making It Work (Chicago: NTC Business Books, 1993).

为不同的文化和媒介诠释品牌识别

如果你曾经到其他国家旅游，你可能看到了无处不在的美国品牌，当然除了极个别以外。也许这些品牌的名称和标识与你在美国国内看到的一样；或者，也许这些品牌的名称被翻译成当地的语言或方言，标识也与美国的不一样。不管采用哪种方式，是对品牌识别进行标准化（在不同的国家和文化中维持一致的识别元素）还是本土化（将识别元素转化为本土文化或针对本土文化进行设计），这对营销工作者来说是很重要的一项决策。

对品牌识别进行标准化或本土化需要考虑多方面的因素，其中包括世界上某个特别地方的消费者是如何看待该品牌，或者能否有效对品牌名称进行翻译。不管决定采用哪种方式，这都不是件容易的事情。

保护品牌识别

对品牌识别投资进行保护的最好方式之一就是，为品牌识别建立一种从内到外的全面拥护。真正支持品牌的员工就是品牌的捍卫者或者说品牌大使，他们在保护品牌识别方面起着十分重要的作用。一种激励员工的好方式是，用奖励来激励员工，不放过任何侵害或潜在的侵害品牌识别元素的行为。

最低程度来说，也应该对所有的员工进行有关品牌识别重要性的教育，这种教育应该始终如一地强调一致性的重要。从长期来看，即使一种较小的识别矛盾都有可能损害品牌的价值，还有可能导致品牌形象的丧失。

同时，对品牌识别的保护者来说，法律能够成为他们强有力的同盟。正如前面所强调的，品牌识别的“所有者”对品牌的完整性负责，因此在唤起使用商标法和版权法对品牌进行保护之前，他们应该采用每一种可行的方法来对其品牌识别进行保护。但如果对品牌的保护需要升级时，法律就能够提供强有力的保护。

品牌识别被认为是一种知识产权，而保护知识产权的法律主要有以下三种：商标法、版权法和专利法，其中，商标法和版权法与广告的内容和品牌识别问题最相关。

商标法

在法律中，商标的定义是“任何被用来识别或区别商品的词语、名称、符号、图案或以上的任何组合,还包括那些生产出来的或被其他人销售的特别的产品。"[①]这意味着标识、颜色和广告主题语都受到商标法的保护。

通常,在公司中或品牌管理组织中有这样一些工作人员,他们的工作职责是对事实上或潜在地损害品牌形象的现象进行检查。下面的引文将有助于更进一步了解这类工作的重要性以及该工作中经常会碰到的挫折:

> 我绞尽脑汁地试图让人们明白他们应该遵守产品识别的规则。如果你不这样做,你的品牌形象将受到损害……让大家明白它为什么如此重要是一项坚持不懈地任务……我只是解释道,当你每一次看到标识时,它都是在展示品牌。它独立地在起作用,但同时它也在整体中起作用。不要损害它,如果你这样做,你将破坏广告活动的协同作用。[②]

最近一起案子中,苹果电脑公司,这家经营电子消费品和计算机的公司,受到了苹果唱片公司的起诉,苹果唱片公司是甲壳虫乐队于1968年创立的一家多媒体公司。1991年,双方达成了一项协议,协议规定苹果电脑公司使用"被咬了一口的苹果"作为它的标识,但不能从事任何与音乐相关的业务。这对苹果电脑公司来说,由于当时iPod 和 iTunes 尚未开发出来,这项协议看起来比较公平。2006年,苹果唱片公司在英国法院对苹果电脑公司使用它的苹果商标来推广iTunes这一行为提出上诉,声称这项使用不公正,违反了他们以前达成的协议。法官并不接受苹果唱片公司的说法,虽然如此,法官却还是认为:"苹果商标与创意性业务没有相关性。"[③]

强势品牌=弱势商标?

强势品牌和弱势商标之间只有细微的差别,即强势品牌很容易转变为弱势商标。想想阿司匹林、电梯、尼龙和煤油,这些都是你在谈话中经常用到的简单字眼。大部分人不知道的是这些字眼曾经都是商标,具有排他性,其他的生产厂商不能称呼他们的药品为"阿司匹林",他们的泳装为"比基尼",或者他们的玩具为"溜溜球"。但是,现在人们都不知道还能用什么来称呼这些东西。这些字眼失去了它们作为商标

---

① 15 U.S.C.§ 1127.
② S. Lorge, "Better Off Branded," Sales & Marketing Management, March 1998, pp.39–42.
③ "Law: Apple Computer Beats the Beatles," *The Week*, 19 May 2006.

的地位，正是因为它们的所有者没能对其进行应有的保护。尽管在谈到某个产品种类的时候，让你品牌的名字出现在人们的舌尖好像十分诱人，但是这样会对你的商标造成损害。

在很多情况下，品牌都会在新闻商业期刊上给它们的商标作广告，以此确保媒体在报道中将商标作为“合适的形容词”来使用，而不是名词。下一次当你需要可洁牌面巾（Kleenex Facial Tissue）或者从包里掏出俏唇牌润唇膏（ChapStick Lip Balm）时，想想一个品牌名称能给它的所有者带来的价值；当你在施乐影印机（Xerox photocopy machine）旁等着复印东西时，认真地想想商标这个问题。

版权法

版权法指出，版权对“‘创作者的原创作品’，包括文学作品、戏剧、音乐、艺术以及其他的智力作品”进行保护。[①]从实际操作上来说，版权法保护你所创作的广告，你谱写和表演的歌曲以及你创作的艺术作品。

为了测试你在商标法和版权法方面的知识，请思考以下三种情景。试着找出知识产权方面会对品牌识别战略产生影响的问题：

1. 你在一家餐馆为一位朋友庆祝生日。你告诉服务员这是十分重要的一天（也许可以拿到免费的蛋糕），于是乎，突然所有的服务员都聚集到你们桌子周围，一边拍手，一边唱着填词改编的生日歌。你有没有想过，为什么服务员不简单地唱“生日快乐”这首歌呢？

2. 在同一天的晚些时候，你口渴了，所以你点了一杯健怡可口可乐。有可能发生下列三种情况：（1）服务员给你拿来了健怡可口可乐；（2）服务员询问健怡百事可乐是否可以，因为餐馆不卖健怡可口可乐；或者（3）服务员直接给你送上健怡百事可乐。上述三种行为，哪一种行为将会使该餐馆陷入法律纠纷？

3. 在2月初的一个星期天晚上，你喜欢的职业足球队将参加这一赛季最高层次的比赛——美国足球超级杯联赛。由于你是忠实的球迷，所以你决定举行一场聚会，邀请一些朋友来参加。为了准备聚会，你去商店购买一些与主题相关的盘子、餐巾和杯子。你发现这些物品中都没有显示“超级杯”的字样。相反，所有的物品都只是关于足球主题的。过了一会儿，你发现没有任何一则关于超级杯足球赛的广告提到了“超级杯”这个词，为什么大家不称呼它为“超级杯”呢？

---

① “Copyright Office Basics,” www.copyright.gov/circs/circ1.html#wci, accessed August 29, 2006.

前面的每一种情景都阐述了一个法律问题，即某些人或公司的产品识别元素处于法律风险中，当然，它们同时也得到了法律的保护。在第一种情景中，餐馆的服务员没有直接唱“生日快乐”(Happy Birthday)这首歌，因为它受到版权法的保护。这意味着，没有人可以在未支付版权所有者使用费的情况下，公开演唱这首歌曲。它并不阻止你在家里面唱这首歌，但它的确要求你必须等到2030年，即版权所有者的版权到期时，你才能在餐馆中听到不需支付版权费的这首“生日快乐”歌。①

第二种情景给餐馆的所有者提出了一个棘手的问题，因为他们可能要对员工的过失行为负法律责任。在该情景中，对消费者来说，最好的结果就是第一种情况，但是第二种情况从法律的角度来说也是可以接受的。原因很简单：通常，餐馆要么提供可口可乐公司的产品，要么提供百事可乐公司的产品，很少出现一家餐馆同时提供这两家公司的产品的情况。如果消费者所点的品牌与餐馆所能提供的品牌不一致，餐馆的服务员有责任告诉顾客，餐馆不提供他们所点的品牌，但是可以提供替代的品牌。这就是为什么在你点了健怡可口可乐时，服务生通常会问：“健怡百事可乐可以吗？”忽略了这一点以及送出错误品牌被认为是支持商标侵害的行为，一些公司将这视为很严重的商标侵权行为。

富有传奇色彩的是可口可乐公司自1945年以来，对800多名零售商提出支持商标侵害的起诉。贸易调研部的员工就到这些零售商店中，要求购买可口可乐，然后他们将值得怀疑的饮料送回亚特兰大进行化学分析。②

最后，在第三种情景中，你在任何地方都无法找到“超级杯”这一字眼，因为它是美全国足球联盟的注册商标，只有全国足球联盟的赞助商才能使用这一字眼。

品牌识别战略

识别战略包括所有的识别程序以及关于一个品牌如何投射到市场上所做的决策。与识别相关的特有的决策包括选择标识，设计广告标语，决定哪一种颜色最有助于辨别公司，决定品牌是否应该采用声音或特别的建筑风格来使其在市场上具有差异性。

---

① Patrick J.Gorman, “Blowing Our the Candles on the Copyright Cake,” Piece Law Group, www.piecegorman.com/blowing_out_the_candles.html, accessed August 7, 2006.

② J.Koten, “Mixing with Coke Over Trademarks is Always a Fizzle,” Wall Street Journal, 9 March 1978,p.1 and 32.

品牌识别是对品牌进行辨认的基础，它同时也是消费者对品牌建立知觉印象的源泉，它使消费者的价值标准与品牌建立起关联。这些关联可能是正面积极的，也可能是负面的、消极的，而控制这些关联的即品牌形象的方式就是慎重地管理识别战略。

为了帮助开发或提高品牌的识别度，公司应该进行适当的调查，调查可以是消费者知觉调查（如果正在开发品牌的识别度），也可以是品牌审查来确保品牌识别的一致性（如果正在致力于提升品牌的识别度）。

一旦品牌的强势识别度建立起来后，品牌的所有者就需要对他的品牌进行保护，以确保品牌的唯一性。对品牌的保护方法包括采取预防措施，比如对员工进行合理使用品牌识别的培训，或者付诸法律手段，例如寻求商标法和版权法的保护。

建议活动

1. 考虑选择同一类产品中互相竞争的两个品牌，例如可口可乐和百事可乐，或者美国联合包裹运送服务公司（UPS）和联邦快递。从市场占有率的角度来调查一下哪一种品牌更强势。在你看来，品牌的优势有多少是源自其品牌识别和品牌形象的贡献？

2. 想想你所喜欢的品牌，并列出一份有关该品牌识别元素的清单。该品牌的名称是什么？该品牌的标识是什么样的？你能够回忆起它在营销中使用的广告语吗？有没有特别的颜色与这个品牌相关联呢？该品牌有否使用声音作为它的识别元素？

a. 现在考虑一下该品牌的形象：当看到该品牌的任何一项识别元素时，你有什么感觉？

b. 你觉得该品牌的声誉总的来说是积极的、中性的、还是消极的？

3. 像百事公司所做的那样，对品牌识别进行一次审查：选择一品牌，收集尽可能多的含有识别元素的项目或图片。一旦你拥有了这些项目和图片，将它们展开，看看这些元素是否保持了一致还是存在较明显的不一致？这种不一致会带来什么问题？如果这些识别元素彼此之间缺乏一致性，那该品牌应该怎样做才能解决这个问题？

4. 读一下本章末关于多芬（Dove）的简单案例，并回答以下问题：多芬真美运动（Real Beauty）的成功是否取决于品牌的本质？类似的方法也能够对魅可化妆品（Mac）的品牌起作用吗？或者对杜嘉–班纳（Dolce & Gabbana）也能发挥相似的作用吗？为什么能或者为什么不能？

网上查询：了解更多有关品牌的知识

有关品牌的更多的信息，请访问以下网址：

- 品牌网：www.allaboutbranding.com
- 至爱品牌网：www.lovemarks.com

⊙ 简单案例

多芬的真美运动[1]

真令人震惊！这样一种创意：在广告中不仅使用真人女性，而且使用各种年龄阶段的真实女性。她们竟然只穿着内衣！这是怎么回事呢？

这场令人惊讶的多芬真美运动于2004年春天的英国，以多芬品牌推广其护手霜和润肤露系列产品的一则单页平面广告开始。这则案例向我们阐述了一个伟大的创意是如何演变为数以百万计美元的、全球范围的整合营销传播活动的。这则广告的核心理念是如此的强有力，以至于这次活动的理念从欧洲扩展到美国、加拿大和其他地区。在联合利华品牌发展部高级副总裁西尔维亚·兰纳多(Silvia Lagnado)看来，这次活动同时进一步证实了创意的发展并不总是一个线性的过程。

在过去近50年的历史中，多芬仅仅致力于温和的洁面系列产品的开发。曾经的“四分之一的洁面乳”的产品格局在1977年时演变为“四分之一的洁面润肤乳”，但自此以后，多芬产品没有任何变化。

多芬品牌的定位仍然没有改变。自从产品投向市场以来，多芬在其广告中一直使用真人女性。那为什么这次它引起了众人的关注？

与目标受众共鸣！多芬的真美运动以一种以往没有尝试过的方式，将其品牌和女性联系起来。它的突破点在于其理念和富有创意的执行之间的不同。广告中使用真人女性有两种意义：广告中的女代言人的脸庞上洒满水珠时是一种意义，而当出现满脸皱纹或者光着臀部时则完全是另一种意义。这种具有肖像风格的照片加强了其与消费者之间的沟通。图片所传递的来自真人女性的“声音”更加增加了整体效果。简单，但极具感染力的图片使其与女性目标受众之间形成共鸣。它温和地对传统的关于“吸引力”的定义进行了重新界定，并宣扬美没有体形、体重、年龄和肤色之分！

多芬的真美运动遵循了所有伟大创意作品的规则：不走寻常路。多芬采用了以前的广告商不敢采用的方式来展示女性，所以它在女性刊物和户外广告牌上的广

---

① 南卡罗来纳大学的助教卡伦·玛丽娅(Karen Mallia)撰写。

多芬全新紧致润肤露,真实曲线验证。

有皱纹？非常棒？社会能接受老也可以美丽吗？

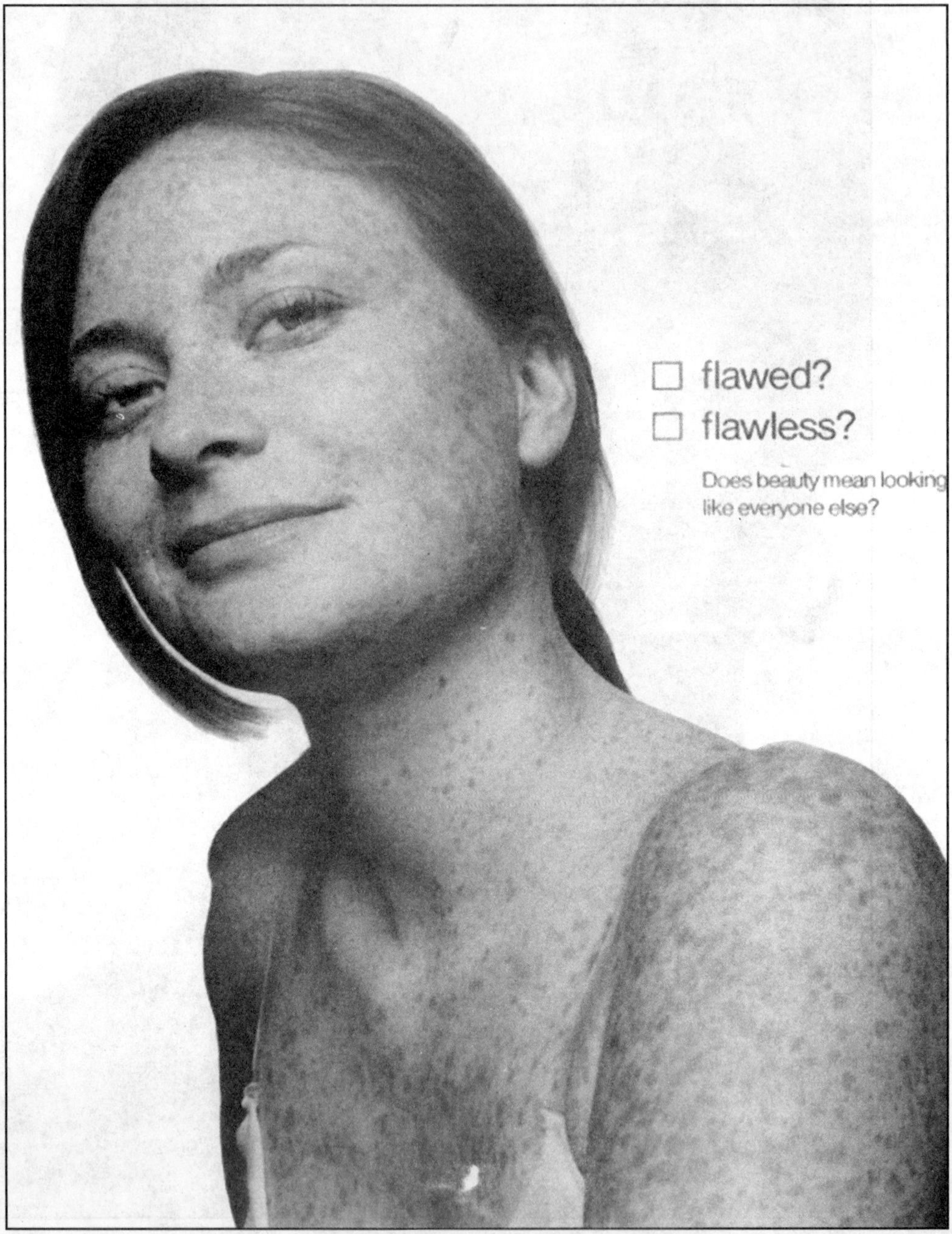

瑕疵？无暇？难道美就是看起来和其他任何人没有分别吗？

超重？出色？难道真正的美只属于穿得进6号衣服的身材吗？

告很能吸引人们的注意力,你会忍不住多看几眼。

现在,试想一下多芬那则45秒钟感性广告的使人驻足的能力,这则广告突出了年轻女孩子对她们的容貌缺乏自信的那种感觉。在2006年超级杯第十一场比赛期间,多芬自尊基金广告中的“小女孩们”穿行在幽默、震惊、啤酒和男孩等乱哄哄的场景中。该广告的主题即呼吁摒弃有关美的错误的传统观念。

奥美广告公司(Ogilvy & Mather)将年轻女孩的自我怀疑与来自纽约南苏郡(Nassau County)的女子童子军合唱团所唱的歌曲“真正的色彩”并列起来。这种强烈的情感深深地打动了观众。在比赛进入尾声时,多芬真美运动网站的点击率超过了25 000次,48小时后,点击率则到达500 000次。

因此完美的时间安排是这次活动取得成功的主要因素,许多女性对这次活动做好了准备。

在发起这场多芬真美运动以前,联合利华对10个国家的妇女进行了深度采访。尽管她们之间存在文化差异,但这些妇女的回答出现惊人的一致。几乎所有的女性都对她们的面容感到深度地不安:只有2%的女性认为自己“美”,6%的人认为自己漂亮,9%的人认为自己在某些方面有吸引力。许多评论家批评说,普通女性普遍觉得自我形象比较糟糕,主要原因在于广告与女性杂志中所展示的美的理想化画面。多芬的全球调查发现,女性都坚定地认为她们对主宰着美与时髦的2号尺寸的模特感到厌烦。

多芬美国市场的营销总监菲利浦·哈罗森(Philippe Harousseau)声称,他们的团队在那次调研中发现女性内心深处的情感。所以,他们没有拟定广告战略,他们只是设定了一条使命:“我们致力于批判这样的成见,即美只属于年轻,只属于金发,只属于苗条,只属于白人。”相应地,多芬的真美运动建立在3个支柱上:

1. 承诺了解对女性而言,“美”的含义和重要性。
2. 通过使用真人女性,积极地宣传对美的更具包容性和更民主的理念。
3. 作为一个变革型的机构,通过全球首创的多芬自尊基金来正面地影响年轻女孩的生活。

从企业到产品广告,到专用的网站,到公共关系,到支持由多芬自尊基金赞助的、被称为“独一无二的自己”的庞大的女孩童子军,多芬真美运动以真正的整合方式产生了广泛而深远的影响。

这种挑战传统的智慧当然给多芬带来了成功。自从这次运动开展以来,它一共获得了8项广告和公共关系奖,其中包括2006年的美国公共关系协会颁发的最佳银毡奖和广告的格兰德埃菲奖，这些都有力地证明了这次运动不仅得到高度的认同，而且取得了巨大的成功。

2007年，多芬的真美运动出现了新的转折，它邀请真人女性为全新上市的沐浴露制作广告。数百名女性提出了她们的创意，最后被采纳的作品是一名22岁、名叫林茜·米勒（Lindsay Miller）的女孩所创作的，该广告在奥斯卡颁奖期间进行了播放。这则广告是以林茜淋浴为背景，在极简单的产品展示后，她说："沐浴就是女人的港湾，对我们中的部分人来说，这是一天当中我们唯一拥有的独处时间。但是让我们坦诚一点吧，沐浴是你自己音乐会的表演大厅，是你的坐席一售而空的礼堂。尝试一下全新的多芬沐浴露，即使没有人在注意，你都会觉得自己很美，还有什么比这种感觉更好呢？这就是真美。至爱，多芬！"

《广告周刊》的广告评论家巴贝拉·林皮特（Barbara Lippert）声称这则广告"极具战略性，它传达了联合利华自2004年以来慎重而精心制作的'走自己的路，让别人去说吧'这样一种情绪"。林皮特补充道，"林茜的这则广告是多芬品牌气质的完美合成——它就像她身上的DNA一样。的确，如果广告机构要以200美元（上下）预算的基础上创作广告，这将是不二之选。"①

① Barbara Lippert, "Dove's Oscar Winner," Adweek, 26 February 2007, p.32.

3

第三章

多样性：选择日新月异的目标市场

2006年10月17日，星期二，上午7时46分时（东部夏令时间）发生了一件重大的事情。在这一刻，依据官方数据美国的人口总数达到了3亿。上一次美国人口总数到达里程碑数字的时间是在1967年，那时人口总数达到了2亿。你可能已想到了，目前美国人口比1967年时更具有多样性。根据美国联邦人口普查局的数据，1967年美国人口中在国外出生的人数为970万人，还不到总人口的5%。然而，到2006年时，生活在美国而在国外出生的人数史无前例地超过了3 500万，占到总人口的11%。居民的年龄层次也发生了改变，2006年美国居民的年龄中值为36.2岁，而1967年的年龄中值只有29.5岁。

现在的广告不可能像1967年时的广告那样来做了。正如本书第一章所说，有效的广告应该使品牌与它的目标受众关联起来。要想取得成功的广告效果，广告客户必须理解、尊重并包容美国消费者的多样性。（见图3-1a、b）

现在，三分之一的美国人是有色人种，①美国的四大州——加利福尼亚州、得克萨斯州、夏威夷州和新墨西哥州被人口统计学家们称为“主要少数民族”（majority-

---

① Unless otherwise specified, data reported in this chapter is from the 2000 U.S. census.

a. 关爱他们

b. 与我们在一起，孩子们会觉得更好

图3–1 让他们远离疾病。这些刊登在洛杉矶广告牌上的富有影响力的广告，它们产生的效果极佳，因为它们与目标受众相关联。

（感谢麦克·纽曼（Michael Newman）图片编辑公司提供）

minority)州，也就是说，这些州一半以上的人口都不是非西班牙裔的白人。[①]

目前，美国少数族群的购买力急剧增长。乔治亚大学的塞林格经济增长研究中心预测，到2010年，美国少数族群的总购买力将超过17 000亿美元，这个数字将是1990年时4 540亿美元的3倍以上。[②]除此之外，少数族群在许多产品和服务的购买中占据着主导地位。不仅如此，白人消费者，尤其是那些年龄在12岁到34岁之间的白人，越来越强烈地受到少数群体的时尚、饮食、娱乐、体育和音乐风格的影响。

从这些数字中，广告客户应该明白，在日新月异的市场环境下，他们必须了解这些群体的消费态度和行为。那么广告客户们怎样才能接触影响这些重要的市场呢？

非洲裔美国人

目前，非洲裔美国人的总数达到了3 970万人，年购买力已达6 460亿美元。[③]与白人所不同的是，许多非洲裔美国人喜欢购物。据《美国人口统计》报道，43%的非洲裔美国人觉得购买服装“很有趣并令人振奋”，而只有35%的白人同样这么认为。[④]此外，媒体标志研究(Mediamark Research)调查发现，58%的非洲裔美国人说他们喜欢穿最新潮的时尚衣服，而只有46%的亚裔和西班牙裔美国人，以及36%的白人会这样认为。[⑤]

《美国人口统计》报道，非洲裔美国人在他们的预算中有两大优先考虑的事情：购买食品与家人一起分享，以及购买服装和化妆品来尽可能地装扮自己。根据这项报告，非洲裔美国人家庭比普通美国家庭要多消费75%的猪肉和禽类，50%的谷物和加工蔬菜以及33%的牛肉、新鲜牛奶和加工水果；他们在个人护理用品上要比美国人平均多花费47%；在2岁至15岁这一年龄阶段的男孩和女孩的服饰需求中，他们比美国人要多花费67%，在干洗和清洁产品与服务方面，他们比美国人要多花费33%。

而在住房需求方面，他们在房屋租赁方面的支出比普通的美国家庭多出91%；在电话服务方面，他们多花费52%；在电视机、收音机和音响设备上，他们多

---

① Brad Edmondson, “American New and Improved,” Advertising Age, 2 January 2006, p.31.
② Jeffrey M. Humphreys, “The Multicultural Economy 2005,” GBEC, Third Quarter 2005, p.2.
③ Rebecca Gardyn and John Fetto, “Race, Ethnicity and the Way We Shop,” American Demographics, February 2003, p.31.
④ Ibid., p.31.
⑤ Ibid., p.32.

花费25%。[1]

非洲裔美国家庭的年均收入中值为29 470美元，这比美国总人口家庭年均收入中值数的42 228美元水平要低得多。造成这种现象的部分原因是非洲裔美国人受教育水平比美国人均受教育程度要低。在非洲裔美国人中，仅有4.8%的人拥有高等学历，而以美国总人口计，这个数字是8.9%。不过，他们的受教育程度在不断地提高。人口普查的数据显示，从1993年到2003年这10年期间，拥有高中学历的非洲裔美国人的比例增长了10%，这个增长比例与其他族群的相比也是最大的。如果高学历的确可以带来高收入，那么对于广告客户来说，这片市场在未来将显得更为重要。

西班牙裔美国人

西班牙裔美国人的人口总数为4 270万，占美国总人口的14.5%，是美国最大的少数族群。到2010年，西班牙裔美国人的人口数量将增长至4 800万人，他们不仅人口数量大，而且他们的支付能力也很强劲。西班牙裔美国人对经济的影响力从1990年的2 120亿美元增长至2005年的7 360亿美元，而据塞林格经济增长研究中心预测，到2010年，他们的经济影响力将达到10 870亿美元。[2]

西班牙裔美国人来自许多不同的地区，包括墨西哥、古巴、波多黎各、中南美洲以及欧洲。他们大部分人居住在大城市，特别是在洛杉矶、纽约以及迈阿密。他们更喜欢读或听西班牙语广告。根据战略研究的一项调查显示，55%的西班牙裔美国人喜欢观看西班牙广告，30%的人选择英语广告，还有 13%的人对这两种语言没有特别的偏好。[3]然而，《拉丁美洲》(*Latina*) 的创始人和前出版人克里斯汀·郝贝格(Christy Haubegger)说道："收入与语言能力紧密相关，很少会见到富裕家庭仅仅以西班牙语为主要语言的。"[4]《拉丁的崛起》(*Latino Boom*)一书的作者齐吉·卡塔吉纳(Chiqui Cartagena)认为，用两种语言来创作广告才是明智的，因为西班牙裔人，虽然也已适应当地文化，是生活在两个世界中的：工作或学校环境的英语世界，以及家庭

---

① Alison Stein Wellner, "Our True Colors: The Multicultural Market Is Fast Becoming a Multibillion Dollar Marketplace," American Demographics, November 2002, p.S6.

② Humphreys, "The Multicultural Economy 2005," p.6.

③ Laurel Wentz, "Reverse English," Advertising Age, 19 November 2001, p.S2.

④ Laurel Wentz, "Cultural Cross Over," Advertising Age, 7 July 2003, p.S2.

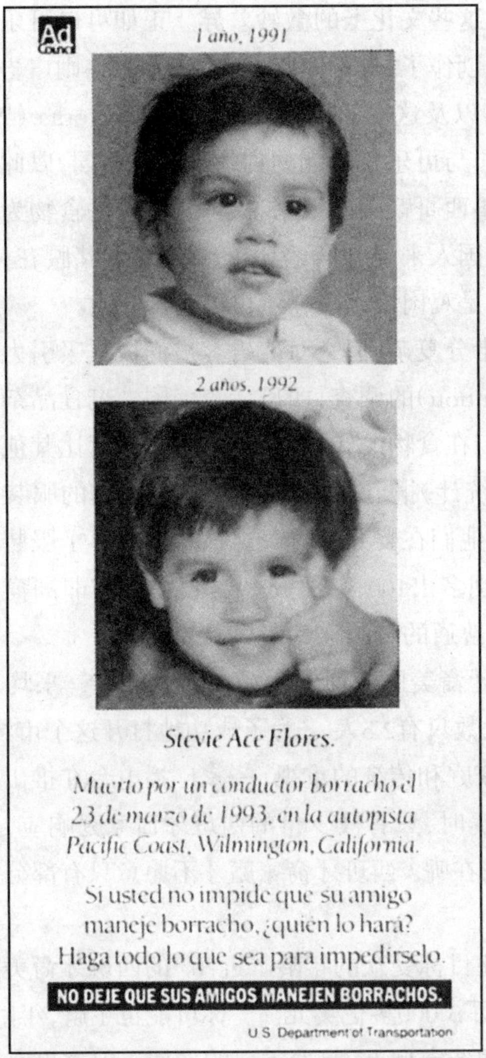

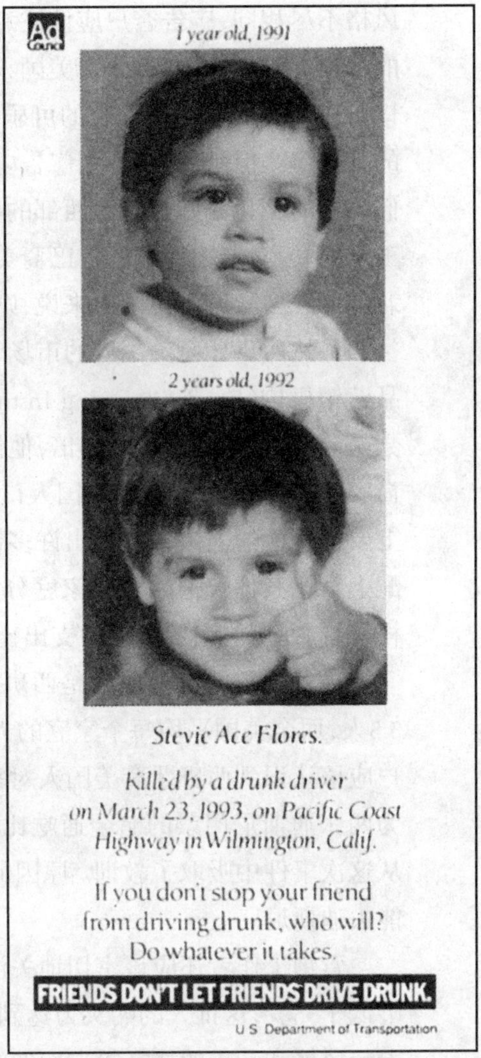

图3-2 全国各地的人们都会有这样的故事：他们的亲人因醉酒的司机而在事故中遇难。这份规劝朋友勿酒后驾驶的紧急呼吁，以英语和西班牙语两种语言对所有的西班牙裔美国人进行宣传。

（感谢美国交通部和广告委员会提供）

和朋友圈子的西班牙语世界。[①]（见图3-2）

由于他们背景的多样性，西班牙裔美国人在食物、服装和音乐等方面的品味和

① Chiqui Cartagena, Latino Boom! : Everything You Need to Know to Grow Your Business in the U.S. Hispanic Market (New York: Ballantine, 2005).

风格不尽相同，广告客户应该注意这些文化上的微妙差异。正如可口可乐公司所做的那样，他们针对西班牙裔美国人创作了3份不同版本的广告。每一则广告中都有可口可乐的标识和一瓶罐装的可乐，以及这样的字眼 y su comida favorita（"你所喜爱的大餐"）。但是，在每一则广告中，与可乐相匹配的食物却不尽相同，以此来反映他们不同的文化偏好。对于西部的墨西哥裔美国人来说，可乐旁边的食物为墨西哥煎玉米面卷；对于东南部的古巴裔美国人来说，可乐旁边的食物则为猪腰花；而对于东北部的波多黎各裔美国人来说，则是鸡肉饭出现在可口可乐的旁边。

虽然西班牙裔美国人的市场十分复杂，但它对广告客户们极具吸引力。根据食品营销机构（Food Marketing Institution）的调查，西班牙裔美国人逛食品杂货店的次数是非西班牙裔美国人的3倍，他们在食物的花费上，平均每个家庭比其他非西班牙裔家庭多花费43%。据《美国人口统计》报道，西班牙裔家庭在他们的服装预算分配上要比普通的美国家庭高出许多，他们在婴儿、女孩、男孩和成人男子服装的预算分配上，比其他普通的美国家庭分别多出100%、67%、33%和22%。与非洲裔美国人一样，他们在房屋租赁方面的支出比普通的美国家庭多出91%。①

这种现象的部分原因是西班牙裔美国人通常生活在大家庭中，平均每个家庭3.5人，而全美国平均每个家庭的人数只有2.5人。②为了成功地打开这个市场，广告客户应该认识到西班牙裔美国人对家庭和传统的重视。一家广播电台在推出一项奖品为两张迪斯尼门票的赌金通吃比赛时，只有极少量的西班牙裔家庭响应，这家电台从这次事件中吸取了教训。原因何在呢？西班牙裔家庭才不愿意只有部分家庭成员能去迪斯尼。

营销工作者还应该密切地关注目标受众的年龄。近70%的西班牙裔美国人的年龄低于35岁，这批人的购买力达到了3 000多亿美元。③ 你可能也了解，年龄在态度、着装风格和音乐的选择等方面的塑造定型上，起着重要的作用。但这里有一个有趣的转变，即相比较年长一代，年轻一代的西班牙裔美国人更能与他们的祖先保持一致。《新闻周刊》的一项特别的民意测验显示，35岁以上的西班牙裔人更倾向于将他们自己看成是美国人，而35岁以下的年轻一代则更多地将自己定位为西班牙人或者拉丁美洲人。为了对年轻的西班牙裔美国人产生影响，广告客户们应该停止用第X

---

① Wellner, "Our True Colors," p.S9.

② "While U.S. Households Contract, Homes Expand," AmeriStat release, March 2003.

③ Mireya Navarro, "Advertisers Carve Out a New Segment," www.nytimes.com, 22 May 2003.

代或第Y代来标记不同的消费者，相反，他们应该更多地考虑第N代。比尔·泰克(Bill Teck)发明了第N代这个术语，他解释道："如果你知道阿布萨多拉(Abusadora)和天堂之梯(Stairway to Heaven)(梅伦格风格的歌曲)的所有歌词，如果你伴随着咖啡馆、黑豆和《三人行》节目长大……如果你想要借用一件你爸爸的瓜亚贝拉衫(Guayabera)……你就是属于第N代。"①

亚裔美国人

亚裔美国人的数量达到了1 440万，占美国总人口的4.3%，是美国人口数量增长最快的族群之一。亚裔美国家庭的平均年收入中值达到53 635美元，明显高于全国家庭平均年收入的中值42 228美元。亚裔美国人的平均受教育程度比整体美国人的平均受教育程度要高。49%的亚裔美国人至少拥有学士学位，而相比之下，在所有的美国人中，只有28%的人拥有学士学位。此外，在亚裔当中，17%的人拥有更高的学位，而全国拥有更高学历的平均水平只有9%。②

尽管亚裔市场比较富裕，但由于他们语言的多样性和文化的复杂性，广告客户们对亚裔美国人的关注很慢(slow)。亚裔美国人包括来自许多不同国家的人，其中有中国人、日本人、韩国人、菲律宾人、越南人，以及亚裔印度人等，他们的语言不尽相同。华人是亚裔中最大的亚群体，他们说不同的方言，其中以普通话、粤语和闽南语最为常见。康李广告公司(Kang & Lee)的艾略特·康(Elliot Kang)解释道："如果你的爸爸是日本人，妈妈是韩国人，你们以前生活在中国台湾。后来你父母离婚，你们搬到了洛杉矶。你爸爸对邻居家一名菲律宾女子产生了感情，并与她结婚了——那么，这就有点像亚裔美国人。"③

你可以想象得到，那些不熟悉这个市场的广告客户会闹出多少糟糕的笑话。马勒宁·L·罗斯曼(Marlene L Rossman)给我们讲述了许多这样的故事。一名广告客户在新年时祝福美国华人"年新快乐"，而不是"新年快乐。"另外一名广告客户则使用韩国模特来对越南人社区宣传，却没有觉察到这两个族群的共同之处微乎甚微。一家鞋类生产厂商着力刻画日本女性裹足的现象，正如罗斯曼所观察的，这不仅将日

① John Leland and Veronica Chambers, "Generation N," Newsweek, 12 July 1999, p.53.
② Wellner, "Our True Colors," p.S2.
③ Elliot Kang, Marketing to New American Conference, New York City, 22 May 1996.

本人刻画成“幕府”时代的老形象，同时也显示了这家公司对亚洲文化的无知，因为裹足现象只有在中国古代发生过。[1]

中趋势传播公司（InterTrend Communication）是一家致力于亚裔美国人市场的专业广告公司，它在其公司的网页上列出以下小窍门。对于来自日本的亚裔：名字用红墨水书写将会很倒霉，而如果你梦到富士山的话，那将十分幸运；对于来自越南的亚裔：千万不要拍摄只有三个人的相片，因为这对他们三个人来说都意味着不吉利。对于来自中国大陆、中国台湾和中国香港的亚裔：千万不要将钟作为礼物送给中国人，因为它们是“送终”的谐音，还有，在吃饭时要避免桌上摆放七个盘子，因为这象征着丧事饮食；对于来自韩国的亚裔：千万不要抖动双脚，因为它会抹掉你的好财运。颜色和数字也有特别的含义，红色对于中国人、日本人和越南人来说，意味着繁荣、喜庆以及鸿运，而白色对越南人和中国人来说，代表死亡和霉运。数字“7”对于日本人来说意味着财富，对韩国人来说是好运。数字“8”对中国人来说则是发财和鸿运。

虽然每一亚裔族群都有他们独有的文化和传统，他们还是有两大重要的相同点：重视家庭与传统。在亚洲文化中，让个人唤起公众的注意是不太适当的；因此，一些针对亚裔的精明的广告没有展示个人在群体中脱颖而出，或者个人通过使用某种产品而取得成功。由于亚裔文化中对传统的重视，“全新改良的”产品这一说法远不如强调公司品牌或者产品多年的良好声誉那样有效。

美国印第安人

据估计，美国印第安人的数量在250万左右，还不到美国总人数的1%。其中，近42%的人的年收入不到25 000美元。[2]由于人数太少，支付能力有限，很少有广告客户关注他们。

虽然许多公司的广告活动不以这个群体为目标受众，但是他们经常使用美国原住民的名字和标志。例如，克莱斯勒公司曾用切诺基（Cherokee）为它一款吉普车命名，蓝多湖（Land O'Lakes）黄油的包装袋上设计了一名美国原住民的图像，亚特兰大勇士棒球队的球迷购买印第安式的战斧玩具来表达自己对球队的支持。具有讽刺意

---

① Marlene L. Rossman, Multicultural Marketing: Selling to a Diverse America （New York: American Management Association, 1994）.

② Wellner, “Our True Colors,” p.S18.

味的是，狂马麦芽酒是以苏族（Sioux）（北美印第安人的一族）首领的名字命名的，而苏族首领却强烈反对他们部落的人饮酒。更不消说，这些形象的使用是对美国原住民的侵犯。

《针对新主流群体的广告和营销》（*Advertising and Marketing to the New Majority*）一书的作者盖尔·贝克·伍兹（Gail Baker Woods）指出，美国原住民的受教育程度正在得到进一步提高，许多部落开始发展他们自己的商业，将他们的土地作为一项经济资源。伍兹说，如果原住民在经济上和教育上的这种趋势能够持续下去，那么"营销工作者在寻求新的消费者时肯定会发现他们"①。

塞林格经济发展研究中心得出的结果好像与伍兹的预测相吻合。美国原住民的购买力，从1990年的193亿美元和2000年的391亿美元，上升至2005年的515亿美元。塞林格研究中心预测原住民的购买力在2010年时将达到692亿美元。②此外，据2001年美国人口普查局发布的由少数民族所有的商业企业调查报告显示，美国原住民所有的企业数量增长速度是美国企业数量增长速度的12倍，他们收入的增长速度是所有美国企业收入增长速度的4.5倍。③

阿拉伯裔美国人

根据年2000年的人口普查，拥有阿拉伯祖籍的美国人的人口数量为125万。相对于其他的少数族群来说，阿拉伯裔美国人极其多样化，他们的种族根源可以追溯到黎巴嫩、叙利亚、埃及、巴勒斯坦、伊拉克、摩洛哥以及约旦。大约三分之二的阿拉伯裔群体为基督徒，穆斯林占阿拉伯裔美国人总数的23%左右，他们是增长速度最快的群体。尽管在大部分被同化的族群中，他们的双语应用日渐消失，但据报道，近一半的阿拉伯裔家庭在某些场合仍然使用阿拉伯语。

美国的每一个州都有阿拉伯裔美国人居住，但有三分之二以上的阿裔美国人居住在其中的十个州。洛杉矶、底特律和纽约等大都市中居住着三分之一的阿拉伯裔美国人。在密歇根州迪尔伯恩市，阿拉伯裔美国人占了州人口总数的20%，在全市的公立学校中，阿拉伯裔的学生占了40%。

---

① Gail Baker Woods, Advertising and Marketing to the New Majority (Belmont, CA: Wadsworth, 1995), p.50.

② Humphreys, "The Multicultural Economy 2005," p.4.

③ Ibid.

阿拉伯裔成年人的劳动就业率为64%,与全国的平均水平相同,失业率为5%。就业的阿拉伯裔中,70%的人从事管理、专业、技术、销售或者行政等方面的工作。阿拉伯裔家庭的年平均收入中值在1999年达到了47 000美元,而当时全美国家庭的平均收入中值为42 228美元。近30%的阿拉伯裔家庭的年收入超过了75 000美元。

很多情况是这样的,高收入通常与较高的受教育程度相关联。40%多的阿拉伯裔美国人拥有学士或者以上的学历,而整个美国在这方面的数量最多为24%。17%的阿拉伯裔美国人拥有研究生学历,差不多是美国全国平均水平9%的两倍。

尽管大部分的广告客户一向寻求高学历和高收入群体,但是大部分的广告会忽略阿拉伯裔群体。更糟糕的是,他们的形象经常被视作消极负面的。有一则关于俄亥俄汽车代理权的广告,该广告呼吁一场"汽车市场的吉哈德(圣战)",并且说销售人员应该披上布卡,布卡是一些穆斯林国家的传统服饰,小孩应该在"星期五裁决日"(fatwa Friday)接过橡胶剑。广播广告的台词是这样的:"我们的价格每一天都比为恶者的低,不信你可以去问教皇。"这则广告后来没能在节目中播出,因为一些电台拒绝播放。

同样,由于阿拉伯裔美国人社团(Arab American Institutes)的抗议,一幅广告牌被撤了。这则广告是密苏里玉米种植联合会为其乙醇作宣传而制作的。这则令人讨厌的广告这样问道:"你宁愿从谁那里买天然气呢?"广告的画面上是一名站在玉米地里的农民和沙特阿拉伯的法赫德国王。

波音公司和贝尔直升机公司因为他们的一则杂志广告向公众道歉,这则广告显示的是CV-22型号的鱼鹰多用飞机,一些美国武装军人沿着绳子从飞机上降落到一个被烟火包围的清真寺。

总部设在纽约的安全驾驶证联合会设计了一则广告,在该广告中,一名男子披着阿拉伯传统头巾,一手拿着一颗手榴弹,另一手拿着驾驶证,广告标题是这样的:"禁止给恐怖分子发驾驶证!"兰玛广告公司(Lamar Advertising),这家全国性的广告牌公司,拒绝刊登这则广告。

怎样对少数族群施加影响?

有远见的广告客户懂得一些方式,来对少数族群施加影响:

- 在广告中,将少数族群打造为明星角色,而不是让他们仅仅出现在背景中。除了与所宣传的少数族群建立积极的联系以外，研究还显示普通观众对具有少数民族特点的广告是持支持态度的。多元广告公司(Diversity)的合伙人鲁克·维科迪(Luke Visconti)解释道："一名白人观众可能会说，'那是一幅很不错的母亲和孩子的画面'，而一名非洲裔美国人可能会说'哈哈，非裔母亲和非裔孩子；我喜欢这个产品'。"①

- 寻求那些来自你目标文化圈的人士的观点。然而，传统的调查方法也许起不了多大的作用。例如，一份英语调查问卷并不能得到所有美国家庭的观点，因为有超过15%的美国人在家里并不说英语。除此之外，许多移民不愿意通过电话或电子邮件向陌生人透露信息。
- 对语言中的细微差别保持敏感。仅将广告的英文版本直译为另外一种语言是不够的，以下这个关于广告直译的笑柄使颇度公司(Perdue)明白，直译很难将广告实质内涵表达出来，甚至会出现愚蠢的错误：其广告语"我们使用强壮的(可靠)的人来烹饪鲜嫩的鸡肉"(it takes a tough man to make a tender chicken)，被一个不熟悉当地俚语的人翻译成西班牙语时，则变成了"我们使用被激起了性欲的男人来烹饪令人挚爱的鸡肉"。其他一些误译的例子，请看下表。

西班牙语单词，由于有着不同国家的文化传统沿袭，可以有不同的意思。例如，单词"bichos"，在墨西哥西班牙语中是昆虫的意思，而在波多黎各西班牙语中，则意味着"男性身体的隐私部位"。试想一下，如果你在翻译一则杀虫剂的广告时没能意识到这微妙之处，那会怎样？同时，你还得意识到，对不同的族群来说，英语单词的不同使用方式具有不同的含义。例如，炉顶食材公司(Stove Top Stuffing)在意识到非洲裔美国人倾向于使用"调料"一词而不是"食材"后，修改了广告，于是其产品在非裔市场上的销售有了增长。

必须牢记，为某类群体所接受的事物可能会冒犯其他的群体。大众汽车公司在使用"涡轮球"(Turbo-Cojones)为它的GTI跑车作户外广告时，吸取了这个教训。"Cojones"在西班牙语中是"睾丸"的意思，尽管它在英文口语中已演变为勇敢或有胆量的非正式说法，但它从来就没有失去其在母语中所含有的粗俗下流的含义。大众公司在收到许多投诉

① Stuart Elliott, "Campaigns for Black Consumer," www.nytimes.com, 13 June 2003.

将美国广告翻译成其他语言时出现的各种愚蠢的错误：

- 布拉尼夫航空公司(Braniff Airline)通过宣传“(感觉像)坐在羽毛上飞行”来夸耀其飞机内饰的舒适,被翻译成西班牙语时却成了“裸体飞行”。
- 库尔斯啤酒公司(Coors)的广告标语“尽情放松吧！”翻译成西班牙语时,意思变成“遭受腹泻的痛苦”。
- 当维克斯公司(Vicks)首次将它的止咳药推向德国市场时,他们发现德语中的字母v的发音为f,它使人们将其品牌名称与关于性交的德语单词联系在一起。
- 普夫(Puffs)纸制品公司也从德国市场中得到了教训。“普夫”的发音在德语的口语中是妓院的意思。
- 雪弗兰(Chevy Nova)公司的销售状况在西班牙语国家的市场上从来都没有好过,也许是因为“No Va”在西班牙语中意味着“它开不动”。(No Va means It does not go)
- 当百事可乐公司的原广告“活力四射!尽在百事一代”,翻译成中文时,意思则变为“百事让你的祖先从坟墓里重生。”
- 通用汽车公司的广告语“外车壳由费希尔(Fisher)公司制造”翻译成其他语言时,变成了“费希尔公司提供的残骸”,人们不会将其与任何关于汽车的设计联系起来。
- 可口可乐公司刚进入中国后,在使用汉字译名时也遇到了难题,其发音很像“可口可乐”,但听起来的中文就像是在说“喝蜡蝌蚪”。

后,撤下了广告牌。

- 展示每一个族群各自的多样性。自从几十年前开始,广告客户就在时尚广告中使用浅黑肤色的非裔美国模特，而在推广服务的广告中则使用深黑肤色的非裔美国人。他们这种试图让不同肤色的黑人代言不同产品和服务的拙劣的做法,会进一步恶化原有的种族歧视。
- 了解他们的文化传统。尊重少数族群的节假日十分重要,不管是华人的春节,非洲人的文化节,还是墨西哥人的死亡节。对他们的生活细节以及在食物、偶像、习俗和服饰的偏好进行密切的关注同样十分重要。例如,麦当劳的一则广告备受称赞,这则广告在大部分的观众看来只不过是一场简单的生日聚会,但在西班牙裔美国人看来,这是在为年满15周岁的女孩子所作的一项庆祝活动。

50岁以上的群体市场

当今,38%的美国成年人的年龄超过了49岁；根据美国人口普查局的数据,到2020年时,这一比例预计将达到47%。此外,这些50岁以上的群体掌握了美国55%以上的可随意支配的收入和大部分的个人财产,包括80%以上的银行储蓄和借贷资金以及70%的美国家庭净资产。美联储的报告声称55岁至74岁这一年龄阶段的家庭净资产值最高，平均达到500 000美元。[①]

这些年龄较长、富足殷实的消费者当中，有一些人将他们部分的财富花费在购置第二套或第三套房产、奢侈品和度假上。根据最新的统计数据，50岁以上群体在所有豪华汽车、美容会所会员和奢侈旅游的购买和消费中，分别占到48%、37%和80%。美国旅游协会估计，55岁及以上群体的旅游花费达到1 300亿美元，占据了奢侈旅游消费总额的80%。美国旅游中介协会 （The Travel Industry Association of America）的总裁理查德·M·科普兰德（Richard M.Copland）告诉纽约时报说："旅游活动吸引他们的不是住59美元/天的宾馆，而是15 000美元的游船度假。"[②]

尽管老年人富裕，购买力强，但是广告客户关注的重点仍然是年轻的群体。实力传播集团（Zenith Media）前副总裁和印刷服务总监梅利沙·颇迪（Melissa Pordy）告诉《广告时代》说："在我们所合作的众多品牌中，对那些更时髦，更时尚前卫的年轻人作广告还是更有吸引力。"[③]有些营销工作者认为，与其设法吸引那些行为方式已固定的中老年客户，还不如对那些还没有建立起品牌忠诚度的年轻消费者做广告。然而，美国退休人员协会和罗普公司（Roper ASW）的一项研究显示，品牌忠诚度是否发生改变更取决于产品的分类，而不是年龄。

忽略中老年市场是不明智的，但是一些广告客户做得很过分，他们把中老年人刻画成蹒跚衰老以至于侮辱到了老年人。在一项《广告周刊》的网上民意调查中，56%的调查对象认为，广告中出现的老年人，通常是一种刻板的、不讨人喜欢的形象。[④]迈达斯（Midas）公司在收到各种年龄阶段的成年人的投诉后，撤销了它的一则广告。在这则广告中，一位年长的妇女在获知迈达斯公司终生维修的承诺后，脱下了她的衬衫问道："对这（我的身材），你能做些什么呢？"在布斯特移动公司（Boost Mobile）的一则广告中，一位上了年纪的男子从滑板上摔了下来，屏幕上的超大标题这样说道："布斯特移动，专为年轻人设计，但让老年人秀一下会更加有趣。"

开发老年市场的一些技巧：

- 不要将中老年群体视作同一个整体市场。想想那些你认识的老年人：

① Peter Francese, "Older and Wealthier," American Demographics, November 2002, pp.40–41.
② Harriet Edelson, "Appealing to Older Travelers' Wanderlust, and Wallets," www.nytimes.com, 25 May 2003.
③ Hillary Chura, "Ripe Old Age," Advertising Age, 13 May 2002, p.16.
④ Jack Feuer, "Pride and Prejudice," *Adweek*, 28 October 2002, p.9.

(外)祖父母、邻居、教授,以及社区领导,他们相互之间有很大的不同,他们的政治观点、幽默感和生活方式等等都不尽相同。与其他群体相似,老年群体也是由不同的收入、教育水平、种族背景,以及生活经历的人所构成。通过一则广告信息就想能够适用于所有的老年群体,这无异于,想使用一则广告信息就对年龄在18—49周岁的所有人起作用。

- 不要强调年龄。研究发现,大部分年岁稍长的人感觉自己要比出生证明上所标明的岁数年轻。正如金融家、政治家伯纳德·巴拉奇(Bernard Baruch)所说的那样:"对于我来说,需要再过15年才进入老年。"在若干年前,一个广告活动打出这样的标语:"第一款为40岁以上的人群设计的洗发水。"结果这次活动遭受惨败,问题何在?年轻人是不会去买针对年岁稍长群体的产品的,而年岁稍长的人群则不想因为使用该产品被提醒他们已有一头上了年纪的头发。
- 塑造能够反映你的目标受众所思所想的人物行为形象。使用那些能够传达积极乐观的人物形象,而不是一些强化衰弱和老态龙钟等特征的负面的人物形象,但是,记得也不要走极端。尽管你可能很想在广告中展示一位80岁老人跳蹦极的画面,但是大部分老年人是不符合这种形象的。

  塑造可以被目标受众接受的人物年龄形象。想象一下,你小时候是怎么与那些"大"孩子交往的(你把自己也看成大孩子)?反之亦然,即大部分老年人都认为自己要比出生证明上所标明的岁数要年轻10到15岁。因此,在广告中应该使用那些比你的目标受众要年轻的人物形象,但不能过于年轻。《广告周刊》的杰克·菲尔(Jack Feuer)说道:"不要将我们这些试图保持年轻的人作为中年人看待;而应该将我们视为只是有些皱纹的年轻人。"①
- 讲述完整的故事。尽管那些画面剪辑快速切换以及寡言少语的广告对年轻人极具吸引力,但老年人更喜欢那种有开始、过程和结尾的具有叙事风格的广告。正如格雷广告公司所总结的那样,这一代是MGM(看米高梅电影成长的)一代,而非 MTV(看音乐电视成长的)一代。

  在创作广告时,应该多给点事实,而不是废话。有着数十年的购物

① Jeff Johnson, "Boomer-ocracy," presented to the Columbia Advertising Club, 9 May 2006.

经历，这些老人不会仅仅因为你说“全新上市”或者“质量最好”之类的话而购买你的产品。毕竟，他们会记住一些不成功的产品，他们需要你提供更多的事实来证明你的说法。要能给他们足够的理由来试用你的产品，他们将会很愿意阅读冗长的说明和倾听详细的介绍。

- 将你广告文案的字体设计成至少12号，使它更清晰可读。广告传奇人物杰瑞·戴拉·费米纳（Jerry Della Femina）在一次有关创造力的会议上，通过一个关于产品包装上的小号字体的笑话来阐述他的观点：“我用沐浴乳揉搓我的胡须，接着抹上洗发水，心里以为这是护发素。”①
- 不要提示老年人的脆弱。事实上，老年人的确比年轻人更容易患关节炎、高血压、心脏病和其他的疾病。但这不用你来提醒，他们也知道自己的疾病与痛苦。所以，在广告中，与其强调病痛，还不如给出实际的解决方式。
- 展示老年群体的本色，展示他们自身的幸福感。在广告中应该展示他们享受生活，含饴弄孙的快乐，做义工的幸福，开始新的爱好以及学习新事物的意义等情景。福克斯青山公寓（Fox Hill Vila）是坐落在马萨诸塞的一个退休者社区，其广告展示的是面带笑容的退休人员站在阳台上欣赏美景的情景。但是，当社区广告中展示本·富兰克林（Ben Franklin）、克莱拉·巴顿（Clara Barton）、诺厄·韦伯斯特（Noah Webster）以及其他老来成名的老人形象后，对青山公寓的咨询量增长了25%。
- 尝试使用一种非年龄因素（ageless）的方式。卡米切尔-林奇公司（Carmichael Lynch）的创始人李·林奇（Lee Lynch）指出，在哈雷戴维森公司的一则广告中，驾驶者的面部被遮住，这样消费者会将自己的形象投射到广告中，而不去考虑年龄的大小。②

残疾人群

根据2000年的人口普查，差不多每七个家庭中就有两个美国家庭至少有一名家庭成员身患残疾。曾经在广告中找不到踪影的残疾人，如今开始扮演广告中的主角。

① “The Fine Print,” *Adweek*, 25 November 2002, p.34.
② Eleftheria Parpis, “Shades of Gray,” Adweek, 28 October 2002, p.19.

麦当劳通过一位名叫麦克（Mike）、身患唐氏综合证的员工在广告中所作的感人陈述，向人们表明：残疾人也能胜任工作，他们也是能创造劳动成果的公民。沃尔玛的广告中经常出现坐在轮椅上的雇员和客户，其中的一则电视广告的主角是一名听觉障碍的公司员工，广告中他在给一名公司客户签字的情景。

尽管许多人对这些广告表示赞赏，但也有一些人对其背后的动机表示质疑。《广告时代》的评论家鲍波·加菲尔德（Bob Garfield）认为，从广告中从来不出现残疾人，到将他们刻画成超人或某种象征，这种跳跃式的变化，长期来看，并不会帮助这些残疾人或广告客户。

电影编剧家马克·莫斯（Mark Moss）在一次跳水事故后只能永远坐在了轮椅上，他告诉《波士顿全球报》（*Boston Globe*）："广告客户们明白在广告中使用残疾人从政治的角度来说是正确的，且在吸引人们的注意力方面也是一种切实可行的方法，我觉得这种现象就和政客去亲吻孩子是一个道理，这对孩子们很好……对政客们也会加分……但谁也不能责怪我们批评这种广告。"①

正如对于任何消费者群体一样，在与具有特殊需求的消费者进行沟通时必须小心谨慎，以确保广告恰到好处；而且尤其必须注意的是，广告不能让受众觉得他们是在乘机利用这个具有特殊需求的市场。在踏板咨询公司（Springboard Consulting）总裁南丁·沃格恩（Nadine Vogel）看来，在这方面，保持敏感是问题的关键。他说绝不能用残疾这样的字眼来定义客户。不能称呼小孩为"残疾儿童"或"唐氏儿童"，正确的语言应该是"具有特殊需求的儿童"或"患有唐氏综合证的儿童"。②

正如对于任何目标群体一样，询问群体成员的所思所想十分重要。例如，一家较大的快餐连锁店在其报纸广告上的标题为"介绍一下我们最新的易于阅读的菜单，"其字体的风格很像盲文。一名学生于是问道："为什么他们不直接用盲文来印制广告？如果他们将这个菜单印的稍厚，然后把它塞在报纸内，那么我就可以将其保存下来，以后可以参考啊。"

男同性恋者与女同性恋者

"什么也不问，什么也不说"这一原则的使用已经远远超过美国军方的范围。即

① Maggic Farley, "Ads with a Soul Touch Untapped Market," *Boston Globe*, 6 July 1992, p.10.

② Nadine Vogel, "Not Marketing to People with Disabilities? You're Missing Out," Advertising Age, 31 July 2006, p.18.

使是无所不知的人口普查局都不会去询问性倾向的问题，其结果是，对于同性恋群体的市场空间，社会上存在各种各样的观点，但估计他们的人口数量占人口总数的6%到10%之间。① 据韦特克·科布传播公司（Witeck-Combs Communication）的调查显示，在2005年，该市场的年购买力估计在6 140亿美元左右；到2008年，预计其购买力将达到7 080亿美元。②

来自同性恋出版物的数据说明了男同性恋、女同性恋、双性恋和变性人市场对广告客户的重要性。60%的同性恋报刊读者的家庭年收入超过了60 000美元，同志杂志《倡导者》声称其读者的家庭年均收入为90 000美元。③ 此外，西蒙斯市场调研部门（Simmons Market Research Bureau）的数据显示这个市场的客户忠诚度令人惊讶地高，89%的受调查对象表示他们会购买刊登在同性恋刊物上产品和服务。希兰姆沃克松（Hiram Walker & Son）公司的一名发言人证实了这种说法，他告诉《广告时代》："我收到一堆的来自同性恋顾客朋友来信，大约可达1到2英寸厚，他们在信中对我们表示感谢，并表达了对产品的忠诚，一位直率的客户是不会花时间写信来对我们表示感谢的。"④当保守的美国家庭协会对福特公司在同性恋杂志上刊登广告进行抵制时，同性恋群体则发起了一场"反抵制"运动，以此来表示对福特公司的支持和褒奖。⑤

另外，广告客户们需要明白"意愿和魅力的溢出效应"（Will & Grace spill over）这种附加价值，它是由双铂金公司（Double Platinum）的共同创始人斯蒂芬妮·布兰克伍德（Stephanie Blackwood）提出来的。她解释道："首先，一名住在纽约或洛杉矶、消费层次很高的男同性恋者购买了一种新产品，那么他会影响其住在同城的、受过良好教育的女性朋友来购买这种产品，而她们有可能在传播、时尚和媒体领域工作。反过来，这些女性朋友也会告诉她们各自的朋友，她们买了什么产品，到哪里用餐，甚至是给其男朋友或父亲又买了些什么产品等等，这些都会影响购买选择。其结果是：一场以同性恋客户为目标受众的营销活动，变成了一场对主流群体推广的活动，而且这种方式既有效，经济上又划算。"⑥

---

① Nicci Brown and Margaret Costello, "Surveying an Untapped Market," *Syracuse University Magazine*, Spring 2002, p.13.
② Michael Wilke, "Luxury Goes Gay," presentation by the Commercial Closet, 2006.
③ Sandra Yin, "Coming Out in Print," *American Demographics*, February 2003, p.20.
④ Nancy Coltun Webster, "Playing to Gay Segments Opens Doors to Marketers," Advertising Age, 30 May 1994, pp.5–6.
⑤ Erik Sass, "Gay Ad Market Tops $212 Million," www.mediapost.com, 11 May 2006.
⑥ Yin, "Coming Out in Print," p.19.

适用于所有客户群体的经验

不管你的目标受众是哪一类群体,有些基本原则是相同的,这些原则如下:

- 应该综合整体因素来考量目标受众,而不是某个单项统计数据特征。为了更好地了解你的目标受众,你必须综合考虑其他的人口统计信息,以及他们的价值观、态度、个性与生活方式等心理特征因素。例如,一名住在郊区的中年西班牙裔商务人士,其思想观念与一名住在城里、生活在贫困线以下的年轻的西班牙裔,或者一名收入很微薄的、单身西班牙裔有工作的母亲肯定有所不同。第二代或第三代的美国人与新移民有着不同的思想观念。在1960年代以前形成核心价值观的非洲裔美国人拥有一种人生观,参加过民权运动的非洲裔美国人拥有另外一种人生观,而那些青少年非洲裔美国人的人生观与前面两者又有所不同。
- 避免成见。塔克钟公司(Taco Bell)由于它的一则关于边界搜寻的广告而冒犯了墨西哥裔美国人,因为它看起来就像在搜寻非法移民;在宾夕法尼亚州一则彩票促销的广告中,其广告词"没彩票、没钞票"触犯了美国的华人;陶氏化工公司的一则广告羞辱了非洲裔美国人,在它的广告中,一名强壮的黑人妇女大叫:"喔—喂!"这会使人们联想到黑人保姆的形象;美国印第安人在一家啤酒厂试图推出一种名叫"疯马"(Crazy Horse)的麦芽啤酒时举行了抗议活动。

  即使对一些正面的"成见"也应该持谨慎的态度。不是所有的非洲裔美国人都是伟大的运动员、音乐家或舞蹈家,但广告经常把他们刻画这种形象。同样,并不是所有的亚洲裔美国人都很擅长数学和理工科。当著名的滑冰选手克莉丝汀·亚玛顾琪(Kristi Yamaguchi)赢得奥运会金牌时,《纽约时报》刊登了一则匿名评论:"并不是所有的人都是数学或理科天才、干洗店经营者或饭店老板,我们是滑冰者、建筑师、作家,诸如此类。"这一原则同样适用于你广告的任何一种目标群体。
- 与他们一起欢笑,而不是取笑他们。如果不是侮辱性的成见,那么幽默在广告中能够起一定的作用。在测试你的幽默是否会对一些群体造成侮辱性的冒犯时,试着考虑一下使用一些来自不同群体市场的人来替代当前的人物形象。例如，如果你想确保顾客记住了你客户的名字，你可能会制作一则这样的幽默广告，在这则广告中，一位老人的听力上有障碍，他需要别人不断重复才能弄清楚，乡村时代柠檬汽水(Country Time Lemonade)的广告正是这样的；或者你可以在广告中塑造这样一位老年妇女的形象：她总是忘记别人的名字，需要别人不断地提醒，某些公司也正是这样做的。但是，如果一名年轻、身体健康的大学生在广告中不能听清或记住别人的名字时，你还觉得它有趣吗？恐怕不会吧。如果你将广告中的这位老年妇女替换为一名有毒瘾的大学生，这种刻画方式对大学生的形象公平吗？当然不公平。

- 与他们特别关注的组织和机构建立联系。考虑拿出你公司销售额的一定比例，捐赠给你的目标受众所关心的领域，比如说艾滋病研究部门、老年理事会(the Council on Aging)、特奥会、强暴危机中心(the Rape Crisis Center)、美国土著艺术基金会(Native American Arts Foundation)、镰刀形红细胞贫血症基金会(the Sickle Cell Disease Foundation)、联合黑人大学基金会(United Negro College Fund)或者追求联合会(ASPIRA)——一家拉美裔奖学金基金会。但是，应该将这捐赠视作一项长期的承诺，而不是一次性的交易。
- 通过目标受众中的一名成员来检验你的广告。这样，在你的广告播放之前，你就有可能及时发现一个尴尬的错误，并可以马上纠正。例如，如果普布利克(Publix)杂货连锁公司能够事先请任何犹太人帮它复查一下广告，那么它就能够避免这样尴尬的局面了：它在猪排和新鲜猪肩肉的促销通告的正下方，刊登“希望顾客过上一个安静和祥和的赎罪节”这样的祝福语。
- 在你的广告中展示多样性。随着美国社会越来越多样化，在广告中体现这种现象不仅是正确的选择，更是明智的选择。图3-3a和b是一个能够对多元目标受众施加影响的很好的广告实例。

建议活动

1. 观看2个小时黄金时段的电视节目，记录下他们对本章所提到的群体的刻画方式。有多少是广告中的主角？有多少广告显示了成见？他们销售的是什么产品？

a. 你就想住在那里

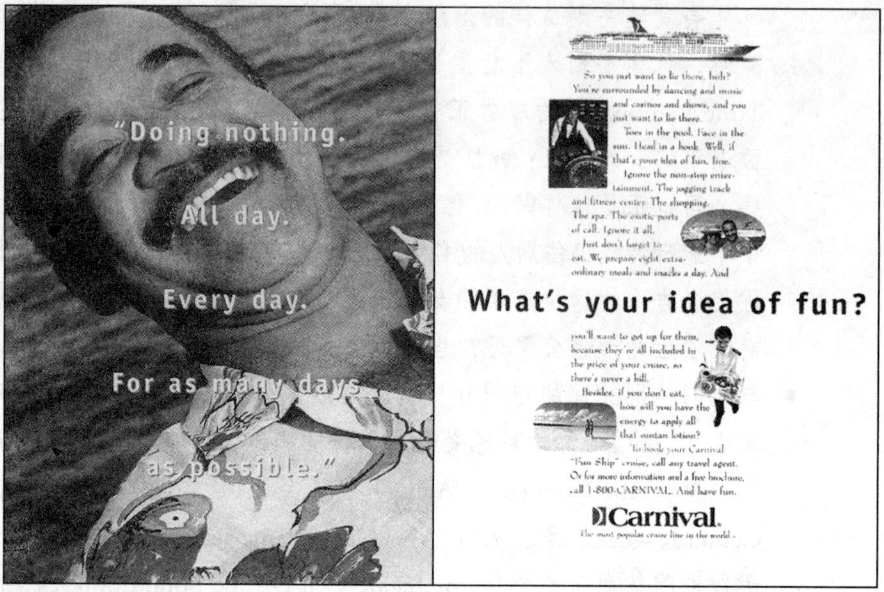

b. 在嘉年华的游轮上

图3–3 你对乐趣的理解是什么呢？嘉年华游轮公司(Carnival Cruise Lines)认识到人们对于乐趣的理解是多元的。尽管你可将这次活动看成是利基营销(niche marketing)的最好的实例，但实际上，当它每一次问道："你对乐趣的理解是什么呢？"时，目标受众的范围就拓宽了。(感谢嘉年华游轮公司提供，广告版权由嘉年华游轮公司所有)

2. 比较一下出现在大众喜好的杂志上的(例如《大都市》、《时尚》、《体育画报》和《新闻周刊》等)以及出现在特殊爱好杂志上的(例如针对黑人群体的《精华》和《乌檀》、针对拉美裔的《拉丁世界》和《人物》西班牙语版和针对老年人的《新选择》和《现代文明》)关于时尚、酒和旅行的平面广告,这些广告相同吗?如果有所不同,请评论反映不同目标受众的视觉与文案方面的不同。

3. 选择一则广告(例如牙膏、香皂或薯片等),对它进行重新创作使它能够直接针对某少数族群。

4. 创作一则以50岁以上群体为目标客户的牛仔裤销售广告。

5. 观察一下近几十年以来的汽车广告,评论一下它们对不同族群进行刻画的方式有何转变。(你的图书馆中应该有如《时代》和《新闻周刊》这样的过期刊物装订本)

网上查询:了解更多关于选择目标客户的知识

更多的关于美国人口多样化的信息,你可以访问以下网址:

- 亚裔市场:www.intertrend.com
- 经济趋势:www.selig.uga.edu
- 同志市场:www.commercialcloset.com
- 西班牙裔市场:www.hispanicbusiness.com 和 www.ahaa.org
- 老年市场:www.aarp.org
- 美国人口普查局:www.census.gov

⊙ 简单案例

西班牙语版的汰渍广告

一些品牌在市场上摸爬滚打数十年后慢慢地退出了人们的视野。但是,如果你对一个品牌,通过新的技术、形式和对消费者的利益对它进行持续地拓展,同时又不失其原来的风貌,那么你将可以把这个品牌运行许多年。

宝洁公司就是这样运作汰渍牌洗涤剂的,50多年来,它一直是这个行业的领头羊。汰渍能够经受住市场的考验,是因为正如公司的发言人所声称的:"它能够赶上时代的潮流,满足消费者的需求,为消费者们提供持续改进的性能与价值。"广告必须跟得上这种变化。在汰渍1953年的一则广告中,一名系着围裙的妇女手持一瓶汰渍洗涤剂时,非常兴奋,其广告词这样说道:"从来都没有洗得如此干净,在汰渍出现以前,是不可能使你的家庭清洗得如此干净的。"在当时来说,这可是一个最恰当的定位,但是,我们已经进入了新世纪,记得吗?

女性不仅需要打点家里和家庭的事务,还需要完成工作场所的任务。在弹性工作制下,有些女性每天都加班加点,以便她们能够在一周中腾出一天去购物、洗衣和观看其小孩在学校的演出。这需要事先计划好,因为有太多的事情需要处理。选择洗涤剂的品牌在她们的生活中变成一件相对较小的事情,但时间才是最根本的问题。

因此新汰渍广告开始与当代新女性进行对话,他们以一种幽默的方式进行沟通,因为女性们很欣赏这一点。他们承认生活中问题无处不在,而汰渍能够帮助她们解决其中的一些问题。但广告并不直接承诺结果,而是暗示,其中一则英语广告这样说:"茶渍,汗渍和油渍,还有其他问题吗?"

习惯用语是很难贴切地翻译出来。因此对于西班牙裔市场的广告,单词和语言风格都会有所不同,一则西班牙语版的汰渍广告"跳莎莎舞,何必在乎衣服"(*La salsa se baila, no se viste*)翻译成英文则为:"莎莎舞(Salsa)是跳的,而不是穿的",事实上莎莎舞是一种舞蹈。

另外一则西班牙语版的汰渍广告"有了汰渍,穿上衬衫还需要带上餐纸吗?"(*para que usar la servilleta cuando existe la camiseta?*)翻译成英文则为"当你拥有T恤衫时为什么还需要餐巾呢?"这则广告的关键在于西班牙语中的餐巾纸(*servilleta*)和衬衫

（*camiseta*）是谐音词。第三则广告使用的是押韵词 *De la cuchara a la boca, se cae la sopa*（翻译成英文则为“在从餐桌送到嘴里时，汤溅出来了”），这是一种老话，它用来教导小孩子的用餐礼仪。

这则广告并没有机械地从英语翻译过来，它和针对总体市场的广告一样朗朗上口，但很明显，它是针对西班牙裔市场而创作的。

汰渍的广告活动不断地演进，最近的一些广告主要讲的是某些食物造成的污渍令人讨厌，难以清洗。其中的一则广告中，彩色墨水标记了不同食物留下的八处污渍。红色的标记是番茄酱，紫色的标记是葡萄酒，棕色的标记是咖啡标注的污渍等等。最后的一道标记则是汰渍，它以西班牙语标注：快速去污（*Quitamanchas Instantaneo*）。在另外一则广告中，一只番茄和意大利面条并放在一个盘子上，咖啡豆蜷缩在咖啡杯里，几个橙子平衡地放置在玻璃杯中。广告词这样问道："*Que mancha?*"（翻译成英文后则为"什么会留下污渍？What stain?"）。这则杂志广告获得了2006西班牙裔市场富有创意广告奖的金奖（2006 Hispanic Creative Advertising Awards）。

运用人们生活中的经历来作为广告信息的内容，这是吸引人们注意的最有力的方式，对那些成熟品牌尤其适用。不管使用哪种语言都能成功，汰渍的广告证明了这一点。

第四章

寻找事实：有效创造性工作的基础

澳大利亚佩思市切伯士殡仪馆(Chippers Funeral Home)的一则广告用特写镜头描绘了一头大象眼眶中泪水默默流下的情景，同时广告标题这样写道："在葬礼上看见大象公然流泪并不奇怪。"广告接下来描绘了大象对其即将死去的家族成员所表现出的"人性"。当一头大象死去时，整个大家庭会围绕着在它周围，悲哀地低着头，默默地走几圈，才静立下来。接着，它们将树枝、树叶和草团覆盖在死去的大象身上，做成一座坟墓。有时，大象会哭泣。

这则令人震撼的广告并不是凭空捏造出来的，它是维特·布朗宁(Vinten Browning)广告公司在动笔撰写该广告之前，对死亡与悲痛这个艰难的主体作了深入调查的基础上最后成稿的。

不管你试图去了解人们伤心是怎么样的，还是人们是如何洗衣服的，调研是广告中最重要的步骤之一。

翔实的调研可以帮助你发现人们在调查表上画"√"的原因，它还会揭示产品的一些新用途，了解一些新的市场领域，以及发现新的市场趋势。调研阶段工作充分了，你将发现你更容易就想到一个好的创意，写出令人信服的广告语。正如广告传奇人物爱德·麦克白(Ed McCabe)所说的那样："当你准备创作广告时，它应该是在你对该领域的全面综合认知的基础上不假思索地写出，这样广告才能自发地创作出来。只有在对创作主题充分完全了解后,你才有希望不至于落入平淡的事实介绍,才能自如地表达你对该主题的理解。"①

那么你应该从哪里开始呢?

第一步:明确问题所在

在做调研之前,你应该对将要调查的问题进行界定。例如,哪些人最有可能成为该产品新的消费者?你的产品有哪些实际的或者可以感受到的特别之处,因而它比竞争者的产品更好?应该怎样宣传这件产品?消费者是如何看待当前的广告活动?通过仔细地界定你的问题,你可以避免收集一些不相关的信息而浪费时间。(请看下面表中这些附加你可能希望调查对象回答的问题)

可能产生好创意的一些问题

行业

谁是品牌领导者?

他们的领导地位持续了多少年?

行业的发展趋势是什么?

你的品牌有没有引领行业发展方向或者只是追随者?

是否存在着未解决的可能影响你品牌未来发展的问题?(例如,立法或兼并问题等)

国家的经济和外交环境是如何影响销售的?

是否存在可能影响未来销售的新兴行业?

公司

公司运营历史有多久?

公司发展历史中的高峰和低谷是什么?

公司的哲学是什么?

媒体是如何报道公司的?

公司是怎样融入社区的?

公司以产品革新闻名吗?

谁是公司的关键人员/经理人?

哪一家公司的员工与其消费者有直接的接触?

你的公司共有多少品牌?

你的品牌对公司来说有多重要?

品牌

目前的消费者如何看待你公司的品牌?

你的品牌能在多大程度上满足消费者的需要,解决他们的问题和让他们感兴趣?

你的品牌在哪些方面超出消费者的期望?

顾客分析

现有顾客的人口分布统计特征是什么?竞争者的顾客和潜在的顾客(新兴的客户)的人口分布特征是什么?

他们的地理分布特征是什么?

他们有哪些心理统计特征?

消费者使用产品的时机与频率是什么?

消费者购买产品的时机与频率是什么?

消费者如何使用最终产品/服务?

消费者是如何作出购买决定的?

什么信息最重要?

消费者在什么地方获得信息?

谁是你最好的顾客?

竞争

在同样的产品和服务上,竞争者是怎么做的?

我们怎样才能做得更好?

---

① Warren Berger, Advertising Today (London: Phaidon Press, 2001), p.120.

续 表

可能产生好创意的一些问题		
竞争者以往的广告活动是怎样的？	竞争者的广告中是什么在起作用？什么没有起到作用？	消费者是如何看待当前的广告活动的？

第二步：挖掘二手信息

一旦你对这些问题有了清晰的陈述，你就可以先从公司记录、行业协会、图书馆以及网站等业已存在的信息中寻求答案。

公司记录

公司年报。除了财务数据以外，公司年报中还包含有公司哲学、竞争情况以及未来发展目标等信息。然而，即使是坏消息，公司年报通常都会偏向乐观地报道。因此，年报应该是我们挖掘进一步信息的出发点。

客户档案。如果你曾经填写过产品保修卡，参加过赌注通吃(sweepstakes)比赛，申请过信用卡或者寄过售后现金返还申请，那么你就已经提供了重要信息，比如说你的年龄、性别、收入、教育程度、家庭大小和生活状况等(见上表)。你也可能回答过你对这产品了解多少，在什么地方购买，以前是否买过那个品牌等。你的这些回答成为数据库的组成部分，这会帮助营销工作者明白他们应该怎样接触影响你以及与你类似的其他客户。

公共关系档案。公共关系部门专门收集相关的新闻剪报和满意的顾客寄来的感谢信，有时，这些剪报和信件的内容非常生动形象，于是便被公司做成了广告。只要妥善修饰，即使是负面的宣传也能转化为客户的一项优势。例如，一些媒体报道声称里奥娜·赫姆斯蕾(Leona Helmsley)对其酒店的员工很专制，但她的广告机构却把这种现象转移到她对完美工作执着追求的这一正面因素上面。其中一则广告使用了顾客寄来的感谢信，它用了这样的广告标题："她知道人们在谈论她，她甚至可以告诉你他们在说什么。"

技术报告。对于一般读者来说，技术报告中的许多信息肯定都是冗长费解的，但是，你也可能从中创造出完美的广告语。比如说，哈里·普劳克特(Harley Procter)从一位化学家的报告中发现了象牙牌香皂"99.44%纯度"的标准；大卫·奥格威(David

图4–1 曲棍球比赛很有趣，特别是在最终出现意想不到的转折时。

（感谢布雷恩·朱夫[Brian Zufall]提供）

Ogilvy)把一位工程师的陈述用到了劳斯莱斯汽车(Rolls Royce)的广告中，即："时速达到60英里/小时的情况下，这种新款劳斯莱斯的最大噪声来源于电子计时器。"但是，不要以为你会很容易就得出这样的结果。奥格威在创作这则经典的广告之前，花了3个星期来阅读劳斯莱斯的技术报告；普劳克特也是做了一些简单数学运算才能得出这则著名的广告语。因为化学家在报告中声称，纯净象牙牌香皂的其他成分的含量仅为0.56%，很少会有这样的一句话能够帮助公司销售一件产品达100多年之久的。图4–2显示了技术报告的阅读可以是很有趣的。

网站。公司网站是获取信息的重要源头，因为它提供了公司发展历史的概况和员工信息，展示了公司的产品线，顾客们可以咨询问题、下载文件和玩游戏等等。同时，你还可以登录竞争者的网站，看看他们是怎么给自己定位的。和年报相似，网站展示的是公司的最好一面，所以也可能是片面的。因此，你需要挖掘额外的信息，寻求你对于这次广告活动的新的想法。

一种获取各种客观评论的方式是在谷歌（google）中输入你的品牌名称，看看人们对它是如何评价的。一些品牌甚至有网上消费者俱乐部，它可以给你提供一些有趣的视角。在谷歌中输入"Mountain Dew"（意为"山峦晨雾"）后，你将会发现针对"Dewaholics"（意为"晨雾狂热者"）和"Mountain New Addicts"（意为"晨雾痴迷者"）的聊天室。在谷歌中输入"Coke Zero"（可口可乐公司不含糖份的新产品）后，你会发现一些"偏爱甜食"的人，以及其他消费者在尝试产品后抱怨。

行业协会

提到任何一个行业或感兴趣的领域时，必定存在一个相关的行业协会，协会中有知识渊博的专业人士。还有一些比较奇怪的协会诸如：美国飞翔丧葬承办人协会（Flying Funeral Directors of America），废除法定尺寸文件委员会（the Committee to Abolish Legal-Sized Files），和国际带刺铁丝网收集者协会（International Barbed Wire Collectors Association），甚至还存在一家由各协会组成的总协会——美国协会执行官协会（the American Society of Association Executives）。如果要了解你客户提供的产品或服务的相关协会，你可以参考由盖尔公司（Gale）出版的《协会百科全书》（*Encyclopedia of Association*），这本书在大部分的图书馆都能找到。

图书馆

商业信息方面的指导书可以很好地帮助你开始二手信息的搜集，这些指导书有：《商业信息来源》（*Business Information Source*）、《商业信息手册》（*the Handbook of Business Information*）和《市场信息：专业参考指南》（*Marketing Information: A Professional Reference Guide*）等。

期刊文章的索引。你可能在中学的时候使用过《期刊文献读者指南》（*Readers' Guide to Periodical Literature*），这在搜索大众感兴趣的杂志文章方面不失为一个很好的索引，但它不可能列出许多关于广告和产品的深入信息。因此你应该咨询以下的一些索引：

- 《商业期刊索引》(*Business Periodical Index*)是一种收录300多种商业期刊的主题索引刊物，它包括《广告时代》、《广告周刊》、《美国人口统计》、《广告研究》(*Journal of Advertising Research*)、《市场营销传播》(*Marketing Communication*)、《销售和市场营销管理》(*Sales and Marketing Management*)和《华尔街日报》等。
- 《传播摘要》(*Communication Abstracts*)是按主题编排的刊物，它由以下一些主题构成：广告、大众传播、新闻和公共传播。
- 《行业特别事件指南》(*Guide to Industry Special Issues*)是由一些定期出版的商业期刊所关注的特别事件所组成的索引，它包括《广告时代》和《广告周刊》。
- 《主题集》(*Topicator*)是由这些在广告、传播和营销领域的期刊所组成的分类索引。

统计信息的来源。美国政府印刷办公室出版了成千上万的书籍和手册，其中许多都可以在图书馆中找到。查找这些出版物的一种快捷方式是通过《主题参考书目索引》(*Subject Bibliography Index*)，它列举了15 000多种政府出版物。

具体的统计信息来源包括以下这些：

- 《郡市数据大全》(*County and City Data Book*)按教育、劳工、收入、房产及零售和批发贸易等不同主题提供了关于美国州、郡和城市的相关信息。
- 《美国统计摘要》(*Statistical Abstract of the United States*)被誉为美国社会、政治、工业和经济统计信息的“圣经”。它包括了从男士香水的年零售额到一年中所做的眼科手术的数量等一切信息。
- 《美国人口普查》(*U.S. Census*)每10年更新一次，它提供了人口数量、家庭背景、婚姻状况、教育、地域流动性、职业和其他的人口统计数据等。由于宪法中规定的政教分离，它没有提供的少数信息之一是宗教方面的数据。
- 《美国工业展望》(*U.S. Industrial Outlook*)提供了大约50种主要工业的现状和长期发展前景的统计数据。

辛迪加式的市场数据（Syndicated Market Data）。许多调查公司为它们的客户提供了美国不同市场关于生活方式和购物习惯等方面的详尽信息。这里有些例子：

- 编辑和出版商市场指南（*Editor and Publisher Market Guide*）提供了美国和加拿大出版日报的城市的市场信息。它包括人口、家庭数量、个人可支配收入和零售等方面的数据。
- 信息来源有限公司（*IRI*）是一家辛迪加式的信息跟踪服务公司，它整合了来自超市、杂货店和量贩商场的有关销售扫描、特征广告、优惠券、展示陈列和价格等方面的信息。
- 生活方式市场分析者公司（*Lifestyle Market Analyst*）打破了以地域和人口统计学特征给美国人口分类的传统，它提供了在每一个地域和人口统计市场上都流行的关于人们的兴趣、爱好和活动的信息。
- 米迪马克调研公司（*Mediamark Research, Inc.*）（通常简称为MRI）提供各类产品和特定品牌的大、中和小客户的一些信息，以及这些不同的客户群体使用媒体的方式。
- 尼尔森全国营销调研（*Nielsen National Marketing Survey*），AC尼尔森调研公司的报告，它提供超市、杂货店、量贩商场中销售的产品的市场份额数据。
- 棱镜数据库（*Prizm*）是克拉瑞塔斯（Claritas）市场调研公司的报告，它研究生活方式，并以“红白蓝”和“新农场主”之类词语命名不同的生活方式，它共归纳了62种生活方式，而每个邮政编码所代表的每一个区域的生活方式都属于其中的一种。
- 斯卡巴勒调研公司（*Scarborough Research*）调查了75个市场并提供当地消费者的购物方式、人口统计特征和生活方式等方面的信息。
- 西蒙斯全国消费者调查（*Simmons National Consumer Survey*）是一项关于美国成年人（18岁以上）的综合调查，它提供了消费者在所有主要媒体、450多种产品类别和8 000多种品牌等方面的消费行为的信息，并对美国的人口统计分析、心理特征因素和生活方式进行了深入的描述。全国西班牙裔消费者研究（*The National Hispanic Consumer Study*）作为西蒙斯全国消费者调查的一部分，调查了居住在美国境内、至少8 000名西班牙裔成年人的媒体使用习惯、产品和服务偏好及生活态度和观点等。详情请看下面图框中的内容，看看怎样使用这些重要的数据来更深刻地了解你的品牌和客户。

从浩如烟海的数据中寻找灵感

西蒙斯全国消费者调查和全国西班牙裔消费者研究，为广告机构、广告客户和营销工作者提供了关于西班牙裔这个有影响力的重要消费群体的数据，使他们能够从中获得灵感。在本例中，我们将对这些购买3种不同条形糖果的消费者的不同人口统计特征和心理特征因素进行分析、比较，以此来决定怎样更好地对这些品牌消费者进行营销和广告。

好时条形糖果

	成分	A18+	杏仁	士力加	3个火枪手
所有样本	样本	24 438	2 427	3 156	1 550
	(000)	212 488	18 527	30 449	15 230
	垂直	100%	100%	100%	100%
	水平	100%	8.72%	14%	7.17%
	指数	100	100	100	100
平均年龄[2]	样本	24 438	2 427	3 156	1 550
	(000)	46	48	44	47
	→ 垂直	0.02%	0.26%	0.14%	0.31%
	水平	100%	103%	95%	102%
	指数	100	1 186	660	1 429
男性：性别	样本	10 706	1 001	1 478	663
	(000)	102 474	8 583	15 468	7 086
	→ 垂直	48%	46%	51%	47%
	水平	100%	8.38%	15%	6.91%
	指数	100	96	105	96
女性：性别	样本	13 732	1 426	1 678	887
	(000)	110 014	9 944	14 980	8 144
	→ 垂直	52%	54%	49%	53%
	水平	100%	9.04%	14%	7.40%
	指数	100	104	95	103

让我们看一下平均年龄（以岁数表示，位于第[000]行）和性别分布（垂直行中显示男性或女性品牌使用者的比例）。所有这三个品牌都处于相同的处境。在此例中，3个火枪手的消费者的平均年龄为47岁，其中男性占47%，女性占53%。但是，对数据进行深入地分析，你将会得出该品牌与其他的不同之处，这样就能帮助你设计更明确、更有针对性的营销和广告活动。

例如，如果你看一下3个年龄群体的组合（18—34岁，35—54岁和55岁及以上），尽管这三个品牌的消费者的平均年龄大致相同，但是，你会发现他们之间的指数是不同的。看一下指数行，你会发现在年龄为18—34岁之间客户中，士力加客户的指数超过了其他两个品牌的指数，达到了114（指数100为平均使用水平，任

续 表

从浩如烟海的数据中寻找灵感

何高于或低于这一指数状况分别表示使用较多或使用较少）。这意味在这个年龄阶段的客户中，比平均水平多出14%的客户更愿意购买这一品牌。在另一方面，好时品牌的杏仁条形糖和3个火枪手条形糖在这个年龄阶段的指数都比平均水平要低，但在55岁及以上的客户群体中，他们的指数要比平均水平高，而士力加的指数却低于平均指数。

好时条形糖

	成分	A18+	杏仁	士力加	3个火枪手
18—34岁：	样本	6 197	645	977	381
	(000)	60 465	4 186	9 911	4 085
	垂直	28%	23%	33%	27%
	水平	100%	6.92%	16%	6.76%
	指数	100	79 ←	(114) →	94
35—54岁：	样本	9 565	956	1 261	587
	(000)	84 147	7 808	12 528	5 604
	垂直	40%	42%	41%	37%
	水平	100%	9.28%	15%	6.66%
	指数	100	106	104	93
55岁及以上：	样本	8 676	826	918	582
	(000)	67 876	6 533	8 010	5 541
	垂直	32%	35%	26%	36%
	水平	100%	9.63%	12%	8.16%
	指数	100	(110) →	82	← 114

- 购买力调研（*Survey of Buying Power*）根据一些特别领域来对不同的邮政编码对应的地区进行分类，比如亚裔美国人口、5岁以下的小孩以及居住活动房屋的家庭。它也提供美国所有郡县的人口、购买力和零售开支等在5年中的发展趋势和百分比变化等信息。
- VALS 2是由SRI发展而来，它将消费者分为8类：(1) 革新者，通常都是成功的、老练的、积极的、有责任感和有高度自尊的这样一类人。(2) 体验者，通常受到表现自我的驱动，他们都很年轻、有活力、容易冲动，叛逆以及渴望寻求多变、刺激和不落俗套。(3) 发奋者，需要激励、自我界定和获得别人的认同。(4) 思想者，很成熟、有满足感，是受过良好教育的专业人士。(5) 成功者，他们以目标为导向，能够控制自己的命运，崇尚威权。(6) 信

续 表

从浩如烟海的数据中寻找灵感

下一组数据对我们条形糖块消费者的地域分布状况进行了分析。

好时条形糖

	成分	A18+	杏仁	士力加	3个火枪手
东北区:普查地区	样本	4 907	426	511	314
	(000)	40 023	3 125	4 488	2 950
	垂直	19%	17%	15%	19%
	水平	100%	7.81%	11%	7.37%
	指数	100	90	78	103
中西部:普查地区	样本	5 019	433	673	292
	(000)	47 597	4 117	7 276	2 858
	垂直	22%	22%	24%	19%
	水平	100%	8.65%	15%	6.00%
	指数	100	99	107	84
南部:普查地区	样本	9 062	946	1 223	595
	(000)	77 218	6 633	11 720	6 191
	垂直	36%	36%	38%	41%
	水平	100%	8.59%	15%	8.02%
	指数	100	99	106	112
西部:普查地区	样本	5 450	622	749	349
	(000)	47 650	4 652	6 965	3.232
	垂直	22%	25%	23%	21%
	水平	100%	9.76%	15%	6.78%
	指数	100	112	102	95

普查地区的选择是为了简便起见,但是即使是选择如此广泛的地域来做调查,你还会注意到3个火枪手在南部更受欢迎,好时杏仁糖果在西部广泛流行,而士力加在中西部和南部都能够很好地吸引客户。这则数据可以用来指导如何集中资源来策划一场营销和广告活动,比如说,我们可以选择是大举进入某一未充分开发的地域,还是在品牌已经流行的地区对消费者的行为进行强化。

在持续建立糖果消费者的品牌档案方面,参考一下有关种族和民族方面的数据以及它们在以上三个品牌中是怎样变化的。

徒,大多比较保守,他们有根深蒂固的道德准则,收入和受教育程度不高。(7) 制造者,对新观念持怀疑态度,对物质财富无动于衷,很难受到物质的诱惑。(8) 维持生计者,生活圈子很窄,他们都是一些谨慎的消费者。

续 表

从浩如烟海的数据中寻找灵感

好时条形糖

	元素	A18+	杏仁	士力加	3个火枪手
白人：种族	样本	19 417	1 782	2 371	1 237
	(000)	167 253	13 236	22 195	12 089
	垂直	79%	71%	73%	79%
	水平	100%	7.91%	13%	7.23%
	指数	100	91	93	101
黑人或非裔美国人：种族	样本	1 357	136	236	97
	(000)	22 772	2 596	4 558	1 887
	垂直	11%	14%	15%	12%
	水平	100%	11%	20%	8.28%
	指数	100	131	140	116
亚裔或太平洋岛国：种族	样本	516	48	54	18
	(000)	8 786	818	1 161	166
	垂直	4.13%	4.42%	3.81%	1.09%
	水平	100%	9.31%	13%	1.89%
	指数	100	107	92	26
其他的一些种族	样本	3 148	461	495	198
	(000)	13 677	1 876	2 535	1 089
	垂直	6.44%	10%	8.33%	7.15%
	水平	100%	14%	19%	7.96%
	指数	100	157	129	111
是的：西班牙裔/拉美裔/拉丁裔民族？	样本	8 435	1 198	1 181	565
	(000)	27 355	3 772	4 312	2 015
	垂直	13%	20%	14%	13%
	水平	100%	14%	16%	7.37%
	指数	100	158	110	103

对于亚裔样本来说，由于其单个品牌条形糖的样本空间太小，因此它的指数值从统计上来说不是十分有效，这里让我们主要看其他种族群体。白人消费者在杏仁和士力加这两个品牌上的指数数值较低，而在3个火枪手这一品牌的指数仅为全国平均水平。相反，黑人消费者在这3个品牌的指数数值均超过了全国平均水平，特别是士力加和好时杏仁这两个品牌。其他族群的消费者倾向于选择好时杏仁这一品牌，而且这3个可选择品牌的指数数值都超过了全国平均水平。最后，让我们看看西班牙裔消费者，他们也许已经包括在前面所提到的种族群体中。他们对这3个品牌的偏好指数同样超过了全国平均水平，但是数据显示他们最喜欢好时的杏仁品牌。

从浩如烟海的数据中寻找灵感

在条形糖消费者的最后文档部分，让我们来看看他们的一系列的态度陈述，这反映了他们对部分主题的观点。这里，让我们来看一下消费者对媒体的态度，从这些态度的不同，我们可以区分不同品牌的消费者。这些陈述的问题是在5点李克特量表(5-point Likert scale)的基础上提出的，它包括十分赞同、部分赞同、中立、部分反对和强烈反对5种态度。在这种情况下，对每一个问题持赞同态度或部分赞同都能获得此表中的高分。

好时条形糖

	成分	A18+	杏仁	士力加	3个火枪手
在电影剧院的大厅注意到广告	样本	7 343	845	1 046	463
	(000)	64 021	6 408	10 446	4 351
	垂直	30%	35%	34%	29%
	水平	100%	10%	16%	6.80%
	指数	100	115	114	95
我是一个电视迷	样本	5 290	580	767	359
	(000)	45 437	4 414	7 504	3 385
	垂直	21%	24%	25%	22%
	水平	100%	9.73%	17%	7.47%
	指数	100	112	115	104
广播是我主要的娱乐源泉	样本	4 284	506	589	296
	(000)	33 561	2 987	5 298	2 522
	垂直	16%	16%	17%	17%
	水平	100%	8.90%	16%	7.51%
	指数	100	102	110	105
有线电视有太多的频道，没法选择	样本	6 270	704	832	414
	(000)	48 427	4 754	7 224	3 519
	垂直	23%	26%	24%	23%
	水平	100%	9.82%	15%	7.27%
	指数	100	113	104	101
更倾向于从SPNSR购买	样本	4 800	529	632	319
	(000)	40 365	4 046	6 257	3 209
	垂直	19%	22%	21%	21%
	水平	100%	10%	16%	7.95%
	指数	100	115	108	111

续 表

从浩如烟海的数据中寻找灵感
你可以从这里看到，在电影院大厅使用广告将更容易吸引好时杏仁和士力加消费者的注意，它们的指数均超过了平均水平。广播广告也是吸引士力加消费者的一种选择途径，因为他们表示收听广播是他们娱乐的主要源泉。而要吸引3个火枪手品牌和好时杏仁品牌的消费者，你应该好好地利用一下赞助商的机会。 西蒙斯的数据也对消费者接触媒体的行为特征进行了跟踪，比如说消费者是总是让电视开着，还是每隔半小时会转台，它也对各个细分市场对顶级杂志的选择进行跟踪。但为了简便起见，这些信息没有包括在这里。 总之，你可以利用西蒙斯的数据来对你的品牌客户进行更深刻地分析了解，它可以帮助你建立有效的目标客户文档，许多部门以及各种各样的营销、广告和品牌推广等活动都可以从中获得有效的信息。

计算机数据库和网上服务。你们图书馆订阅了多种服务，你可以获得来自世界各地的信息。这里有一些对商业信息搜索有用的服务：

- 商业信息摘要数据库（ABI-Inform）提供商业和管理方面的期刊，其范围包括广告学、竞争智慧、新产品开发、营销和促销等内容。
- 商业期刊光盘（*Business Periodical on Disc*）引用刊登在900多种商业期刊上的文章摘要。
- 压缩信息披露（*Compact Disclosure*）包括证券交易委员会归档的12 500家上市公司的完整文件。
- 信息跟踪商业索引（*InforTrac Business Index*）包括300多万篇引文，其中部分文章是从1 000多家商业杂志和新闻报纸中摘录下来的。
- 律商联讯（Lexis-Nexis）提供来自15 000多种新闻、商业、法律和参考出版物的完整文献。

网站

下面列举了一些对广告客户有帮助的网站：

- 广告研究基金会（www.arfsite.org）提供了一些《广告研究期刊》过刊的摘要，并提供了在线购买再版的服务。
- 商务研究者天地（www.brint.com）提供了2 000多种在线研究工具的链接方式，包括报纸、全文数据库、网上图书馆和免费报告等。

- 商务导线(www.businesswire.com)是一家新闻发布和商业新闻的电子发行商。
- 人口普查局(www.census.gov)可以让你搜索美国人口普查局的数据库,阅读新闻稿,核查实时人口数和倾听广播的片段新闻。
- CNN财富(www.money.cnn.com) 是CNN电视台的商业和财经新闻的网址。
- 游击营销在线(www.gmarketing.com) 让你回顾一下营销的窍门,核查一下案例分析。
- 胡佛在线(www.hoover.com)提供有关上市公司详细文档方面的数据库。
- 研究它!(www.iTools.com)让你通过50 000多种专业主题的目录来进行搜寻。
- 美国统计网(www.stat-usa.gov) 提供了与商业和贸易主题相关的数据库。
- 世界广告研究中心(www.warc.com)能够让你找到许多广告文章、案例分析、研究报告和总结等信息。

大多数的商业出版物都有电子版本,其中包括以下这些:

- 广告时代(www.adage.com)
- 广告周刊(www.adweek.com)
- 商业周刊(www.businessweek.com)
- 福布斯(www.forbes.com)
- 财富(www.fortune.com)
- 媒体人生(www.medialifemagazine.com)

第三步:实施第一手调研

在反复研究了第二手资料后,你也许还不能找到解决问题的答案,那么就需要做第一手调研。这些就是观察、焦点座谈会、调查和实验需要关注的领域。

第一手经验

试一试、尝一尝、摸一摸、听一听、闻一闻。在使用产品之前,你对产品的感知是什么?用过之后呢?尝试一下竞争对手的产品,竞争者的弱点是什么?你客户的长处是什么?你为什么选择购买客户的产品?

亲身体验会给你提供重要的可能会产生重大创意的灵感。“一盒多乐士(Kellogg)葡萄干麦片中含有两勺葡萄干”，这则令人记忆深刻的广告词其创意就是来自一名艺术总监，这是他将一盒麦片倒在餐桌上后清点葡萄干的数目而得来的。

不过，你需要保持谨慎，不能假设每一个人都会按照你的方式去思考和行事。你可能对产品有更深入的理解，你可能对你的客户有偏见，又或者你可能不是目标市场的成员之一。因此，其他的调研方法就必不可少了。

观察

走进一家商店，看看你的品牌是怎样陈列的。它们是否被放置在货架的最底层，在那吸引灰尘而已？在店内是否可以看到竞争品牌的标识或者陈列展示？向销售伙伴询问一些有关你的品牌和竞争品牌的问题时，他是否足够了解这些信息？他是否对你的品牌评价很高？同样，应该对那些与你的品牌进行互动的客户进行观察。他们花多长时间来阅读你产品的品牌标签？他们看了标价没有？他们有没有仔细地观察其他的品牌？如果商店经理允许，你可以询问顾客他们为什么会选择某一特定品牌，他们一般什么时候购买，多久购买一次以及他们是怎么使用它的等等。

另外一种极不寻常的观察方法来自一名考古学家，他发现对人们的垃圾进行研究可以揭露一些不为人知的真相。一些营销研究人员尝试了这种方法，并发现了一些十分有趣的事情，例如养猫的主人比养狗的主人更喜欢阅读。

调查

调查是最常见的基础研究方法之一，它向现有的或潜在的客户询问产品的使用方式、广告活动的效果和对竞争品牌的态度等问题。调查可以通过网络、邮件、电话或个人访谈等方式进行。

不管采用哪种方式进行调查，请务必先对少数人进行试验，以此来确定调查中是否存在误导性的或模棱两可的问题。一群广告学的学生想要了解人们对美国红字会的标语“帮助刻不容缓”(Help Can't Wait)的认知程度，他们的调查将要求调查对象将5个非赢利组织与5则标语匹配起来。他们首先对该调查进行了测试，结果是几乎所有的标语与组织都能得到正确地匹配，但这是否真的意味着人们对“帮助刻不容缓”这条标语很了解呢？或者只是侥幸匹配成功？为了发现更深层的东西，他们又进行了另一场测试，他们要求调查对象将7条标语和5个组织进行匹配，这次的结果完全不同，65%的调查对象都将虚构的标语 “美国的生命血液”(The Life Blood of

America)和红十字会匹配起来。为什么会出现这种不同的结果呢?在第一个调查中,调查对象可以通过排除法来猜到正确的答案,而第二个调查却暴露了人们是否真正地知道该标语。

问题设计结构的不同也会带来不同的结果。在红十字会的例子中,调查对象被给出了一道多选项的选择题,它的答案是固定的。正如你所想象的那样,如果这些学生选择一道开发式问题,要求这些调查对象用他们自己的语言来作出回答,那么得出的结果将会更五花八门。

在设计一项调查时,除了检查是否存在误导性的或模棱两可的问题外,你还需要记住以下几点:

1. 调查应该简短。
2. 使用简单的语言。
3. 包含有完整的说明。
4. 问题应该先易后难。
5. 先问普通问题,再问具体问题。
6. 把诸如收入等尴尬的问题放在最后。

焦点座谈会

邀请5—10个目标市场的典型人物来聚焦讨论他们对你的产品的感觉。你要得到他们的允许,才能对会话进行录音;同时,你还需要一位主持人来鼓励大家发表意见,并对谈话内容进行引导。因为参与者需要鼓励才会说出他们的想法,提供一些重要的线索。

例如,在一次焦点座谈会上,小组成员抱怨说背心内缝制的标签令人发痒,因此恒适(Hanes)公司对此进行了改进,它推出了一款无标签的T恤衫,承诺不会使人觉得痒。在公司的广告中,一群男子扭动着身子,显得有点局促不安,这时,恒适公司的品牌代言人麦克·乔丹看到这一情景后说道:"这一定是因为标签!"(It's gotta be the tag)这是他著名的耐克广告词"这一定是因为鞋子!"(It's gotta be the shoes)的翻版。消费者马上对此作出了反应,广告活动推出的两个月内,无标签T恤衫的销售量比其有标签T恤衫的销售量从领先30%上升到领先70%。[①]

① Stuart Elliot, "Campaign Spotlight: Hanes Says Goodbye to the Tag," www.nytimes.com, 10 December 2002.

靶子连锁超市（Target）想要开发价值达2 100亿美元的大学生市场，这些大学生需要购买的商品很多，从微波炉到寝室内的淋浴球等。为了获得了对这个市场的了解，目标公司委托调研公司江普合伙公司（Jump Associates）进行调研。江普公司邀请了一些新入学的大一学生和拥有一年寝室生活经历的学生来参加在高年级毕业生家中举行的"游戏之夜"（game nights）活动。江普公司开发了一个与上大学主题相关的棋盘游戏，这项游戏引发学生们对大学生活的讨论和问答，学生们交流时，江普公司的调研人员在旁边进行观察，并用摄影机将他们的谈话内容录制下来。对这次谈话的研究促使了托德澳汉姆寝室（Todd Oldham Dorm Room）产品系列的推出。在这些产品系列中，有一种洗衣袋值得一提，它将如何洗衣的细则印在袋子上。其他零售商在新学期开学的促销活动中的效果充其量一般，但靶子连锁超市的销售量却增长了12%。①

尽管焦点座谈会能够展示一些有趣的观点，但是请记住，这毕竟只是少数人反映的意见。在一次两个小时的有10人参与的会谈中，由于每个人只有12分钟的发言时间，一些评论家对这些谈话信息的质量表示怀疑；有些评论家对这些愿意放弃他们的私人时间而只能得到有限奖励的人提出了质疑；还有些评论家抱怨，焦点座谈会这种传统的装有双向镜的会议室场景就像在动物园研究野生动物一样。所以，为了确定某项发现是否重要，你还需要使用其他的研究方法来支持你的发现。

访谈

一对一的访谈通常会持续30分钟到2个小时不等，它能够揭示一些重要的启示。为了保证信息的准确性，你可以对访谈进行录音，但应得到受访者的允许。

访谈应该询问受访者许多问题，且记住访谈不是双向谈话，因此你应该少说，克制自己不去表达个人看法。同时，请始终记住受访者也许不愿意透露他们喜欢或不喜欢某件产品的真正原因。英格兰的一位妈妈告诉一名市场调研人员，牛奶对孩子最健康，而汽水是最糟糕的。接着，那位市场调研人员问她给小孩买什么饮料，她回答道："当然是汽水，他们讨厌牛奶。"如果在销售牛奶时得到这种信息，你会怎么做呢？

北美天联广告有限公司（BBDO）的前主席菲尔·杜森贝利（Phil Dusenberry）认

---

① Alison Stein Wellner, "The New Science of Focus Groups," American Demographics, March 2003, pp.29–33.

为,倾听客户的抱怨会得到启发。“以粗粒汤(Chunky Soup)为例,如果你询问顾客他们喜欢汤的什么地方,他们会用这种常见的答案回应:这种汤很亲切,有营养,能够让你感到温暖。自从粗粒汤的广告投放以来,我们就一直收到这样的反映。但当我们询问他们对这种汤有什么抱怨时,得到的答案完全不同:肉块太小,蔬菜太少,我都吃不饱。真正的启发就在这时出现在我们面前了。从那开始,粗粒汤就迎来了一大跨越,因为我们找到了粗粒汤客户最关注问题的最完美回答。”①

人种研究(Ethnography)

当人们置身于自己熟悉的环境时,他们会显得更自然、不拘束,而不像在装有双向镜的会议室那样。人种研究对人们在自然环境中的行为进行观察。

尚彬公司(Sunbeam)在推出它的一款科尔曼(Coleman)新瓦斯烧烤炉之前,给调研人员发了摄影机,让他们与后花园烧烤架周围的那些人待在一起。通过偷听这些人之间的对话,调研人员得出一条重要的发现:瓦斯烧烤炉并不是用来烧烤汉堡包和热狗的工具,相反,它是家庭温暖时刻的中心装饰品。因此,尚彬公司没有从尺寸、热量单位和配件等方面的优点对科尔曼烧烤炉进行推广,相反,它将烧烤炉设计成能够唤起温暖的家庭往事的怀旧形象。公司的营销战略将烧烤炉定位为“其烧烤区域就是令人放松的平台”。其结果是:科尔曼烧烤炉第一年的销售额就达到了5 000万美元,成为尚彬公司历史中最成功的市场推广案例之一。②

凯撒公司(Cesar)对其狗食广告的灵感,来自对小狗主人的观察:小狗的主人像宠爱娇惯了的小孩那样溺爱他们的宠物狗。这项研究显示主人想要给予小狗最好的东西,这是因为小狗也给予他们最好的东西。一名妇女说道:“在我的生命中如果有一次是完美的,那就是在我的小狗眼里。”③ 这项广告活动让宠物狗做代言,一些小狗狗在电视节目中许诺:“我承诺我将紧随着你,乐于见你,做女性最好的朋友。”播音员在广告中推荐道,“让凯撒帮助你更好地爱它们”,并以这样的广告语作为结尾:“凯撒,宠物狗的美餐。”一则刊登在娱乐杂志《综艺日报》(*Daily Variety*)上的广告这样说道:“你的代理说他爱你,你的广告员说她爱你,工作室的员工说他们爱你,你的狗是真的爱你!”

---

① Phil Dusenberry, *Then We Set His Hair on Fire* (New York: Penguin Group, 2005), p.65.
② Allison Stein Weller, “Watch Me Now,” *American Demographics*, October 2002, pp.S1–S8.
③ Stuart Elliot, “Campaign Spotlight: Is This Dog’s Day the Ides of March?” www.nytimes.com, 5 June 2006.

为了弄明白女性是怎么看待洗衣服这件事的，宝洁公司的一个调研团队做了一件有点不太寻常的事情。调研团队没有选择在洗衣室和妇女进行交谈，而是选择在午餐时间对妇女进行访谈，将她们带到美发沙龙，和她们一起去买衣服。通过改变访谈地点，调研团队发现衣服在女性的生活中扮演着重要的作用。这则关键的发现，即服装是自我认同和自我表现的一部分，导致了汰渍的洗衣粉广告出现了新的转变。它的一则广告刻画了一位渴望吃冰激淋但怀孕已十分明显的孕妇，她不慎将冰激凌撒在了一件仍然适合她穿的T恤衫上，广告以莎比娜·辛贝(Sabina Sciubba)演唱的"*The more I See You*"(见到你越多)这首歌作为背景音乐。

投射技巧

在调查、焦点座谈会或访谈时，消费者可能不会直截了当地说出他们对某一品牌的真实想法。这也许是因为他们不想冒犯你；也许他们没有好好地理清自己的想法，因此解释起来有点困难；也许他们不想显得没有理性或愚蠢。例如，当你问人们为什么购买昂贵的进口豪华车时，你可能会得到车的安全记录好和转让价值高等这些合理的解释。然而，如果你要求调查对象对拥有昂贵的进口豪华车的车主进行描述，你可能会得到炫耀或攀比这样的答案。

投射技巧就是调研人员让调查对象画图、讲故事、完成句子、做字词联想、拼贴画以及将公司与动物、色彩、地点和音乐类型进行匹配，以便使他们了解顾客对产品的潜在态度。这些技巧有时会揭示一些惊人的行为动机。

顾德拜-希尔斯坦合作伙伴公司(Goodby, Silverstein & Partner)让豪华车的车主用画来表达他们对自己汽车的感觉。大部分宝马、奔驰、英菲尼迪和雷克萨斯车的车主都画出了车的外形。然而，保时捷车的车主很少勾画车的外形，相反，他们从驾驶座位的角度向外展现了蜿蜒的公路。这个实验给广告机构提供了新思路，他们的作品强调了驾驶保时捷时带来的那种乐趣。

为了获得对大众GTI车型的广告策划的灵感，克里斯篷波特-博古思凯广告公司(Grispin Porter+Bogusky)的人类学家访谈了年龄为18岁至30岁的年轻人。在访谈之前，这些年轻人被要求创作一幅拼贴画，以此来阐述他们是怎样看待对日本车的"改装"，例如本田的思域(Civic)，这些车的车主为了提升速度和配件花掉了成千上万的美元。他们还被要求创作一幅大众GTI车型的拼贴画，这款车是在德国装配的。一位GTI车的车迷使用翠迪鸟的图画和铬合金美元形状的项链来刻画日本组装车的车主，用黑狼和忍者武士来刻画欧洲组装车的车主。GTI车的买主也被要求以"我驾驶的完美诀窍是……”这句话为开头写下驾驶的诀窍。其中有一位车主这样说道：“一条S型曲线，一个窄窄的尾翼，两个涡轮动力，几首硬摇滚乐歌曲。所有元素结合在一起将使我沸腾。”

这项研究使克林斯宾公司将GTI车定位为一款由崇尚高速的工程师在德国组装的汽车。“GTI车是一款针对高速驾驶和享受乐趣的人而设计的汽车，特别是为那些雄性激素旺盛、性生活频繁的男人而组装的车。”《商业周刊》的大卫·凯雷（David Kiley）这样评论道。①这种认识上的定位引发赫佳（Helga）和沃夫刚（Wolfgang）产生了好的创意。赫佳称：“我不再使用皮革面料了”，而沃夫刚则向观众宣告：“你的汽车不再需要吸引女性眼球了。”

尽管投射技巧能够发现其他研究方法不能觉察到的信息，但请记住投射技巧的成本非常昂贵，因为它需要以每一个调查者为单位来进行调查，并且需要经验丰富的心理学家对其作出精湛地分析。

实验

这种研究方法能够回答问题的原因和结果。假设你想对看过你广告的人群和没有看过你广告的人群的观点进行比较，这些看过广告的群体是否对你的客户留下更好的印象？他们是不是更了解你客户的品牌？诸如此类的问题。

想要发掘一些对产品使用方面的观点吗？让调查对象使用一个星期你的产品，然后，再让他们在焦点座谈会中讨论他们的感受。顾德拜-希尔斯坦合作伙伴公司的策划者们选择“剥夺战略”（deprivation strategy）来了解人们对牛奶的感觉。参与者在参加焦点座谈会之前，被要求在一个星期之内不能喝牛奶。

起初，参与者认为这并不难，但是一周的断奶却证明并非如此。这句只有两个英文单词的广告词“喝过奶了吗”（Got Milk？），其创意就来源于焦点座谈会的参与者在被剥夺了一个星期的喝牛奶权力之后的反应。

网上调研

在网上进行调查、访谈和焦点座谈会的活动速度快，成本低。那些不愿意前往某个地点参加焦点座谈会活动的人，或者那些对当面回答敏感问题感到不自在的人都可能成为网上调研的参与者。但是该方法也有以下一些不足：对于同一项调

① David Kiley, “The Craziest Ad Guys in American,” *BusinessWeek*, 22 May 2006.

查，同一个人可以作出多次回答；那些非目标客户也会作出回应；你可能认为你正在访谈一名20岁左右的单身女子，而实际上你所访谈的对象是一位60多岁的已婚男子；还有，你可能没法利用到非语言暗示的优势，例如音调、面部表情和身体语言等。

使用多种调研方法

每一种调研方法都有它的优点和缺点，因此，调研人员通常使用一种以上的方法来寻求问题的解决办法。迪吉奥诺比萨（冷冻的）(DiGiorno Pizza）的制造商卡夫(Kraft)公司雇用7家调研公司来从事调查、召开焦点座谈会、口味测试和广告语测试等活动，以便能找到最佳方法来对它的品牌进行定位。通过调查和召开焦点座谈会，调研公司发现人们希望得到不失原味的冷冻比萨，但到目前为止，没有一家商店出售这种比萨。在蒙眼品尝测试中，迪吉奥诺比萨在所有的冷冻品牌中得分最高，而在所有的比萨中仅次于一种外卖比萨，排在第二位。根据这些信息，创作团队得出了这种主题："这不是外卖，它是迪吉奥诺。"

这个广告富有创造性地运用了调查的发现，但一个问题仍然存在：这个广告有效吗？为了回答这一问题，卡夫公司进行了一次问卷调查来测定该广告的有效性。大约64%的受访者能够回忆起现场广告中"不失原味"这一主要信息，然而从一则普通广告中感受到这一主要信息的比例只有24%。同时，这则广告也产生了很强的品牌认知度，52%的受访者能够记住迪吉奥诺这一品牌。最后，另一组数据也证实了该广告创意的成功：在产品推向市场三年后，迪吉奥诺已是第二热销的冷冻比萨；而如今，它已经成为了最畅销的品牌。①

第四步：解释数据

如果不懂得如何对你的发现进行解释，即使你收集到堆积如山的数据也是毫无用处的。例如，你的一项调查揭示了一些你的委托人的负面信息，你的第一反应肯定是试图改变这种状况。然而，这不一定是最好的动作。

例如，莎贝拉(Sabena)定性研究公司开发了一幅知觉象限图，顾客在上面可

① Sara Eckel and Jennifer Lach, "Intelligence Agents," American Demographics, March 1999, p.58, and Holly Hetager Bradley, "Pizzazz," www.bakingbusiness.com, 1 April 2005.

以按照最有价值/最没有价值,最流行/最不流行这四项标准来对商店进行评价。塔尔伯特(Talbots)处在最有价值/最不流行的象限中,乍一看,你很可能会采取措施来使塔尔伯特看起来更时尚些。实际上,这也是该家公司最初的反应:它在几年前开始改变,引进了更新潮的颜色和更时髦的款式。知道效果如何吗?它的销售量反而下降,原因是这家店的客户更喜欢古典的款式,而不是最新的时尚。塔尔波特立刻恢复到它原来做得最好时的那种风格,而这再一次赢得了忠实客户的喜爱。

未来发展过程中的步骤

信息收集以后,客户经理或策划人员将会准备一份创意摘要,也就是我们所知道的创意战略陈述(我们将在第五章详细讨论)。创作团队会使用这些信息,并将其视为灵感的来源,以此来获得无数的点子和创意理念(将在第六章讨论)。

为了确保创意与战略保持一致,广告机构会在广告运行之前对目标受众中的部分人员做一些概念测试(concept testing)。正如你所猜想的那样,这样可以避免犯一些可能造成损失的错误。万事达信用卡公司计划在它的一则"无价"广告中,雇佣一支球队的四分卫佩通·曼宁(Peyton Manning)做公司的代言人。然而,焦点座谈会发现,相当数量的顾客连曼宁的名字都不知道。广告机构并没有因此而放弃曼宁,他们将策略做了一下调整。在修订后的广告中,曼宁扮演的是普通人员的粉丝(Fan),这些普通人员包括机械师、服务生和杂货店职员等。曼宁让一名货品管理员在他的甜瓜上签名,他就是以这样的方式来介绍自己;他甚至帮助这位在水果上签名的店员拼读他的名字。

概念测试对测试新产品的创意和现有产品的新方法十分有用。然而,这并不是说概念测试绝对精确。如果美国家庭人寿保险公司的总裁听取了焦点座谈会的建议,那么受大众欢迎的艾佛拉克鸭(AFLAC duck)将永远不会出现在广告中。虽然许多焦点座谈会的参与者比较喜欢这种鸭,但有些人认为它带有侮辱性。在确信艾佛拉克鸭的创意会取得成功的情况下,凯普兰-塞勒集团公司(Kaplan Thaler Group)主动支付了广告测试的费用,广告测试是由世界级的广告研究公司益普索集团公司(Ipsos-ASI)策划的。结果怎样呢?这条创意赢得了最高的回想分数,这是益普索集团公司在保险行业中所见过的最高分数。两年以后,91%的美国人都认识了"AFLAC"这一名字;最有趣的是什么呢?三分之一的美国人不知道如何说"AFLAC",他们必须像那只鸭那样叫出来！[①]

一些顶尖的广告创作者警告说：广告创意如果在消费者调查的基础上被测试和操纵得越多，广告的影响力将会变得越弱。[②]社会学研究者休·迈克(Hugh Mackay)告诫道："如果你在人们面前展示广告，并让他们对广告加以评论，就好像他们是消费者陪审团一样；几乎可以肯定的是，你所得到的信息都是伪艺术总监或业余广告撰稿人作出的评价而已。"但是迈克承认："如果策划者、撰稿者、艺术总监和委托人之间的意见不一致或者感到有点吃不准，那么广告测试将会比较合适。但是这种测试应该尽可能自然，并且最好总是在人们家里进行。如果是印刷广告，先不要在小组内讨论；将广告以杂志或文本的形式发送给小组成员，要求他们在晚上观看，第二天才让他们对广告的内容进行讨论。"[③]

调研中常犯的错误

调研是种有价值的工具，但它并不是完美无缺的，下面是它的一些常见的错误。

- 问错误的问题。在可口可乐于1985年推出它的新可乐之前，它做了不计其数的焦点座谈会调查，调查显示人们更喜欢新口味的可乐。于是，这项调查导致公司改变了长达100年之久的配方。然而，顾客对此表示反感，可口可乐不得不重新推出它原来的口味。这件事情的问题就在于：在做调查之前，顾客没有被告知原味的可口可乐会被新口味取代。
- 相信人们对你所说的一切。客户策划人员乔·斯蒂尔(Jon Steel)指出如果人们所说的都是真实的，那么就有问题了，他说："如果听了人们在焦点座谈会上的谈话，并对他们在大型且可靠的问卷调查中所给出的回答深信不疑，那么，你就会以为美国人是这个星球上最干净、最健康的民族。他们合理膳食，努力工作，胆固醇水平也普遍很低。"[④]（译者注：而事实不是这样的。）

---

① Linda Kaplan Thaler and Robin Koval, Bang! (New York: Doubleday, 2003), pp.17-28.
② Berger, Advertising Today, p.470.
③ Jim Aitchison, Cutting Edge Advertising (Singapore: Prentice Hall, 1999), pp.29-31.
④ Jon Steel, Truth, Lies & Advertising: The Art of Account Planning (New York: Wiley, 1998), p. 83.

- 没有检查数据看它是否与你客户的问题相关联。为吉露果子冻(Jell-O)公司作调研的广告机构发现消费者喜欢低糖的甜食，因此它将吉露果子冻公司的产品定位为低糖、可口和不会使人发胖的甜食。但吉露果子冻的销售量却下降了,这个问题的产生并不在于上述数据是不正确的,而是这些数据并不适用于吉露果子冻的核心客户，即那些认为甜点能够给餐饮带来乐趣的客户。当广告机构将品牌重新定位为餐饮中的乐趣即“吃一点吉露果子冻,带来更多的乐趣！”时,其销售量又上升了。
- 很多因素使结果产生偏差。为了保证结果的可靠性，调研必须重复多次,也就是说,不管谁从事这项调研,同样的问题或研究方法必须得出同样的结论。但是,有很多因素会造成结果的偏差。例如,访谈者在受访者面前表现出的微笑、皱眉等暗示,就是提示哪种回答更好,这就是访谈者引起的偏差。样本偏差指样本不能代表典型的目标客户。例如,你想调查青少年是否喜欢某一项广告活动,你不会选择在工作日的早上在购物中心进行,因为目标市场此时应该在学校里,而不是当地的购物中心。在信息来源偏差中,调查信息的来源会影响问题的答案。人们喜欢说让人开心的话,如果知道提问题的人就是某公司的员工,他们就会说某公司好的一面。由于问题太难、模糊不清和个人隐私等原因,有些问题得不到回答,这就是问题无法回答造成的偏差。
- 没有对你的典型目标受众进行研究。比尔·奥贝兰德(Bill Oberlander)对焦点座谈会提出警告:“任何计划在礼拜四晚上花费一个半小时的时间去一家空间较小、荧光闪闪、陈旧过时和环境糟糕的咖啡馆,对他们在生活中怎样消费蚊叮软膏这种芝麻点大的事情进行讨论的人，我认为他们都是些笨蛋！”①

建议活动

1. 选择国内不同区域的两座城市,并根据其居民的购物习惯、食物偏好、收入水平、房屋拥有情况、家庭中小孩的数量等方面的相同点和不同点作一份报告。

2. 观察一下你的目标受众是怎样使用你将要对其进行广告宣传的产品。如果你

① Aitchison, Cutting Edge Advertising, p.26.

想要销售高尔夫球，到高尔夫球场去看看人家是怎么玩的；如果你打算销售洗衣粉，到自助洗衣店去看看人们是怎么把衣服放入洗衣机的；如果你想要销售狗食，看看你的朋友是怎么喂养他们的宠物的。你观察到了什么呢？有没有惊奇之处？有没有常见的仪式过程？你会得到什么样更深的认识来指导你的广告？

3. 与朋友们一起玩游戏。选择一类产品（例如汽车、牛仔裤和香水等），将这些产品不同的品牌名称写在索引卡上（每一张索引卡上写有不同品牌的名称）。将索引卡分发给参与者，并要求他们用描述他人的方式对卡片上的品牌进行描述，但不可以说出该品牌名称，（刚开始时，你可以让他们问一些问题，比如：这个品牌靠什么来保持其生命力？它在哪里生活？它喜欢什么样的电影？什么书和什么杂志？什么电视节目？谁是它最好的朋友？它怎样穿扮？它留什么样的发型？）然后，让其他的参与者猜一下所描绘的品牌的名称。你会有什么发现？

4. 选择以下产品目录中的某一项，并通过图书馆和网络来收集尽可能多的关于这种产品的信息，这些信息包括：产品的使用者，该行业的发展趋势是什么，这类市场中的顶尖品牌有哪些，产品之间有何不同，消费者怎样使用该产品，此产品类别的发展方向如何等。

成人护理
牙膏
漱口水
洗发水
个人护理香皂
润手露和润肤露
除臭剂／止汗剂
电剃须刀

药物
运动员健足药
助消化药

家居用品
除垢剂
玻璃清洁剂
纤维柔顺剂
木炭
空气清新剂

烤制食品，零食和甜食
冷冻的酸奶
冷冻甜食
曲奇
薄脆饼干

肉类和现成餐品
冷冻比萨
墨西哥食品
现成晚餐

饮料

方便冰茶

能量饮料

瓶装水与苏打水

汤类、水果和蔬菜

罐装和瓶装汤

风味米饭或调味米饭

网上查询：了解更多为创造性工作寻找事实的知识

除了在本章中所列举的一些网站外，下面的网站将会给你提供广泛的链接方式和内容全面的广告文章。

- 得克萨斯大学：advertising.utexas.edu/world
- 世界广告研究中心：www.warc.com

⊙ 简单案例

贝尔头盔：戴上它，你会更勇猛

顾德拜-希尔斯坦合作伙伴公司是怎样为它的客户贝尔(Bell)头盔公司创作出那则令人瞩目的广告的呢？首先，找出尽可能多的关于公司和市场的信息。在此基础上，创作团队把目标客户分为两组："成年自行车狂热爱好者"和"青少年骑车族"。通常，这些青少年骑车族的妈妈会说服自己的孩子骑车必须戴上头盔，所以她们会参与头盔的选择。

通过第一手信息的调研，广告公司的团队发现，市场上大部分的头盔都是通过一般的量贩商(而不是独立的自行车专卖店)销售；由于新的头盔法的出台，头盔市场的增长比较稳定；而且人们都认为不同的头盔之间没有太大的差异，其结果是头盔的价格和边际利润普遍下滑。

广告公司的团队成员从他们旧金山的办公室驾车前往城北的山区，向山地骑车族们询问他们是怎么选择头盔的。返回旧金山后，他们分别对两个焦点座谈会进行了访谈，一个小组由经常骑自行车的青少年组成，另一个则是他们的妈妈组成。

顾德拜公司负责这一项目的战略策划人玛丽·斯图魏劳（Mary Sturvinou）承认："令我们感到吃惊的是，大部分的骑车族，不管是成年人还是青少年，他们都不知道自己所戴的头盔是什么品牌的。"当让一个人说出头盔的品牌名称时，他回答的是："我头盔上是怎么写的？"通过对这些青少年和他们妈妈进行的调查，广告团队发现大部分写着"青少年"的头盔都是从玩具店或者折扣店购买的。人们普遍认为："如果商店里能卖这种头盔，那就应该还不错。"当公司团队让青少年在许多不同的头盔品牌中选择他们所喜欢的头盔时，品牌几乎没有任何影响作用。许多人选择了上面写着"青少年"的头盔，这是因为包装上的这几个字提示了头盔的尺寸。

但是当广告公司的团队参观贝尔的工厂时，他们对贝尔公司检测其产品模型的一道道安全程序留下了深刻的印象。他们了解到许多在印地车赛(Indy)中失事的选手由于戴了贝尔头盔而保住了性命。

那下一步该如何？在顾德拜公司对这个项目的简述中，它设定了如下一些重要的目标：（1）纠正人们认为所有的头盔都一样的这种观念；（2）在没有品牌注册的情况下，把贝尔打造成青少年心中的第一品牌，从而纠正他们的错误印象："头盔的作用就类似有矫正作用的鞋子。"公司团队得到的另一则启示就是，最正式的车手和一名刚刚学会滑冰或骑自行车的8岁的小孩的共同之处就是他们对体育精神（酷的精神）的追求。每一个人都渴望拥有自由和勇气，能够将他们的体育精神发挥至极致，即使他们从来都没有这种机会。

公司的广告战略正是这种思想的自然产物：即贝尔头盔是你能买到的最安全的头盔，贝尔让你充分发挥你的体育追求。对业界，该广告传递的商业信息是："由于他们对产品进行测试的传统，贝尔头盔在这个行业已持续经营了40年；从现在开始，贝尔头盔将再创造40年的辉煌。"在头脑风暴会议上，创作团队认为贝尔应该在没有品牌意识的头盔市场中成为一颗明星。顾德拜公司的一名员工说："贝尔应该占据头盔行业。"其他人补充说："当你戴上值得信赖的头盔，它会一直赋予你赢得体育比赛所需要的勇气。"广告撰稿人保罗·维纳布尔（Paul Venables）在这些想法的基础上得出了贝尔头盔标志性的广告语。即贝尔头盔：戴上它，你会更勇猛。

厚重的边框线、粗体的标题和仔细推敲过的广告正文，杰里米·博斯坦（Jeremy Postaer）这则不同寻常的两页篇幅的杂志广告很快引起了人们的注意。电视广告以同样的主题回应，它播放了其交通工具被摔坏了的骑车者、参赛选手和一些冒失鬼的小镜头，画外音轻声地提示道："这些家伙都很酷，因为他们保护了头部。"在这些动态镜头之间，全屏显示的标题结束了故事讲述，广告的最后一个镜头是贝尔头盔的广告标识，同时一顶头盔在头颅模型上一步一步成型，随着下巴托扣锁上的那个声音，画外音说道："贝尔头盔：戴上它，你会更勇猛。"（请看图10-1a至c这些电视广告版本的范例）

该广告效果如何？在市场不断萎缩的背景下，贝尔公司总的市场份额在8个月内增长了8个百分点（从40%提高到48%）。在原来预期销售量会下降的独立自行车专卖店中，贝尔头盔的供应量却得到了提高。在一次定性调研中，创作团队发现在广告播出后，青少年骑车族不再觉得戴上头盔有什么不妥。此外，家长们也强烈地感觉到"头盔的质量有好坏之分，应该买质量最好的"。我们对贝尔公司一流的战略规划、全面彻底的调研和富有创造力的思想所能达到效果惊叹不已，难道它们不是这样吗？

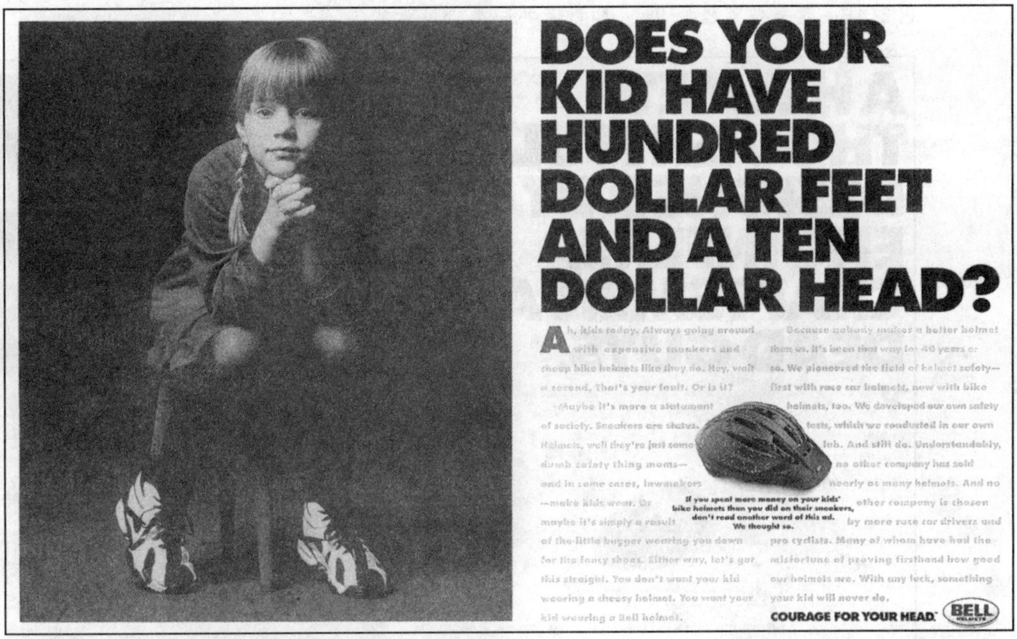

a. 你的孩子是不是拥有100美元的脚和10美元的头？

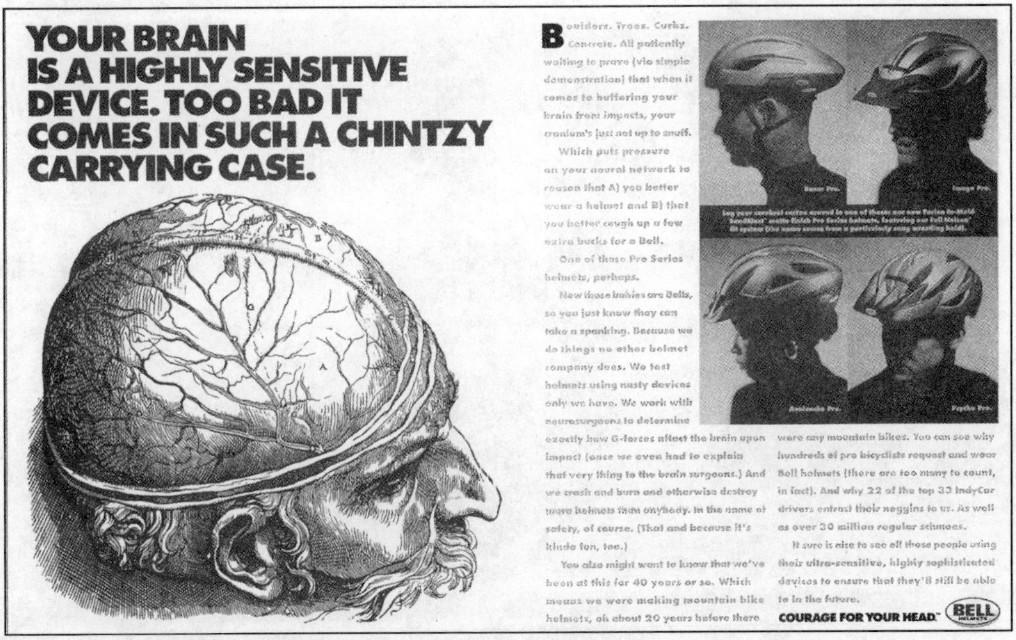

b. 你的大脑是一件高度敏感的设备，在如此常见的运输事件中，它却遭遇到如此糟糕的情况。

c. 这件头盔是被工程师、匠人和亡者共同悉心设计的

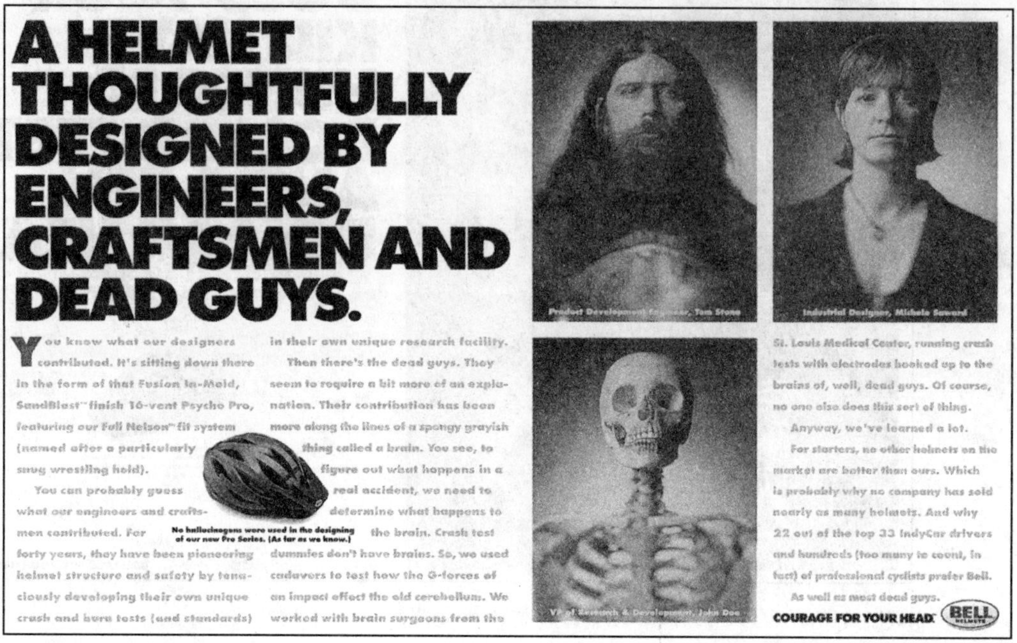

贝尔头盔的三则电视广告

5

第五章

战略：创作团队的路线图

约翰·里昂(John Lyons)认为战略是

> 精心设计的、能够在竞争中获胜的计划。任何没有打败竞争对手雄心的计划不能称为战略；任何不能反映或考虑顾客迫切需求的计划不能称为战略；任何语言僵硬、缺乏新意的计划不能称为战略；任何面向全世界所有客户(包括3岁至93岁女性)的计划不能称为战略；任何能与另外一种产品进行互换的计划不能称为战略。一条检验广告战略的真理就是让另外一个人去阅读。如果那人不说："对的，那就是我"，或者"是的，我需要它"，或者"是的，那就是我的问题"，那么，你可以把它抛弃了。①

战略规划处于事实收集阶段和富有创造力的执行阶段之间。战略可以看作是你的客户和创作团队的路线图，它会描绘出广告活动的前进方向，但对一路景色的描写则是创作团队的任务。战略是你计划销售产品的方式，而不是所使用的文字和图表。但纯粹的事实并不能构成战略，你必须在事实中加入自己的见解，看到其他人所

① John Lyons, Guts: Advertising from the Inside Out (New York: AMACOM, 1987), p.124.

不能注意到的内在联系。

例如,农业不仅仅只是一项工作或职业,它更是一种生活方式。农场主会告诉你他们喜欢务农是因为他们喜欢在户外工作,因为他们喜欢做自己的老板,因为他们能在很好的自然环境下养家糊口,因为他们能够从栽培作物和成为“上帝的奇迹”(God’s Miracle)的一部分中获得深层次的满足感。

同时,农场主也是生意人,管理数百万美元的资产和赚取利润并不是件轻松的事情。因此,除了热爱他们所引导的生活之外,农场主们对与农业相关的问题的实际解决方式有着浓厚的兴趣。所有的这些都归结为这一点,即农场主是“精神上的实用主义者”。正是这种对农场主的认识构成了图5-1a至c中广告活动的基础。

通过分享农场主的价值观,盛世长城创意广告公司把杜邦公司的品牌定位为这种价值观的延伸,希望从信任和理解这一角度来提升杜邦的品牌形象,并使顾客对其产品建立偏爱,而这种偏爱很难靠真正的功能性竞争优势取得。

a. 那里没有无神论者

(感谢杜邦和盛世长城创意公司提供)

b. 我没有涉足农场

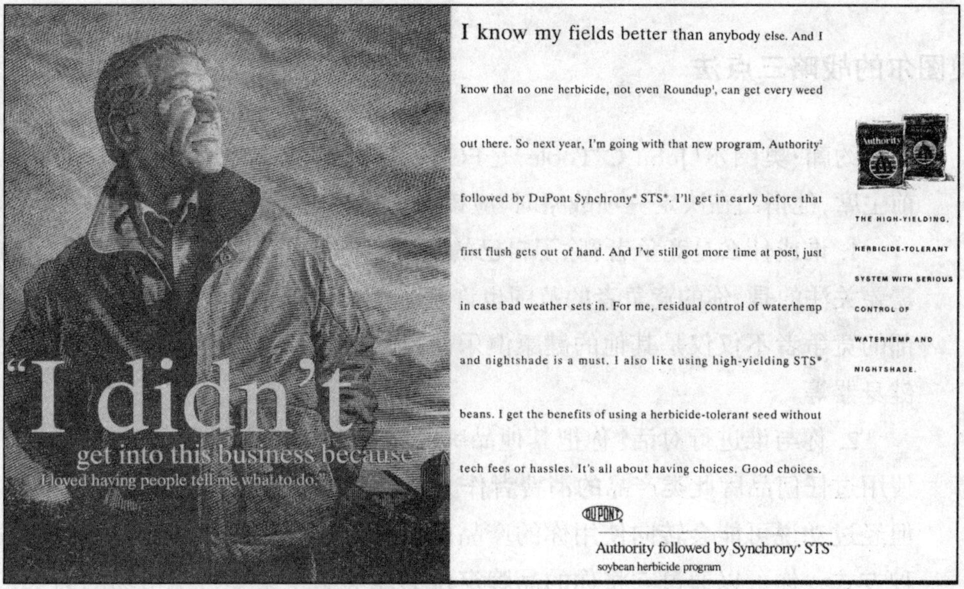

（感谢杜邦和盛世长城创意公司提供）

c. 季节、天气、利率和物价

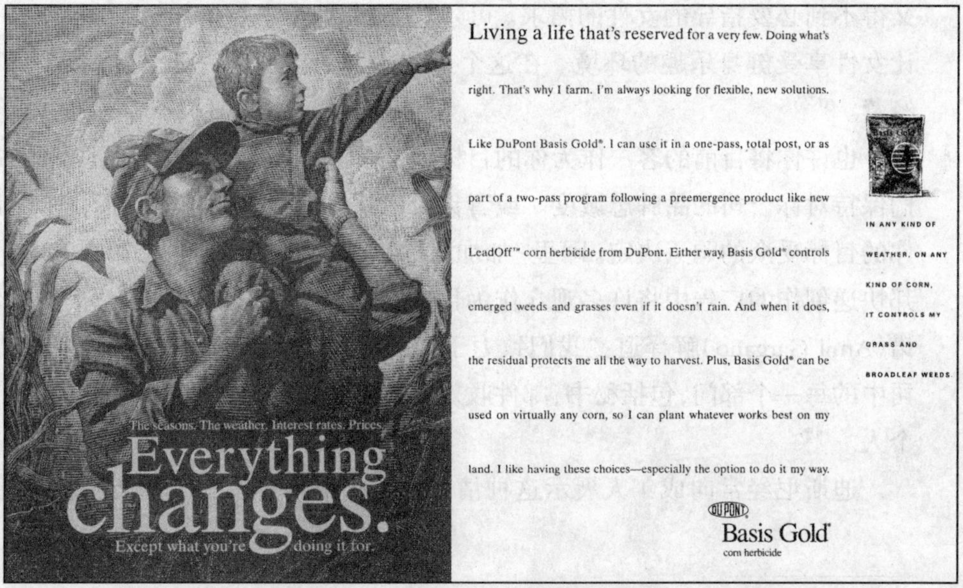

图5-1 杜邦认为农场主就是精神上的实用主义者。通过分享农场主的价值观，杜邦公司的品牌被定位为这种价值观的延伸，公司希望从信任和理解这一角度来提升杜邦的品牌形象。

（感谢杜邦和盛世长城创意公司提供）

奥图尔的战略三点法

约翰·奥图尔(John O'Toole)是FCB传播公司的前总裁和美国广告机构协会的前主席,他指出在决定一项战略时,应该考虑以下三点因素:

1. 谁或什么是竞争者?除了自己的品牌,你必须知道其他品牌是怎么样的。同时需要关注的是,你的竞争者的范围也许超越了你的产品的所属类别。例如,健康俱乐部的竞争者不仅仅是其他的健康俱乐部,还包括营养补充品、健身音像制品和家庭健身器等。

2. 你与谁进行对话?你把其他品牌的使用者作为你的目标吗?还是把那些从未使用过任何品牌此类产品的消费者作为你的目标?又或者是把那些使用关联产品,但经过劝说可能会转向使用你的产品的消费者作为你的目标?是否存在着这样一种方式,你可以通过它将你的品牌定位为能够满足某一特定市场的尚未饱和的需求?《蓝海战略》的作者W·钱·金(W.Chan Kim)和勒妮·莫博涅(Renee Mauborgne)指出,可尔丝(Curves)公司满足了那些对大部分健康俱乐部不满意、而在家里健身又得不到必要指导的女性的需求。可尔丝公司认识到这些需求后,创造了一个能够让女性享受健身乐趣的环境。在这个过程中,与其竞争者相比,公司实现了差异化经营。①

也许你将目前的客户作为你的目标,敦促他们更频繁地购买你的产品或者让他们保持对你公司的品牌忠诚度。或者你可以将守门人作为你的目标,他们可以影响你的目标受众的购买决定。阿里-加加诺(Ally & Gargano)广告公司在它的一则为联邦快递创作的广告中将许多观众作为目标。正如这家广告公司的总裁艾米尔·加加诺(Amil Gargano)解释道:"我们致力于扩大市场,目标客户开始从管理层转移到公司中的每一个部门,包括秘书,邮件收发室的工作人员和培训生等,我们不错过每一个人。"②

迪斯尼经常向成年人展示这种情景:所有年龄阶段的人都会喜欢它的主题公

---

① W. Chan Kim and Renee Mauborgne, Blue Ocean Strategy (Boston: Harvard Business School Press, 2005).

② Bernice Kanner, The 100 Best TV Commercials ... and Why They Worked (New York: Times Books, 1999), p.35.

园。它的一则广告展示一对中年夫妇在床上聊天的情景。妻子说她害怕他们之间距离越来越大，因为他再也不用那种“特别”的方式在她耳边说话了。丈夫解释说，“但那是因为我们那时年轻，我们还在读大学呢。”妻子不接受这个理由，为了让她的心情平息下来，他把她紧紧地抱住，这时，你可能猜想他会以一种柔和调情的语气喃呢着甜言蜜语，然而，他却模仿唐老鸭的声音说道：“我爱你，我很爱、很爱你！”妻子格格地笑了。这时，广告的字幕这样说道：“奇迹会出现的，在迪斯尼。”它的另一则广告是关于一位妈妈与她的女儿和小男孩宝宝的故事。他们走进了一间拥挤的电梯间，那个小女孩向陌生人说起她去迪斯尼旅游的经历。她非常喜欢这次旅行，听上去好像他们刚刚从迪斯尼返回一样，但是那位妈妈解释说他们是在一年前去的迪斯尼，小女孩告诉大家，他们那次在迪斯尼赢得了好多好多的纪念品，她的这个小弟弟就是其中之一。陌生人都笑开了口，妈妈解释道：“我们都玩得很开心！”

许多战略陈述都是用人口统计学的术语来描写顾客，这些术语包括：年龄、性别、婚姻状况、收入、职业、拥有或租赁住房、产品的使用者或非使用者等等。但是，单单就人口统计学的信息而言，它们不能帮助由广告撰稿人和艺术总监组成的创作团队看到和了解他们试图要影响的人群。为了对这一点进行阐述，客户策划人员乔·斯蒂尔(Jon Steel)注意到“35岁以上的拥有巨额财富收入的富人”群体包括比尔·盖茨、比利·格雷厄姆(Billy Graham)、迈克尔·杰克逊、唐纳德·特朗普(Donald Trump)、鲍勃·多尔(Bob Dole)和数量庞大的毒品贩卖者。

对这些人的生活方式进行概述会更加有意义，其生活方式包括：价值观、休闲活动、对工作和家庭的态度、日常生活中的压力等。斯蒂尔将人口统计信息看做是“骨架”，而生活方式与价值观才是“血肉和灵魂。”①

3. 你想要让他们知道、明白和感觉到什么？描述一下你的品牌是怎么触及人类一种或多种需求的，这些需求包括：出名、吸引人、被需要、追求物质、享受舒适和便利的生活、营造幸福的家庭环境、爱和性、掌握权力、避免恐惧、效仿偶像、获得新的生活经历，以及保护和维持健康等。正如创意总监约翰·史丁格列(John Stingley)所观察到的那样：“人的基本动机从来就没有真正地发生过改变，这就是为什么莎士比亚现在还流行的原因。人类历史很大程度上可以归结为受爱、性、贪婪、饥饿和缺乏

---

① Jon Steel, *Truth, Lies & Advertising: The Art of Account Planning* (New York: Wiley, 1998).

安全感等因素的影响而形成的。”①

以提供理性的利益这种方式来和顾客进行交流很容易被竞争者效仿，与其这样，还不如尝试用情感诉求来赢得客户。“女性购买的不是口红，她们购买的是希望”，露华浓（Revlon）化妆品公司的创始人查尔斯·雷夫森（Charles Revson）对他的员工这样说道。同样，保时捷跑车不是从地点A移动到地点B的交通工具，它们是权利、地位和等级的象征。让我们来思考一下一位保时捷车主所做的评论：“它没有多强的实用性。我住的地方是美国，这里的法律规定我最高只能以55英里的时速驾驶；它也没有为我的孩子们和行李提供足够的空间。但这正是我喜欢它的原因。”②看看这位消费者的想法是多么贴切地反映在以下保时捷跑车的广告主题中的：

速度超快

独树一帜

回头率高

关注人的需求

在你定义战略时，探索一下使用某种产品所获得的情感上和理性上的益处。例如，奶酪提供了以下的益处：③

- 使用过程中的益处：方便（实用方面），提供新口味（感觉方面），获得家人的感谢（社会关系），帮助你确信你是一个好厨师（自我满足）。
- 使用效果的益处：帮助建立坚强的骨骼（实用方面），让你感觉更好（感觉方面），让你在别人面前看来很出色（社会关系），帮助你确信你是一个好家长（自我满足）。
- 使用所带来的附属益处：成本低且营养丰富（实用方面），不会弄得一团糟（感觉方面），在派对茶点中增加多样性（社会关系），让你觉得自己是一个聪明的购物者（自我满足）。

---

① The Designers and Art Directors Association （D&AD） of the United Kingdom, *The Copywriter's Bible* （Switzerland：Roto Vision, 1995）, p.163.

② Jim Aitchison, *Cutting Edge Advertising* （Singapore：Prentice Hall, 1999）, p.45.

③ Adapted from a presentation by Doug Walker at the University of South Carolina, 17 October 1999.

你认为哪项益处分别对有孩子的母亲、大学生、专业人士和靠社会保障生活的人是最重要的？

麦卡恩-埃里克森的角色扮演法

麦卡恩-埃里克森广告公司(McCann Erickson)建议你通过扮演消费者的角色来回答以下前六个问题，然后从你自己的角度来回答最后一个问题。

1. 谁是我的目标？
2. 我现在在这个人心目中的地位如何？
3. 我的竞争者在这个人心目中的地位如何？
4. 我们想要在这个人的心目中占据什么位置？
5. 对客户的承诺是什么，是"好的创意"？
6. 支持性的证据是什么？
7. 广告声音的语气是什么？

以第一人称的手法制定针对父母的战略，贝尔头盔广告的最初想法基本是这样形成的(具体参阅第四部分的简单案例)：

1. 谁是我们的目标？"嗨，我是莉娜·艾摩特(Lena Emoto)，我是一名全职的会计师，我的丈夫雷(Ray)，是一名机械工程师。我们有两个正在成长的孩子，米歇尔(Michelle)，今年9岁，还有博比(Bobby)，12岁。他们可是忙得不可开交啊，基本上每天都要去朋友家，骑车去便利店买饮料。我很庆幸他们在放学后能够很好地照顾好自己，自行车能够让他们到处跑动。但是，有时候我还是比较担心他们的，毕竟，街道上很危险。感谢上帝，我终于说服他们戴上头盔了，虽然起初他们很反抗。"
2. 我们在这个人心目中的地位如何？"当然，头盔的品牌有很多种。我没有在它们上面花费太多钱，因为对于我来说，它们之间基本上没有什么差别。还有，在孩子摔倒或碰到某些东西时，它们看似都能保护他们的头部以免受伤。因此，在我几乎准备购买价位很高的品牌头盔时，我考虑到雷的汽车需要进行大修了，还有孩子学习和服装方面的开支，所以我们决定,没有必要为了在周围街区骑车而购买一顶昂贵的头盔。”

3. 我们的竞争者在这个人心目中的地位如何?“正如我所说的那样,大部分品牌看起来都是一样的。我们发现有两款比较好看的头盔,价格大约都是13美元一个,到目前为止,他们都还不错。为什么在不必要时超支呢?衣服和鞋子的钱已经花得够多了。”
4. 我们想要在这个人的心目中占据什么位置?“最开始我认为花很多钱来购买一顶头盔很不明智。后来我听说了贝尔头盔,听说了它们是怎样被精细地制作出来的,他们又是怎么测试它们的,它们是怎样的坚固,以及它们是怎样挽救职业选手与业余选手的性命的。”
5. 对客户的承诺是什么,是“好的创意”?“他们说贝尔头盔已经经过了彻底的安全检验,因此当我的孩子戴上它时,他们可以尽情地享受自行车,我可以不必太担心他们的头部会受到严重的伤害。”
6. 支持性的证据是什么?“贝尔公司在头盔安全方面开了先河,他们最开始关注的赛车头盔,现在开始生产自行车头盔了。他们发明了自己的安全测试标准,这些标准仍然还在他们的实验室中执行。他们的头盔销售量比任何其他的公司都要多,更多的职业赛车选手和自行车选手选择的是贝尔头盔。这些信息我是从它的广告中了解到的。”
7. 广告声音的语气是什么?让父母觉得花钱购买头盔不是为了地位,而是安全,使用幽默的语气来做一条发人深省的陈述。

客户规划法

美林·巴斯金(Merry Baskin),客户规划集团(Account Planning Group)的前总裁,他将客户规划人员定义为以下这些角色的集合:市场研究者、数据分析人员、定性焦点座谈会的主持人、坏警察(相对于客户服务部门是好警察来说)、新产品开发的顾问、头脑风暴的推进者、目标受众的代表或顾客的代言人、预言家或未来学家、媒体或传播的策划人员、战略思想者或战略开发者、创意简要陈述的起草人、辩论家、社会人类学家、深刻见解的发掘人和知识的应用者。①

简而言之,客户规划人员是创作团队与顾客之间的联络人。他们使用调查、

① Merry Baskin, “What Is Account Planning?” Account Planning Group, www.apg.org.uk.

焦点座谈会、一对一的访谈、观察和投射技巧等研究方法来揭示人们的真实想法、寻求品牌的启示和新兴文化的发展趋势。这些发现可以总结在创意简要陈述中，并呈交给广告撰稿人和创意总监，帮助他们进入目标客户的内心世界（看图5-2）。

约翰·史丁格列这样说道：

> 在很多方面，创作广告就像表演一样。一开始你就必须从精神上忘记你自己的身份，你必须成为你正在交流沟通的对象，将他们的兴趣、快乐、恐惧、品位、甚至偏见变成你内在的东西。这通常意味着你必须从精神上和感情上转变为一个在一百万年中也不可能相像的人。①

客户规划人劳伦·图克（Lauren Tucker）认为一则创意简要陈述必须包括以下几方面的内容：

1. 广告的角色。你为什么要做广告？广告能解决什么问题？客户有什么收益？消费者又有什么收益？
2. 目标受众。描述消费者时应该洞悉他们对你的品牌有怎样的认识和感知。例如，玛格丽特·莫瑞森（Margaret Morrison）让你考虑以下描述之间的不同点。②
   - 拥有12岁以下小孩子的母亲。
   - 拥有12岁以下小孩子的母亲，她们可能不会以传统的方式来准备饮食，而是基本上使用现成包装的食品作为他们伙食的基础。这些妈妈可能是罐装的意大利面酱和小包装食物的购买者，她们也许会从杂货店的熟食柜台购买食物。她们很忙，但同时也高度地参与到他们小孩子的生活中。
   - 母亲们认为她们在厨房中很有创意，有时候还会大胆地弄点花样，但她们很难在其创造力与家里挑剔的食客之间找到平衡。

---

① D&AD, *The Copywriter's Bible*, p.163.

② Margaret A. Morrison, Eric Haley, Kim Bartel Sheenhan, and Ronald E. Taylor, *Using Qualitative Research in Advertising : Strategies, Techniques and Applications* (Thousand Oaks, CA: Saga, 2002), pp.112–115.

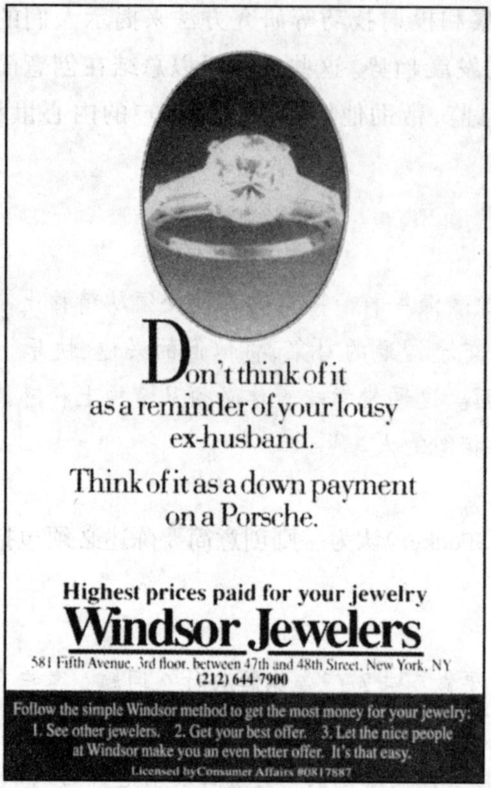

图5-2 你的珠宝将获得最高的价格。你应该进入你顾客的内心世界，正如温莎珠宝(Windsor Jewelers)公司在图中所宣称的那样。请注意公司并没有说一些愚蠢的话："把家里珍贵的传家宝兑换成现金吧！"毕竟，它明白人们在出售家庭财产时比较痛苦的心情，而这些广告让这变得简单了。

（感谢文德森·朱勒[Windsor Jewelers]、瑞克·林德[Rick Rindel]和艺术总监阿莱德·斯宾森[Ared Spendjian]提供）

以上第一个例子给创作团队提供的关于激励目标消费者的信息很少。第二个例子提供了一些信息，但没有什么真正的启发。摩瑞森发现，这种描述可以用在美国每一位拥有12岁以下小孩子的妈妈身上。第三个例子会在每一个读者的心中留下生动的画面。与其他以人口统计特征而不是心理特征分类的妈妈们相比，这个例子描述了这些目标受众母亲的不同点。

3. 关键认识。比尔·伯恩巴克(Bill Bernbach)曾经说过："有效创造力哲学的核心就是坚信对人的本性，即驱使人的欲望和主导人的行为的本能，进行洞察是了解客户的最有力的方式，即使他的语言通常会掩饰他的欲望和本能。”①

这种深刻理解可以通过观察来获得。例如，人们在吃饼干之前，会先把饼干掰开，舔掉其中的奶油夹心。同样，它也可以通过访谈和焦点座谈会中顾客所说的话中获得。例如，“我可能将这个圆环圈套在我的屁股上”这句话让营养谷类公司（NutriGrain）得出了一个好的创意，即广告中人们将甜甜圈挂在了腰上。

4. 益处。从人性方面来定义你产品的益处。例如，汰渍公司的广告是这样说的：“汰渍能够清除你家里的污渍”，而不是“汰渍比其他品牌洗得更干净”。
5. 品牌个性和品牌承诺。例如，第六汽车旅馆（Motel 6）这一品牌所传达的是诚实、简单、不张扬、有幽默感，符合常理的。
6. 义务。银行的广告必须披露一些财务信息。零售商也许会坚持要求所有的广告都包括商店地址和营业时间。

除了这些书面的创意简要陈述，你也许还希望将消费者经常看的电视节目剪辑包括在里面，下载他们喜欢的音乐，制作他们业余爱好的剪贴簿，制作反映他们日常生活的影集等等。

陈述战略

每一个广告机构都从自己独特的视角来制定战略，不管使用哪种方式，陈述战略都必须谨慎，这样才会给创作团队指明方向和带来灵感。也许你已经收集到了大量数据，但是，你只可以提供那些能解决问题的数据。凯文·杜德斯（Kevin Dundas）描述了以下这两种相对立的极端情况：

> 用细节、数据、事实和传闻来填满那份报告的强烈冲动具有难以置信的诱惑力。我记得一名高级策划人递给我一份为广告结尾而拟的简要陈述，他自豪地说道：“让我们看看它是多么的富有有创造性啊！”这是一份很不错的战略构思，但是作为创作团队构思的起点，它的作用已经不存在。

---

① Baskin, “What Is Account Planning?”

> 同样，另外一些策划人会不安地走进我的办公室，他们尴尬地展开了一份只有一页纸的总结：而这是由成堆的品牌战略计划和定位工作总结得出的。“这太简单、太明显了，它就是这个品牌的一贯风格”，这很可能是一个很好的定位，但是，那为什么还要想着挑战或者改写诸如休闲点心或者性能优良或者安全度高之类的定位呢？当然，天赋在于策划人员怎样为当前的目标受众设置或重新组织品牌提议。①

在你书写战略陈述时，尽可能地写得生动，这样广告撰稿人和艺术总监能够好像真正看到消费者，听到消费者的声音。但是，战略陈述还应该保持简洁明了。肯尼思·罗曼（Kenneth Roman）和珍·曼丝（Jane Mass）认为，如果你不能在一张纸上写完你要表达的信息，那么将它制作成一则30秒钟的广告几乎不太现实。②

把战略和思考/感觉、高重要性/低重要性的两个维度联系起来

博达广告公司（Foote Cone Belding）在以下两个基本事实的基础上开发了一个战略模型：(1) 有些购买决策更多地是基于理性而作出的，而另一些的购买决策则更多地是基于情绪；(2) 有些购买决策是经过深思熟虑而作出的，而另一些的购买决策则几乎不作多少或者根本不作考虑。我们可以看到这个模型是一幅基于两维四象限的坐标图（见图5-3）。

- 第一象限：思考/高重要性。它也称为告知性模型（informative model），由于产品的重要和需要相关的理性思考，这种方式假设消费者需要大量的信息作购买决策。汽车、数码照相机、电脑和家庭娱乐设施等产品的许多广告就属于这一类。较长的文字，详细的具体信息和展示被用来强化这类产品的卖点。
- 第二象限：感觉/高重要性。它也称为情感性模型（affective model），由于消费者的购买决策是基于自尊而作出的，这种方式将消费者视为这样

① Kevin Dundas, “A Passion for Advertising,” Agency, Summer 1998, p.38.
② Kenneth Roman and Jane Maas, The New How to Advertise (New York: St. Martin’s Press, 1992), p.5.

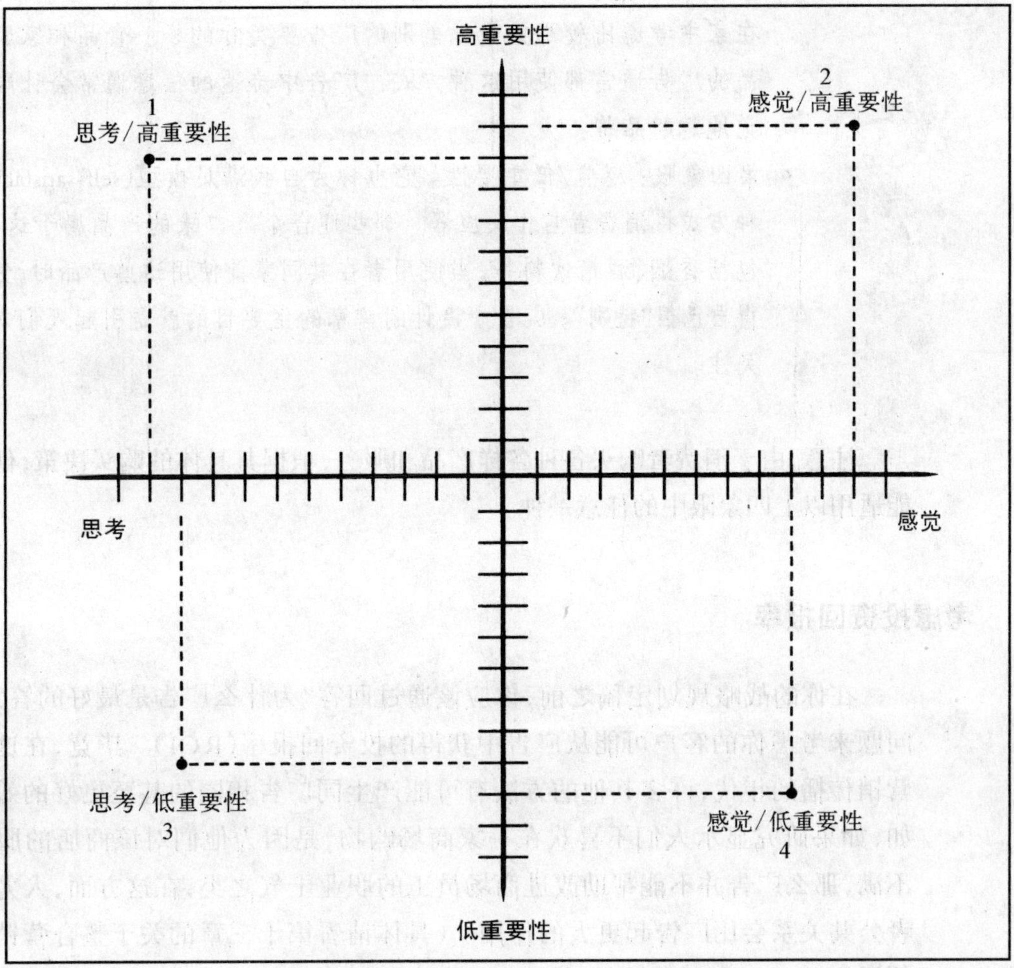

图5–3 富康广告公司战略规划模型根据高重要性和低重要性以及思考和感觉这两个维度来讨论消费者的购买决策。

的个体，即很少依赖产品的特定信息和更多地依赖对产品的态度和感觉的个体。适用这种战略的商品包括珠宝、时尚服装和摩托车等。想象一下这种广告，它以强烈的视觉效果和煽情的语言陈述而非逻辑和理性来与消费者沟通，这就是种经验做法。

- 第三象限：思考/低重要性。它也称为习惯形成模型(habit-formation model)，这种方式将消费者视为做购买决策时考虑较少的人。只要让他们使用优惠券尝试购买一次,他们就会继续购买这种产品,这比他们待在家中考虑比较那些毫无差别的广告要实际的多。食品和家庭洗涤产品的广告通常都使用这种方式,广告中传达的信息通常会让顾客不自觉地想起品牌。

- 第四象限:感觉/低重要性。它也称为自我满足模型(self-satisfaction),这种方式将消费者看作反应器。那些迎合个人口味的产品属于这一类别,包括香烟、酒精饮料等,当使用者在其同辈前使用这些产品时,他们会觉得自己很"特别"。广告中设计的信息的主要目的就是引起人们对品牌的关注。

注意,由于消费者购买各种各样产品和服务,根据其具体的购买决策,他们有可能适用以上四象限中的任意一种。

考虑投资回报率

在你的战略规划定稿之前,你应该通过回答"为什么广告是最好的答案"这个问题来考虑你的客户可能从广告中获得的投资回报率(ROI)。毕竟,在这个整合营销传播的年代,许多其他的方法有可能产生同广告相同的甚至更好的效果。例如,如果研究显示人们不喜欢在一家商场购物,是因为他们对该商店的服务感到不满,那么广告并不能帮助改进商场员工的职业士气之类,在这方面,人力资源或者公共关系会比广告起更大的作用。(具体请看第十三章的关于整合营销传播的例子)

另外一种投资回报在测试你的战略时十分重要,道格·沃克(Doug Walker)将其定义为"相关性、原创性和冲击力。"你的战略和目标受众相关吗?它是原创的吗?或者它与你公司产品的其他品牌相同吗?它会产生什么影响?它会得到好的结果吗?

战略制定检查清单

- 你的战略是否具有这种潜质:使你的品牌与消费者建立起相关且出人意料的联系?

战略陈述格式

某产品和服务的战略陈述

对产品或服务做简单的描述，至多一段或两段战略陈述，但它应该足以使读者明白你在给什么作广告。

1. 谁是我们的目标？简单描述目标受众的生活方式和生活态度，包括一些人口统计方面的信息，但是这对大部分产品来说并不重要；在产品的使用者，大量使用者、非产品使用者以及竞争品牌的产品使用者中，谁是我们的目标？他们与其他产品或服务的关系怎样？
2. 我们在这个人心目中的地位如何？他们并不知道我们；他们知道我们，但不使用我们的产品；他们更喜欢另一种品牌，这是因为……他们并不明白我们能够提供什么样的产品；他们有足够的理由不使用我们的产品，等等。
3. 我们的竞争者在这个人心目中的地位如何？使用以上所列出的相同的方法，但仅仅关注竞争品牌。
4. 我想要在这个人的心目中占据什么位置？产品被定位为……产品是最好的选择，这是因为……现在他们知道产品可以……
5. 对客户的承诺是什么，是"好的想法"？陈述你的广告活动的主要点；在这个阶段还不是一句最后的标语或广告语，它应该只是由简单语言陈述所构成的广告语的基础，一份总结广告活动目的的简单陈述。
6. 支持性的证据是什么？依据消费者的利益来强化和详细说明你在第5项所选择的陈述。要找出一个又一个的消费者的利益，来支持你提出的好的创意。
7. 广告声音的语气是什么？选定一个合适的语气——温馨、重视家庭价值、吃惊、高科技、发人深省的事实、轻度内疚感和幽默等等。

- 你将产品放在思考/感觉与高重要性/低重要性这一坐标图中的合适的位置了吗？
- 你的战略是否针对人们的一种或多种需求提供了解决方案？
- 你的战略中有没有同时包括感性的和理性的益处？该产品及其广告支持这种益处吗？
- 你知道竞争者的战略吗？他们有可能忽略了什么吗？
- 你的战略针对目标市场使用的语气适合这个市场吗？
- 你的战略是否包含有足够的信息来给创作团队成员指明方向，而不是过多的信息让团队成员感到不知所措？
- 你的战略有没有从两种方式来考虑投资回报？

建议活动

1. 使用上图框中所显示的战略陈述格式，草拟一份你所选择的或你导师安排给你的关于某种产品、服务或组织的战略陈述。

2. 收集某种产品、服务或组织的多个广告。

你能够从每一则广告中推导出多少原创性战略？目标客户很明显吗？存在的问题以及广告提供的该问题的解决方式是什么？它满足了人类哪一方面的基本需求？你果你是该广告针对的目标市场的一员，你会相信它所传达的内容吗？为什么会或不会？从战略的角度来看，解决此类问题的另外一种方式可以是什么样的？

3. 还是使用这则广告活动或者其他的广告，对这项产品或服务作一项网上调查。两者的战略方式有不同吗？

例如，你可以对贝尔头盔作一项网上调查，以此来确定它的网络战略是否与广告语“让你的头部更安全”相吻合。

网上查询：了解更多有关战略的知识

更多的有关品牌和客户策划的信息，可以参考以下网址：

- 品牌渠道(Brandchannel)：www.brandchannel.com
- 客户规划集团(Account Planning Group)：www.apg.org.uk

⊙ 简单案例

吃更多鸡肉吧，否则这些奶牛将无法生存

费尔鸡肉快餐店（Chick-fil-A）是一家拥有1 000多家门店、年销售额达12多亿美元的快餐连锁店。从1963年到1980年代，费尔鸡肉快餐店依靠其鸡肉三明治的独特风味，发展成为一家以购物中心为基地的在美国拥有极高知名度的快餐连锁公司。在20世纪80年代时，量贩商场开始侵蚀购物中心的市场份额，于是，费尔公司的管理层开始将他们的连锁扩张战略从购物中心转移到街道上，开独立式门店。

现在，费尔公司要在经济中最大的和竞争最激烈的市场之一——快餐餐饮业中和其他公司进行竞争。费尔公司分店的数量和花在媒体上的广告费用远远不及麦当劳、汉堡王和温迪快餐（Wendy）等快餐连锁，在这两个方面的最大差额分别达到了15:1和20:1。就整个行业来说，较平的定价和迅速的分店扩张使得同一家店的销售额在几年内的平均增长速度一直仅有1到2个百分点。同时，快餐行业折扣风盛行。

1995年，费尔公司委托理查德广告集团公司（Richards Group）为其创作一则广告，希望将费尔品牌清晰地定位为快餐市场中比汉堡包更受欢迎的美食。为了获得最佳方案，理查德广告集团公司采用了它的球形品牌形象程序（Spherical branding process），从对客户的生意、品牌定位、品牌个性以及期望的从属关系等进行了界定。

球形品牌形象程序显示费尔公司的顾客和传统快餐店的顾客之间存在显著不同。费尔公司的客户年龄偏大、受教育程度较高、比较富裕的白领和女性精英居多等，他们去费尔快餐店就是为了享受它独特的、口感极佳的鸡肉三明治。

研究表明费尔的品牌形象极积极，口感上乘的鸡肉三明治是其最强烈的特征。而且，顾客将费尔快餐店与干净、舒适的用餐环境，经营有方，细致到位的服务，友善整洁的员工和强有力的公司价值观等联系在一起。顾客还将费尔的品牌个性描绘为高端、成功、健康、聪慧、整洁和大有裨益等形象。这听起来很完美，是不是？

是的，它有点太完美了。理查德广告集团公司还发现了费尔品牌的其他一些个性，包括过于注重地位、过分讲究、紧张焦虑、只在乎自己和单调等。

显然，费尔公司的优质鸡肉三明治在快餐业中是有目共睹的，然而，理查德广告集团公司明白，在广告中宣传产品的“质量”不是很独特和富有鼓动性，它甚至会加重费尔品牌紧张焦虑和过分讲究的负面形象。

在对消费者作了详尽的调查和对快餐店行业作了全面分析后，理查德广告集团公司给费尔公司的品牌作出了以下定位：对于这些工作忙碌且挑剔的人来说，费尔公司是最优质的快餐品牌，它始终如一地提供美国最受人喜爱的鸡肉三明治。

这些工作忙碌且难以伺候的人群，不管他们是什么样人口组成情况，他们对所吃的食物、他们对就餐所在的餐馆、对为他们服务的服务员以及对食物的健康标准都十分挑剔。他们对生活中的许多方面都是挑三拣四的。

从消费者的角度来看，费尔只是一种快餐。然而，优质快餐店的坐标系统确认了消费者将费尔公司看成是美国最受尊敬和质量最上乘的快餐店之一。

鸡肉三明治是费尔公司的最重要的招牌产品，也是大家选择去费尔快餐店就餐的最强烈的原因。“始终如一地提供美国最受人喜爱的鸡肉三明治”就是顾客选择费尔快餐店的一个特别和鲜明的原因。

费尔的品牌个性应该很容易从情感上进行沟通，理查德广告集团公司确定费尔公司的品牌个性应该是：

关爱他人、真诚、整洁、可依靠和意想不到的乐趣。

关爱他人刻画了公司以社区为本、以人为本，原则性强和乐于付出的公司文化。**真诚**可以让人觉得这个组织是真实可靠的、经典的、十分舒适、重实质甚于形式等。公司员工的**面容整洁**会在顾客的心目中留下阳光健康的形象。**可依靠**形容的是其员工行动一致，且都过着比较稳定生活，他们就是你所想的好邻居。**意想不到的乐趣**就是要让公司不把自己看得太严肃，这里应该是可以放松心情、产生创意的地方。

理查德广告集团公司希望人们在选择消费费尔鸡肉三明治时，能够感知到品牌所带有的情感：

> 消费费尔鸡肉三明治的人们认为他们更有辨别力。“费尔的产品有点贵，但是很值。”费尔快餐店就是这些活跃的、注重家庭且认同费尔公司价值观的人群经常光顾的地方。

当球形品牌形象程序结束时，理查德广告集团公司意识到它需要创作一则能够利用到费尔公司的产品优质的积极作用，并且能够提升其品牌个性的广告。他们得出了“吃更多的鸡肉”(Eat Mor Chikin)这一富有创意的广告语，打造的就是几头奶牛劝说顾客吃更多的费尔快餐店的鸡肉。

这则广告最早是在1995年以三维广告牌的形式推出的，广告中显示几头奶牛在一块广告牌上书写“吃更多的鸡肉”这几个字。这则广告是在费尔公司开发新市场欢迎新顾客时启用的。随着市场的不断成熟，奶牛们开始在广告牌中加入其他的元素。有时候，这些奶牛会出现在户外的广告中，对一些特别的项目，例如早餐进行促销，它们在广告牌上这样书写道：“吃更多的鸡肉原则我们就被烤了。”然而，他们没有特别提到人们是怎样吃鸡肉的，而只是说吃更多的鸡肉。因此，他们有时候会鼓励顾客全面地消费鸡肉，其方式将时事新闻和广告牌结合起来，例如在选举年制作的标有“选举鸡肉”的广告牌。1996年，费尔公司对广告活动进行了全面整合，其中包括：户外广告牌、电视机、广播、独立式的插页、直接邮件、着戏装的吉祥物、广告衫以及一些新颖小巧的纪念品等。

这则广告在戛纳电影节（Cannes）、美国广告大赛（ADDY）、百老汇戏剧奥比奖（OBIE）、艾菲奖（Effie）和其他的竞赛上赢得了难以计数的奖项。作为一项附加的受益，这场广告活动，特别是户外广告牌已经在全国性新闻、地方性新闻和餐饮行业的出版

“打电话的奶牛”：60 秒广播广告

特技效果（SFX）：	打开拨电话声音的特技效果（音响效果）。这时我们可以听到拨电话号码的声音，但声音比较轻微，好像按的方法不恰当。这种状况持续了几秒钟，接下来就是一种电话未挂断的特技。
播音员（ANNCR）：	奶牛正在打电话……
特技效果（SFX）：	我们听到一种奶牛发出的咕哝声或哞哞声，然后是花更多的精力在拨电话上。
播音员（ANNCR）：	奶牛在试着给你打电话，它们想让你吃更多的鸡肉。
特技效果（SFX）：	奶牛不高兴地哞叫。拨错了，拨错了，拨错了。
播音员（ANNCR）：	很不幸，奶牛长有四个脚蹄，因此它不仅很难将电话话筒拿起，而且拨号码时很不方便。
特技效果（SFX）：	电话号码还是拨不对，奶牛的特技效果还在继续……
播音员（ANNCR）：	哦，多么固执的奶牛啊，你看看，它们想要让你知道费尔快餐连锁店。菲尔公司在 30 多年前就发明了鸡肉三明治。特别制作，肉质鲜嫩多汁，口感更好。奶牛想要让你吃更多的鸡肉。
特技效果（SFX）：	拨电话的声音。
播音员（ANNCR）：	奶牛同时还想告诉你，希望你们不要将铃铛围在它们的脖子上，但这是其他的事。费尔公司，我们没有发明鸡，但我们发明了鸡肉三明治。
特技效果（SFX）：	在一阵比较开心点的哞叫声后，接着就是一连串的拨电话的声音。

物中引起了重大关注。媒体给费尔品牌所带来的公共关系价值已经超过500万美元。

在这场广告活动中，这几头令人关注的奶牛已经让许多人“吃更多的鸡肉”。自从1996年以来，费尔公司在消费者心目中的未提示知名度（unaided awareness）已经增长了81%；在同一时期内，它的销售量增长了120%，这可比奶牛和理查德广告集团公司出现在人们的视野之前销售了“多得多的鸡肉”。现在，要是我们能够使奶牛确信它们应该对拼写做一下检查就好了。

“B字”：60秒广播广告

播音员（ANNCR）：	现在播报费尔公司的最新新闻。BCC，即牛的传播委员会（the Bovine Communication Committee），是 FCC 公司的姐妹公司，它在电台的广告中取缔了许多词语的使用。其中首要的是（BEEP）这个词语。奶牛把它称作“B”字，以“F”结尾，两个“E”字在中间。奶牛声称，这个特别的单词腐化了美国人的心智和躯体。像（BEEP）牛肉干、（BEEP）蛋糕和（BEEP）奶油里脊丝、“（BEEP）在哪里呢？”、“百分之百纯度的 A 等‘B’类食物”这类词语现在应该受到惩罚，它们应该被扔在牛槽中，任由牛群踩踏。一个可以接受的替代词是“C”，即，鸡。在私下说（BEEP）是合法的，但是奶牛们不建议这样。如果你发现自己还会说（BEEP），思考（BEEP）或渴望（BEEP），那么去费尔快餐连锁店。在那里，你可以通过积极地思考和吃健康的食物来清洗自己的过失。比如费尔的原创鸡肉三明治，它以松嫩、全白的鸡胸脯肉为原料，经过特别的烹饪后，汤汁全部得以保留，然后在上面放两片关键的腌菜与加热的黄油小面包。这里面可没有（BEEP）。费尔公司，我们没有发明鸡，但我们发明了鸡肉三明治。

EAT CHIKIN OR WEER TOAST
Breakfast 'til 10:30 a.m. at Chick-fil-A

VOTE CHIKIN. ITZ NOT
RIGHT WING OR LEFT.
Vote Chicken at Chick-fil-A

（感谢费尔公司提供）

第六章

创意：21世纪的货币

罗伊·斯宾斯(Roy Spence)，奥斯汀的GSD&M公司的创始人，在接受《今日美国》(*USA today*)的采访时说："我们是创意产业，创意将成为21世纪的货币。"但是他也点评道，"现在的市场上，广告有余而创意不足。"①所以，摆在我们面前的关键问题就在于如何激发大的创意？

大的创意由何而来？

一些作家或艺术家们会说他们的那些创意是在泡热水澡或者散步的时候突然想到的。也有说是在淋浴或者开车的时候突发奇想，甚至有的人会在与同事的随意交谈时，突然冒出好的创意。特伦斯·普切克(Terence Poltrack)把大创意的产生过程形容为：

> 人各有风格。每个创意皆有不同的来源。如果询问那些广告创意人，他们寻找创意是否有着各自独特的方法时，你会发现答案里交织着怯懦与自信，冷静

---

① Bill Meyers, "He's in the Idea Business," *USA Today*, 29 Apil 1999, p.B1.

的逻辑和温馨的情感。创意产生的过程蕴含着一点理性，一丝情感，些许纯真和大部分的直觉。①

前智威汤逊广告公司创意副总裁詹姆斯·韦伯·杨（James Webb Young）曾在其所著的《产生创意的技巧》中描述了产生创意的5个步骤②：

1. 投入。全心贯注地投入到产品背景调查中去，即便是职业写手也不可能一下子就想出奇妙之语。顾德拜·希尔斯坦合作伙伴广告公司在为其客户贝尔头盔（参见第四章的简单案例章节）想到那句“因你的头而勇敢（Courage for your head）”的广告语之前，广告公司的员工们曾亲自到客户公司拜访，参观了产品制造过程，投入大量时间来整理团队会议时的信息。经过这些过程以后最终才产生了那句经典的广告语。
2. 领悟。不要太执着于研究产品资料，要试着从不同的角度去看。把产品的特点都列下来，随意涂鸦，写下简短的语句，锻炼自己的思维能力。本章将会提供一些有助于激发创意的思维练习。
3. 酝酿。把广告项目放在一边。出去走走，看场电影，投几个篮，做些可以放松头脑的事情。杨在他的书中指出这个步骤就像是夏洛特·福尔摩斯（Sherlock Holmes）解开案件谜团时常用的方法。在一个案件调查过程中，福尔摩斯总会硬拉着华生去听音乐会。这个行为往往会激怒缺乏想象力的华生，却总是会帮助福尔摩斯解开案件谜团。
4. 灵光一现。一旦你的脑子在输入大量信息后得到了放松，它就会迸发出创意。创意可能会在任何时间、任何地点冒出来。因为它稍纵即逝，所以你需要随时准备好把想到的创意记录下来。不管是记录在一小片废纸上、一块餐巾上还是你的汽车仪表盘上，只要你把它记录下来了就可以了。

   创意总监安·海顿（Ann Hayden）曾经为了罗氏（Roche）产品广告创意而伤透了脑筋。她认识到该产品广告的作用是要让患者与他们的医生讨论自己的体重状况。但是她之前想的点子看起来都太过时了。最终，一

---

① Terence Poltrack,“Stalking the Big Idea,” *Agency*. May/June 1991, p.26.

② James Webb Young, A Technique for Producing Ideas, 3rd ed.（Chicago: Crain Books, 1975）.

个大创意出现在她的脑海里。那时她正在餐厅里吃晚饭,她注意到邻桌有一对夫妻带着一个婴儿在吃饭。就是它了！婴儿！一个婴儿一出生就需要给他或她称体重！新的广告创意就是从一个婴儿的镜头开始,逐渐转换到一个超重的成年妇女身上。画外音:“我们每个人降生在这个世界上的时候都是小不点,只有三四磅重。随着生命的成长,我们的体重已严重影响到了我们的健康。幸运的是,现在我们有一些切实有效的方法可以来帮助我们改善这种情况。医生们自我们降生之时起就为我们称量体重,现在你难道不该和他们谈论一下这个问题吗？”①

5. 实感测试。自问,这样的创意算是好的创意吗？它能否解决问题？是否符合企业战略？你可以把创意都搜集起来,把它们都放到信封或是文件夹里,不要立刻就查看。如果你过早地进行评估,你有可能只会选出很平常的创意或埋没非常好的创意。

   一定要把你的创意拿给别人来验证。你自己可能由于太过于了解这个创意而无法看到潜在的问题,因此你应当把创意展示给其他人看并聆听他们的反馈。奥美广告公司会让它的创意执行人员在进行评估时提出下列问题：创意是否符合企业战略？从这则广告你了解到哪些信息？它带来的印象是好还是坏？广告中的基调是否与企业战略一致？创意是否得到了好的执行？许诺是否被有效地形象化？怎样形象化？品牌名称在广告中是否出现得足够久？关键卖点是否在创意中得到了清晰地体现？创意执行本身是否可以引导出一场全面的广告活动？如果可以的话,还需要哪些其他的执行？是否有某些因素阻碍了你的视听速度？那些因素又是什么？

战略陈述中的大创意

在前一章中你所学到的如何撰写战略陈述可以指引你激发创意。举例来说,家乐氏公司(Kellogg)向李奥-贝纳广告公司(Leo Burnett)的创意团队介绍的营养谷物早餐棒的战略陈述指出,消费者都希望吃到健康的食物。消费者都知道吃健康的食物可以让他们看上去神采奕奕,感觉精力充沛,但是他们又抵挡不住那些会增加臀

---

① Adapted from a lecture given by Ann Hayden at the University of South Carolina, 13 May 2000.

部和大腿赘肉的垃圾食品的诱惑。从这个战略陈述，创意团队的成员意识到他们不仅仅是在销售早餐棒，他们是在推广一种自我尊重观念。所以这句“早晨时分请尊重关爱你自己”的广告语便成为整个创意的主旨。为了把这条创意发展成为广告活动中各个独立的广告，团队成员们简略地记录下那些描述消费者形象的字句和图像——当然是记录那些消费者在吃东西时的样子。一则广告显示了一个大大的甜甜圈套在了某个人的腰部，而另一则广告展现的是一些巨大的小圆面包黏在了一个妇女的臀部。为了贯彻这个战略，很多甜甜圈店和快餐店的门旁都被摆上了此类广告牌。

把创意转变成广告活动的主题

我们一般不会把一个创意仅转变成为一则单个的广告。更多的时候，你会被要求给创意安上“腿”——即把创意转变成可以跨越一段时间的一系列的广告活动。一些很成功的著名广告活动都曾运作了数十年。所以，当你为一则广告实施创意之前，自问一下，那么下一则广告会是什么样子的？再下一则呢？一年后的广告呢？5年或10年后的广告又如何？这个创意是否经受得住时间的考验？这也就是说，你是否可以由此创意设计出一系列的广告活动？

百威淡爽（Bud light）的创意核心就是人们会为了保护他们最爱的啤酒付出一切。从这个大创意衍生出了众多获得大奖的商业广告。其中一则就是：一位跳伞运动员在往机舱外跳之前犹豫不决；为了鼓励他跳出去，教练向飞机舱外扔出了六瓶装百威淡爽；出乎观众的意料，那个跳伞运动员为了抢回啤酒一下子就跳出了飞机机舱。另一则广告讲的是两个在公寓里的年轻人。其中一个年轻人关心的是朋友们会把他们的啤酒都喝光。他可以完全不用担心了：另一个人安装了一个魔法冰箱。一拉下手杆，厨房的墙壁会旋转，然后冰箱被一套餐桌椅取代了。真是天才！但是，唯一的问题在于，冰箱出现在墙壁另一边的公寓里，那里满是人。当冰箱出现的时候，所有人都在欢呼，就好像他们在崇拜神明，他们弯腰膜拜，唱着颂歌，“魔法冰箱”。

注意考虑下两则百威淡爽广告的相同之处。尽管情节不同，但是它们都归结于同一个大的创意。一个广告活动是由一系列反映同一大创意的广告组成的，这些广告拥有相似的主题和基调。通常情况下，各个独立的广告会有些相同的外观，艺术总监会专门规定图像和标志的大小和位置，文字的字体和字号等等。此外，每则广告的文案，从广告标题的长度到文案的最后一行字，都遵循着相同的结构。但是，这并不是说一定要一模一样完全遵循这个结构。让我们回顾一下第四章简单案例部分中关于贝尔头盔的广告：有些广告的标题是提问式的，而有些则是陈述式的，广告标题的长度在3到17个字之间不等；有些广告是展示使用中的产品，而有些广告则展示了如果没有戴贝尔头盔可能发生的后果。但无论哪种广告，它们还是有相似之处的。广告语都为"贝尔头盔：戴上它，你会更勇猛"，且用了相同字体，广告的基调和写作方式也完全相同。这些广告可能看起来不是完全一样，但是它们确实属于同一个广告活动。

广告活动的创意可以跨越不同的媒体。我们简单回顾一下第五章简单案例部分的费尔鸡肉快餐店的大创意是如何运作的——牛向人们恳求，让人们多吃鸡。这些广告出现在户外广告牌、电视以及广播中。每个案例中，好像都是牛在创造广告。

那些针对传统媒体而策划的广告活动也会激发出针对非传统媒体的广告创意。职业建设网站（CareerBuilder.com）在超级杯比赛中播出了三则广告以后，公司2005年的营业额增长了70%。这三则广告展示了与一群猴子工作的情形，均被《今日美国》票选入围年度最佳的六则电视广告。次年，这些猴子们又一次成为超级杯商业广告中的明星，但这次用了新手法：人们可以下载猴子电邮来向朋友或敌人问候。在克莱默-克拉索广告公司（Cramer-Krasselt）创建的小网站上，浏览者们可以给他们所喜爱的黑猩猩穿上衣服和配饰，配上一些预先录好的信息。此外，他们也可以选择跳过预先录制好的信息，录制他们自己喜欢的东西——或者通过电话录制。在广告活动的前8个月里，有超过九百万人下载了问候信，同一时期有大约1 200个博客提及了办公室黑猩猩。

有些时候，为了触及不同的目标受众，你需要开发多重的广告活动。例如，洛夫勒-凯切姆-蒙特乔伊广告公司（Loeffler Ketchum Mountjoy）为了吸引大量游客到北卡罗来纳州旅游，采取了大量的广告活动。其调查显示，有的人向往田园生活，希望可以在度假的时候远离烦恼。而另外一些人想要在陌生的地方旅游的时候可以发现新鲜事物。还有一些人，如电影制作人，想要知道一个地方更适于拍电影的原因。你可以在第7章与第13章中找到这些关于北卡罗来纳州的精彩的广告活动。研究这些广告，你就会了解到这些广告是如何吸引不同的受众的了。

由一个大的创意到数以百计的创意

一旦找出了你的大创意，你就需要为各个独立广告想出无数的创意来支撑整个广告活动的主题。这并不容易。下面所提及的有关问题，将会帮助你开展头脑风暴：

你的广告将在哪里运作?

在黄页里，迪吉奥诺(DiGiorno)手擀冷匹萨产品把自己的广告放在外卖披萨店广告的旁边，强化了自身的信息“这不是外卖，这是迪吉奥诺”。广告标题上说，“想要一个新鲜的就像是刚从匹萨店里烘烤出来的披萨吗?去你的冷藏柜找找看。”广告还提供了800份可以在下次消费中享受1.5美元折扣的优惠券。

美汁源(Minute Maid)购买了《纽约时报》(*New York Times*)各个部分的封底来刊登它的精选果汁广告。在商业版的广告包含了一张优惠券和一则理财建议：“这也许将是你在商业版上能找到的唯一一件有保障的东西。”在都市版中，广告嘲弄了那些冬季到南方旅游过冬的纽约退休者们：“今天，都市版里也有了来自纽约第六街区——佛罗里达的重要新闻。”创意马戏团(the Creative Circus)(译者注：这是美国亚特兰大市创意马戏团学校)的学生向我们展示了报纸媒体是接触宠物狗主人们最佳的广告媒介(参见图6-1)。

不要只想着在传统媒体上运作你的广告。要像科申堡姆广告公司(Kirshenbaum, Bond & Partners)做的那样，发挥创造性思维。KBP广告公司在纽约街头的人行道上写道：“从这里看上去，你就像是穿上了新内衣，竹浆内衣(Bamboo Lingerie)。”克里斯篷波特-博古斯凯广告公司也使用了非常规媒体来描述无家可归的状态。那些为迈阿密援救组织(Miami Rescue Mission)制作的广告遍及购物车、公交车候车亭、公园长凳以及垃圾箱。每则广告上都写着这样的文案：“当你无家可归时，你会发现这个世界如此不同。救助电话 571-2273。”使得这些广告如此震撼人心的原因则是广告标题和所选媒介的相关性更深刻地向人们传达了主题信息：在公园长凳上的广告，标题是“床”。在垃圾桶上的广告，标题是“厨房”。公交车候车亭中的海报上，标题是“家”。杂货手推车上的标题则为“储藏室”。

你所传达的信息的背景是什么?

当你的目标受众们看到或听到你的广告时，他们在做什么?例如，有的菲律宾的电视台会在电视信号结束以后播放所谓的“失眠广告”，而不是标准的彩条信号。一则止痛药广告写道，“如果你看到了这个广告而不是睡着了的话，以后你很有可能会头痛。”巴彦电话公司(Bayan Tel's)的广告则采用了一个流行的电影标题：“马尼拉不眠夜？打电话到西雅图或美国的任何地方只要40美分/分钟。”唐纳德先生(Mr. Donut)问道：“已经在考虑早饭吃什么了？建议：唐纳德甜甜圈。”

图6–1 这则报纸广告中那个巨大的斑点是什么？如果你养了宠物狗你就不难理解了。好孩子！利用好媒体来激发出一个有创意的点子吧。

诺克斯玛公司(Noxzema)把广告放在曼哈顿的所有的女士洗手间里。由于广告上的字是反着写的，所以会吸引人们的注意——你需要用一面镜子照着看才能读懂它们。这些广告还被恰到好处地镶嵌相框里挂在了镜子对面的墙上，这样，当一位女士对着镜子补妆的时候，她就会看到如下的信息：

"Look as good as the woman your date is hitting on."

"你看上去就是他正在寻觅的那个美女。"

"Did someone miss her beauty sleep? "

"谁错过了她的美容觉？"

"He must really love you for your inner beauty."

"他一定是爱上了你的内在美。"

这里还有一些其他妙语，它们将消费者所做的事情和他们所看到的信息联系了起来。

"Ref, you need glasses."

"裁判员，你需要眼镜。"

(一个体育场内，一家眼镜商的户外广告牌)

"Hello to all our readers in high office."

"向我们所有在高层办公室的读者们问好."

(公交车顶上，《经济学家》杂志广告)

"20 ounce soda. 6 inch pothole."

"20盎司苏打水。6英寸的壶穴。"

(公交车车体上，汰渍广告)

什么时机发布你的广告？

在什么时机发布你的广告？该时间点对于你的目标受众来说是否重要？例如，粉色助消化类药物碱式水杨酸铋(Pepto-Bismol)在很多杂志的4月刊上刊登了一则广告。这月份和胃部阵痛有什么关系呢？原来4月15号是税收日，这一天会让很多纳税人感到胃痛。这也就是为什么它用了一整幅版面刊登了一张申税表，然后在画面的角落里出现了一瓶碱式水杨酸铋药。

野火鸡肯塔基州纯波本威士忌（Wild Turkey Kentucky Straight Bourbon Whiskey）出人意料地给那些期望客人来访的人们"忠告"："今年感恩节，晚饭前就吃火鸡。"威克斯感冒药水(Vicks' NyQuil)在假日期间也刊登了一则广告：很多人看上去好像得了感冒，旁边的文案写着"无声的夜晚"。此外，盛世长城创意广告公司也利用假日档期刊登了这样的汰渍洗衣粉的广告：

"The only way to wear white after Labor Day."
"唯一一个可以在劳动节后穿上白衬衫的方法。"
(在劳动节发布)

"It takes a wee bit more than luck to get green beer out of your clothes."
"要把你衣服上的绿色酒渍去除需要的不仅仅是那点运气。"
(在圣帕特里克节发布)

"Removes alien goo, fake blood and, oh yeah, chocolate."
"快弄掉那些黏糊糊的东西和仿真的血渍。哦,对了,还有巧克力。"
(在万圣节发布)

新闻里有什么?

刚刚发生了什么大事吗?将要发生什么事情?那些与现实事件相关的广告可以引起人们内心的共鸣,从而使你的品牌看上去具有时效性。如果你有一定的资源,可以使你的广告随时变化,那么你的广告就将会非常有影响力。

美国的奶农们和乳品制造商们就经常切合重大事件,诸如体育赛事、大选以及电视节目等,来为其产品做广告。例如,在周一超级杯的赛事中,你将会看到获胜的四分卫带着牛奶胡子。为了防止结果过于出人意料,这个广告之前,先投放了两则类似的广告。

你可以从历史篇章中借鉴什么?

麦肯光明(译者注:又译麦肯-埃里克森)新加坡办事处(McCann Erickson's Singapore office)研究了席梦思床上用品公司的过往广告,并且发现了一份20世纪30年代印有艾利诺·罗斯福总统(Eleanor Roosevelt)颁发的证书的宣传手册。这个手册激发的创意获得了金铅笔的金奖。广告标题是这样的:

对罗斯福总统来说,
他在办公室里工作的一天,
可能就会把约750 000人送上雷场,
您可想知道晚上他是如何睡觉的吗?

你的品牌有什么缺陷?

你的潜在消费者对你的客户有什么负面印象？你对你的客户又有什么消极的想法？不要试图去掩盖缺陷——要包容它。毕竟，对一个人来说是缺陷也许对另一个人来说就是优点。梅西百货（Macy's）的广告文案人员面临着一个挑战，她需要销售一种橙色的行李箱。行李箱的颜色就是难看，她该怎么办？她可以忽略不提它的颜色。毕竟她不需要接收邮件和订单，所以她不需要提及产品的颜色；而且，由于这次是做黑白的报纸广告，谁都看不出有什么不一样的，不是吗？这就大错特错了。消费者到商店购买的时候马上就会发现问题，他们会很生气，而商店也会失去宝贵的客户。所以，她写了一段文案，大致意思是这样的："容易在机场搞丢行李？我们这个正合适！"因为她在说真话的同时，把产品的缺陷变成了优点，产品一下子就脱销了。

注意看创意营中学生们是如何把奥迪TT的小容量转变为它的优势的（参见图6-2）。

如果你的产品是其他的东西?

做个类比。如果你的产品是一个人，那么他是年轻人还是老人？无忧无虑的还是焦躁不安的？如果它是棵树，那么它是棵巨大的红杉还是一个小盆景？如果它是条狗或是只猫呢？克拉特和巴雷尔（Crate & Barrel）（译者注：创办于1962年，领导美国主流的"生活美学风格"趋势）把这个形容为把他们的Sonoma家具比作时装模特："匀称的双腿。法式的面容。略带忧伤。可共进晚餐。"《美好家居》（*Good Housekeeping*）杂志向广告商吹捧其正式认可印戳的优点："正式认可印戳就像是你的私人医生：它可以确保一切都符合要求。"

把使用安全套类比为使用其他类型的安全设施。一则广告中，过山车服务员试图给一个年轻人戴上安全带，那个年轻人抗议道："我要自由。我要体验所有的感觉。我就想让这一刻不同。"服务员无奈之下只好同意了，"好吧，下不为例。"过山车启动了，只听一声尖叫；过山车回到原位时，那个年轻人的位置却是空着的。另一则广告是一个年轻人在没有鲨鱼笼保护的情况下在鲨鱼出没的海中游泳；第三则是年轻人在没有保护索的情况下登山。广告结束时会出现："不要再找借口，坚持采用保护措施"，观众们还可以看到提供更为详尽的关于预防艾滋病信息的一个免费热线电话号码和网站。

图6-2

文案之一：没有后座。没有后座驾驶员。

后座越大，麻烦越多。奥迪TT干脆把后座全去掉了。“你开得太快了”、“注意骑自行车的人”，这些喋喋不休的唠叨声终于都消失了。舒适当然好，但没必要像小型货车那样。奥迪TT有40立方英尺的空间和一个大后备箱。你都会忘记你的车没有后座。小到可以消磨你的日常时光，大到足够容下周末的海滩旅行。怎么样，小一些更好。

文案之二：如果你把胳膊搭在车窗上，你会发现肘部空间很大。

刚刚好，不多不少。奥迪把更多的时间致力于奥迪TT本身的设计上，而不是企图预想你将有多少个购物袋要放在车上。奢华但运动型汽车不就应该小吗？当奥迪TT在拥堵的车流中穿梭，而那些坐在越野车上的人却只能干坐发呆的时候，你还想要什么呢？

你的目标受众在阅读什么、收看什么？

书籍、电影、戏剧和电视节目都可以激发创意。创意可以是高雅的也可以是蕴含流行元素的，这里的关键是要使它与你的目标受众相关联。

联邦快递(FedEx)在其商业广告中上演了一出《新漂流记》(*Cast Away*)。广告中，一位联邦快递的快递员在运送途中，漂流到了一个荒岛上，但他还是竭尽全力保护包裹，终于如约把包裹递送到客人手中。他询问感激的包裹接收者里面装的什么宝贝，包裹打开，结果发现里面是一个卫星电话、一个GPS定位系统、一个钓鱼竿、净水器和一些种子，对收包裹的人来说，盒子里的都只是些"无用的东西"，但这些东西却本可以帮助联邦快递的快递员逃出荒岛，或至少可以让他在岛上的日子过得舒适一些。

英国航空公司(British Airways)的广告把文学作品中著名的几对夫妇重新进行了排列，以此来推广同行乘客可以免费。其中一则广告是这样的，"罗密欧与黛莉拉"；另一则为"哲基尔医生与格雷特"；还有一则为"汉瑟尔和茱丽叶"。而所有广告标题均为"带谁一起飞，你自己作主"。

产品看起来像什么？

用薯条蘸一下番茄酱，你发现了什么特别的？盛世长城新加坡办事处看到了一根火柴杆，进而为汉堡王(Burger King's)的"火爆薯条"想出了个广告创意。同样的，汉堡王的竞争对手麦当劳(McDonald's)公司在广告中，其标志性的金色拱门变成了背包的包带，或是复活节兔子的耳朵，抑或是小汽车的车身。

为了能够影响受众的行为，好事达保险(Allstate Insurance)用图解说明不能酒后驾车。不，广告中并没有表现出车祸的场景。相反，它描绘了一杯"杀人鸡尾酒"——一杯马提尼上挂着一个刺破橄榄的车钥匙。为了让自己的品牌受到千家万户的欢迎，美标(American Standard)则用其厕浴设备拼出了一张友善的脸(参见图6-3)。

产品是在哪里生产和销售的？

贝司辣味墨西哥酱(Pace Picante Sauce)推崇其绝对正宗的得克萨斯-墨西哥传统工艺，调侃其他的品牌是"产自纽约市！"同样，赞波里意大利餐厅(Zamboli's Italian restaurant)(位于卡罗来纳州南部) 为驾车者标出可以吃到最棒的意大利料理的最短英里数：

图6–3 您的产品看上去像是什么？在产品的外形中是否蕴含着创意？在这个案例中，厕浴设备看上去像是一张友善的脸。

（感谢美标公司提供）

前方最棒的意大利料理

罗马 4 574英里。威尼斯 4 634英里。下一个右拐弯，赞波里餐厅。

国内(或世界上)哪些地区将要看到你的广告？你能否将它本地化？有些广告就以地方口音为笑料。一则南方唱诗班音乐会的广告写着："哈尼奴呦(Hallaluy' all)。"一则旅游广告上邀请人们去参观"波士顿的美术博物馆。"(广告中把Art写成Ahht)

你可以只用图片或是语言来描述它吗？

试想仅用图片来表达创意。然后仅用语言试试看。比如说，靶子超级市场想向受众传达这么一个概念：即它以一种与众不同的方式来销售多种多样的产品。广告板上列出了可以在商店里找到的一个系列的三种商品。这里是些消费者喜欢的例子：

"Twinkies. Cheetos. Wide Aisles."

"明尼苏达双城队(Twinkies)(也是一品牌名)、奇多(Cheetos)、宽阔的走廊(也是一品牌名)。"

"VCRs. Barney Tapes. Aspirin."

"录像机、巴尼胶带(有"吵杂的磁带"之意)、阿司匹林。"

"Aquariums. Fish Food. Toilet Plungers."

"鱼缸、鱼食、厕所活塞。"

靶子在其杂志广告中用的是图像方式。一则广告中，一个女人像啦啦队队长一样跳向空中，手上还保持着拧扳手的动作。另一则广告中，一个女人戴着一个酷似黑色卷发夹的东西——但是仔细一看就会发现那只是涂料滚刷。还有一则广告，表现的是一个妇女把汽车的空气滤清器当成项链戴。此外，还有一个表现女人把背包和灯罩当作裙子穿的广告。

是否有理想的代言人？

正如第一章中所说，合适的代言人可以使你的广告从五花八门的广告中脱颖而出，并成功地在目标受众与产品之间建立相关联系。鲍勃·多尔(Bob Dole)使年长的保守人士相信服用伟哥(Viagra)没什么不可以。《鳄鱼邓迪》(*Crocodile Dundee*)的保罗·霍根(Paul Hogan)使内地牛排餐厅成功转型为一个充满乐趣的地方。在过去的50多年中，淘气熊(Smonkey Bear)一直成功地劝阻了孩子们玩火。

在品牌的名称中是否蕴含着创意？

很少有人会把保险看作是生命中必不可少的一部分。以人寿保险为例，电扬广告公司(Young & Rubicam)发现很多人都认为人寿保险只是在被保险人死亡后才能获得的赔偿。那么广告公司怎样做才能够让人们自然地把大都会人寿保险公司联想到生命而不是死亡呢？答案的一部分来自该公司的名称，大都会人寿(Met Life)。系列广告描述了人们在享受生命中的简单快乐，而广告语"Have you met life today?"(英文直接译意为："今天您享受生活了吗？"英文中有双关意义在内，享受生活met life又正好是公司名称Met Life。该广告语的中文译文是：美好生活尽在大都会)完美诠释了这个创意。一则广告中，一个小女孩在亲吻她妈妈的脸，女声旁白："今天，我们的一位顾问为这位单身母亲做了个方案，那样的话她将会为她的女儿进入大学深造那一刻做好准备。至少在经济上能做好准备。"另一个广告展示的是一个父亲和孩子们玩秋千的情形，画外音道："这个下午，我们的一位顾问为这个父亲做了个方案，那样的话，这位父亲既能一如既往地保护他的家人，而且自己仍然可以55岁就退休。"

如果人寿保险很难理解的话，那么我们就来看附加保险吧。大多数人在看到精力旺盛的美国家庭人寿保险公司广告中的鸭子之前从来没有听说过这个公司的名字。在人们搜索这个公司名字的时候，这只鸭子就会"嘎嘎嘎"的叫起来,其品牌知名度因此从13%一下子升到了91%。这个广告是如此之成功，以至于影迷们看到广告主角本·阿弗莱克(Ben Affleck)就会习惯性地"嘎嘎嘎"喊起来。①

你想说的反面是什么?

如果你试图说明某样东西是舒适的，不妨试着展示一些不舒适的东西出来(图6-4)；如果你试图销售一些大家伙，不妨试着展示一些微小的东西；同样的，如果你试图倡导和平的理念，不妨试着展示战争的悲惨后果。有一则非常著名的政治广告。广告中，一个可爱的小女孩在数雏菊花瓣，当她快数到10的时候，画面静止了，一个男人的画外音开始倒计时；随着倒计时的声音，镜头在那个女孩的面前放大，直到投影出女孩眼中的瞳孔，她眼中瞬间闪过一丝黑暗；当倒计时数到零时，女孩瞳孔中出现一朵核弹的蘑菇云。此时，传来林顿·约翰逊(Lyndon Johnson)的画外音："世上总有些赌博，赢了就可以让世上所有上帝的孩子们共生存，而输了就是大家一起走向黑暗。我们必须彼此相爱，否则只有共赴死亡。"画面呈现黑底白字，"在11月3日投约翰逊总统一票。"这个广告只播过一次，但是有人说这个广告确实削弱了巴利·戈尔德沃特 (Barry Goldwater)1964年大选的机会。2000年，倡议性组织MoveOn.org,也发布了一则类似的广告用以呼吁民众，指出阿尔·戈尔(Al Gore)的对华政策会威胁到国家安全。②

你可以把创意练习结合起来吗?

把你客户的品牌名称和时间、媒体、地点或者流行文化结合起来。

你得到了什么？绝对伏特加就是靠这种创意获得了一场广告活动的成功。这场广

① Stuart Elliott, "This Duck Means Business," www.nytimes.com,11 February 2003.

② 尽管我们不能接受那些消极的政治广告，但是最初由Tony Schwartz创作的商业广告却的确是运用了很多技巧的经典广告。这则广告可以在各类经典广告作品集和广告网站上看到，如www.ammi.org。

告运动成功地把产品的品牌转变成引领的进口伏特加品牌。下面是其中一些例子：

ABSOLUT PSYCHO
绝对精神病人
（平面图片：浴室的浴帘被利器削出绝对伏特加酒瓶的形状）
ABSOLUT CHICAGO
绝对芝加哥
（平面图片：绝对伏特加酒瓶上的字母呈现逐渐掉落的状态）
ABSOLUT SCROOGE
绝对小气鬼
（平面图片：绝对伏特加的迷你装；主要在圣诞节前推出）
ABSOLUT CENTERFOLD
绝对裸照插页
（平面图片：一个完全没有字母标识的绝对伏特加酒瓶；在花花公子杂志上推出）

头脑风暴指南

- 不要以为必须独自想出大的创意。1984年的那则著名的广告曾缔造了苹果品牌。作为该广告的创意人之一的史蒂夫·海登(Steve Hayden)如是说："一个大的创意，自己有20%的贡献，要远远强于100%独自想到一个一般的想法。"[①]

  一个精妙的视觉创意可能源于一个文案写手；一个完美的标题可能来自一位艺术家；正如之前所述，创意可能来源于媒体专家。起初，你可能想独立工作，然后得到一些来自合作伙伴的深层想法；你可能会想和一两个同事同时做一些自由的合作；或许你想和6至12个人的团队进行头脑风暴。如果你在做头脑风暴的话，一定要确定有个领导者能引导头脑风暴的顺利进行，并把每个想法都完整地记录下来。同样还要确定

① Laurence Minsky and Emily Thornton Calvo, How to succeed in Advertising When All You Have Is Talent (Lincolnwood, IL: NTC Business Books,1995), p.99.

这个领导者能够让团队的每个人都参与到头脑风暴过程中来，同样看待每个创意，不加批评。这个过程之后，就是创意由量向质的飞跃了。

- 建立海量的档案。把你觉得比较出色的作品都存在一个档案、或者文件柜或者索性用它们装饰你整个的房间。你并不是去抄袭这些创意，但是你可以把这些作品当作你新的创意的源泉。传奇人物李奥·贝纳（Leo Burnett）通常会把那些打动他的广告创意看作是一种有效的沟通方式。他每年都要翻动这些档案两次——他并不是为了要仿造其中的某个创意，而是希望可以从这些创意中为其正在从事的工作得到启发。贝纳还有一个专用文件夹用来存放他喜欢的语句。

  无论何时在谈话中或者何地，我听到一个语句，它可以非常巧妙、生动、传神地表达一个创意时，我都会随手把它们记下来放在那里。①

  贝纳于20世纪60年代的这个意见，在现今仍然奏效。

- 关注生活经历。最好的广告，它会在产品和消费者之间建立起情感联系。请记下打动你的那个瞬间，因为这些类似的情景将很可能也触动你的受众。艺术总监史蒂夫·鲍达诺（Steve Bougdano）看到士兵下飞机时受到热烈欢迎的场面深受感动。因此，当安豪泽-布施（Anheuser-Busch）公司要求他制作一则为在伊拉克战斗的士兵募捐的广告时，他想到了那个场景。这则广告曾在2005年的超级杯赛事上播出，斩获了众多大奖。

- 要经常训练自己的创造性思维。要经常与那些有创意的人在一起，不论他们是否是你专业领域的同行，还是来自一个完全不同的领域；去逛逛动物园、参观一下博物馆、看看演出或者是做一些你从未从事过的事情；并且一定要关注每天生活中的细微差别。创意总监吉姆·李斯沃（Jim Riswold）如是说：

  在我的职业生涯中，我从未有过完完全全自己原创的想法。我做的每一个创意都是从其他地方借鉴、重组、反向思维或是变相而来的。有些时候我也会从流行文化、音乐、历史、艺术、文学、谷物食物外盒上、黑格尔哲学、运动员生平事迹甚至我祖母以前给我讲过的睡前故事中得

---

① Denis Higgins, *Conversations with William Bernbach, Leo Burnett, George Gribbin, David Ogilvy, Rosser Reeves*（Lincolnwood, IL: NTC Business Books, 1989）, p.47.

到灵感——不论怎样，只是受其刺激想到了新创意，这是无可厚非的。

- 给你自己一些放松的时间。你需要让你的思维放松一下，否则你就会负荷太多。试着一个人待一段时间，试着一个星期关上电视、广播或者电子邮件。你会发现抛去了这些额外的噪音，你可以更好地进行沉思。同样地，每天写日记也可以帮助你保持思维的流畅延续。不要把写日记当作是一种必须有创意的写作行为，只需要把它当作是一种“思维卸载”的方式就可以了，每天只要用两到三页纸记下你的想法就可以了。
- 想出大量的创意。创意越多越好。一位曾获得大奖的文案作者路克·苏立文（Luke Sullivan）提醒道：“作为一个创意人员，你会发现脑子里会有一种固有的趋势，那就是迫切地想确定一个方案。但是为了得到那个姗姗来迟的大创意，你必须要能抵挡得住诱惑，向焦虑情绪投降，记下那第一个冒出来的创意就停止了。”①

考虑下面的两个指令：

1. 为XYZ大学想出一个好的创意来解决入学率下降的问题。你的名字和创意将会被直接送到校长那里。
2. 为XYZ大学想出尽可能多的创意来解决入学率下降的问题。尝试想出至少25个创意。不要对任何创意做出评价，仅记录下你想到的所有创意。

如果你接到了第一个指令，将会怎样？由于你自己给自己的不必要的压力，你的思维可能就会被束缚。你会评价你脑中的那些创意，然后很自然地会忽略那些可能不太好的创意。因为你会想到校长等人会评价这个创意，所以，你最终很有可能只写下那个比较容易被接受的创意。

那么如果给你第二个指令呢？你可能会想出一些垃圾创意，但是你也可能会想出一些好的创意——你甚至会想出一个大的创意，它很有可能就是那第二十三个创意。但是如果你只是想出一个创意，那么第二十三个创意就不会出现了。如果你能想出一百个甚至更多的创意的话，谁知道又会发生什么？

在创意衍生的阶段，要始终遵循着第二种指令。不要害怕想到的主意太糟糕，天知道，当其他人听到你的这些想法的时候会不会产生好的创意出来。更何况，即使这

---

① Luke Sullivan, *Hey Whipple, Squeeze This: A Guide to Creating Great Ads* （New York: Wiley, 1998）, p.72.

个想法真的很糟糕,你也可以在之后的过程中淘汰它。

用批评来改进你的创意

创意过程的评判部分是需要团队协作的,需要让其他人一起来检验你的创意。首先,他人能够清醒公正地看待你的创意;其次,评判你创意的人如果也了解广告的话,他们还可以从消费者和专业人士两种身份、两个角度来评判你的创意。一个好的评判最重要的是客观性,而这就意味着评判者是要对创意本身做出评价,而不是针对做出创意的人。评判者的任务是寻求积极的因素,并质疑那些看上去不太清楚、刺激不强烈或单单是无法打动你的创意。

下面是一些可以帮助你做出更容易让别人接受你的评判的建议①:

- 以"我"为主语。在做出评价时,不要说:"你这句话我不太明白",应该说:"我不太明白你这句话"。
- 要清楚明白地评判创意本身而不是创意的作者。不要说:"为什么你总是犯同样的错误",试着这样说:"这可以写成两个单独的句子,之前有过这种情况的。你还记得吗?"
- 不要说"这个非常棒,但是……"。去掉有威胁性的"但是",而且是切入重点:"我想开场不错。这块中间部分,我不知道你是不是抓住了主要的部分。"
- 控制你的情绪并用一种平常的音调说话。
- 显示出某种同理心和理解。"我想知道是不是这项任务的说明不够清楚。"
- 给出一些可行性的建议。如果无法给出关于如何改进工作的建议时,批评大多都是毫无意义的。令人惊讶的是,相比巩固他们自己的工作,学生们看上去更擅长于给他们的同学提建议。试一下,和你所在班级的同学组成一对,相互交换建议以提高自己的创意能力。
- 要诚实。如果你不喜欢某样东西,要给出不喜欢的理由。但是在开始时,要给出些积极的评价,在最后总结时给出些积极的提示,且把消极的评价放在其中。这样做可以有助于让别人更愿意接受你所说的。

---

① Courtesy of Dr. Serge Piccinin, Director of the Teaching Centre at the University of Ottawa.

下面是在接受或者提供评价时可能会用到的一些肢体语言指导：

- 和对方要有目光交流。目光闪躲会削弱交流的效果。
- 通过热情且有感染力的语音语调来表现出你的兴趣所在。
- 运用与你传达信息相一致的面部表情。当你罗列缺点的时候不要咧嘴笑，当你给出赞美的时候不要皱眉头。
- 不要一副精神萎靡的样子。这一点非常重要——因为精神萎靡的样子要么会让别人认为你因所要说的话而感到不舒服，要么就是认为你不尊重评判者。
- 站着或者坐着的时候要和其他人保持合适的距离。或者你们都坐着，或者都站着。
- 选择合适的讨论时间和地点。作为评判寻求者，你在这个过程中既有权利也有义务。首先，如果你觉得会议的时间和地点不合适的话，你可以要求将会议推迟。其次，如果你觉得讨论中有令人不快的地方，你还有权利要求结束会议。

建议活动

1. 考虑用新媒体来劝服人们不要吸烟，要适量喝酒以及坚持环保。现在为每个议题想出些创意来。

2. 制作一则广告，要用一个标题和一幅平面图以一种与众不同的方式来传达产品的卖点。接下来，制作一则只有一个标题的广告。最后，做一则只有张图片的广告。哪一个作品最好？为什么？

3. 为一家当铺想出20个广告创意。下面是一些背景信息：

- 当铺的历史可以追溯到古代。
- 西班牙王后伊莎贝拉把自己的珠宝典当了来资助哥伦布的美洲航行。
- 当铺前的3个金球源自意大利商人使用的标识。
- 当铺是现代银行的前身，当铺的店主根据顾客提供的私人财产贷出现金。顾客则收到当票。这个当票就是一份借贷合同，其中规定了贷出钱的数额、责任条款以及当铺店主可以持有财产的时限。整个过程只有很短的时间。

- 所有的当铺店主都受法律约束，所以顾客们都知道店主们是不会私吞财产的。
- 当铺可以创造价值。因为当铺店主们与社会各阶层打交道，他们可以提供各种各样的东西——电话、钻戒、动力设施、健身器材等等——这些东西要比在其他地方卖的便宜得多。
- 各个阶层的人都可以从当铺借贷。

4. 释放你的想象力，放松心情。根据下面设定的情景，把你脑中想象的东西写一篇奇文：

- 如果一整天都在下雨，我的生活会有什么不同？
- 如果我的收入无限多，我的生活会是怎么样？
- 如果我住在太平洋的小岛上，我的生活会有什么不同？
- 如果太阳永远不落，我的生活会有什么不同？
- 如果温度永远持续在50度，我的生活会有什么不同？

5. 在以前用过的片子脚本基础上再发挥，以套用在那些基本符合条件的新产品上。

6. 创造一款游戏，看看你和朋友们的创造力如何。在一组索引卡上，写下各种产品或服务的名称（例如：咳嗽药、面巾纸、软饮料、罐装汤、运动型汽车、浴巾和灯）。在另一组索引卡上，写下各种拟声词（例如：男人的打鼾声、嗡嗡声、爆裂声、蟋蟀的叫声、尖叫声、汽笛声和流水声）。闭着眼睛从每堆卡片中抽出一张。用你抽到的拟声词为抽到的产品或服务做一则广播广告。演示一下吧。

7. 看一下图6-4和图6-5中食物银行（Food Banks）的两则食品广告。你觉得哪一则要好一些？为什么？试着想出些新创意来激发人们为食物银行捐赠。

8. 制作一则你的"创意资源"的清单，并试着去征服新的领域。首先，列出你最喜欢的电影、艺人、音乐、小说与非小说类书籍、杂志、现场秀、音乐剧、现场音乐会、电视节目和休闲活动等。把这些和你的教授及同学们分享。现在，试着在清单上加些不一样的东西。如果你喜欢看电视情景喜剧，你可以尝试花一个小时以上的时间去看自然节目、芭蕾舞表演或者历史类节目。如果你喜欢听乡村音乐，你可以尝试听听交

图6–4

文案之一：你可能听说过写在茶叶上的信息，现在你可以从字母汤中得到这样的信息了。

（感谢马克·拉塞尔合伙人事务所提供）

文案之二：汤，有营养的食物，当你能够喝到时。

（感谢马克·拉塞尔合伙人事务所提供）

图6–5

文案之一：大多数人都认为糟糕的事离自己很遥远。这些广告提醒在格林威尔和南卡罗来纳州的人们，现实中饥饿就在我们身边。

文案之二：这里不是加尔各答，不是卢旺达，也不是海地，这里是您的后院，这里是格林威尔。

响乐。通过这样的练习，你有哪些收获呢？

网上查询：了解更多有关大创意的知识

- 来自罗杰·冯·欧克（Roger von Oech）的创造性思维技巧：www.creativethink.com
- 头脑风暴的技巧：www.mindtools.com/brainstm.html
- 创意：www.creativeadvantage.com

简单案例

冰岛航空和巴尔的摩华盛顿国际机场让旅程不再辛苦

查看众多的航空公司广告,你发现了什么?微笑的空姐们,放松的乘客们在宽敞的椅子上伸展身体,旅途目的地那奇异而又壮观的风景,还有那些飞机飞在云层上的照片。是啊,竟有这么多的航空公司广告如此雷同。

所以你应该怎样突破雷同呢?而你只是一家小型航空公司,面临新挑战,你会做些什么呢? 拿苏提-亨克尔事务所就接受了这样的挑战。当时斯堪的纳维亚航空公司(SAS)刚开始由杜勒斯(Dulles)国际机场飞往斯堪的纳维亚半岛的直飞航线,这威胁到了冰岛航空在巴尔的摩华盛顿国际机场(BWI)20%的生意。

拿苏提-亨克尔事务所发现斯堪的纳维亚航空公司正打算斥资一百万美元来打广告——这个数额几乎是冰岛航空所能负担的广告额的三倍。同样的,冰岛航空认识到斯堪的纳维亚航空公司在飞往斯堪的纳维亚的时间安排上也更胜一筹。但是所有的这一切都没有让拿苏提与亨克尔事务所的团队泄气,因为他们有一个秘密武器——个人经验。

由于他们的办事处就坐落在马里兰州的银泉(Silver Spring),因此他们掌握着华盛顿范围内机场的一手资料。他们决定退出杜勒斯机场地理区域的生意,同时认为巴尔的摩机场的生意是安全的。余下的区域就是“不定区”,这些区域大致上是两家机场相持竞争的——弗吉尼亚州的亚历山特利亚(Alexandria)和阿灵顿(Arlington),马里兰州的贝塞斯达 (Bethesda)和银泉(Silver Spring),以及华盛顿特区,这些区域离两个机场的距离基本相等。

拿苏提-亨克尔事务所的主管们知道斯堪的纳维亚航空公司从华盛顿到斯堪的纳维亚的航线中最薄弱的一环,也是他们的乘客们最为熟知的一点——那就是出发点是华盛顿。那时跟现在的情况类似,出入杜勒斯机场的交通不太便利。在航空港附近没有停车场,中转班车不完善的系统,使得乘客顺利抵达飞机场都是件很烦人的事情。

他们的战略很简单——杜勒斯机场——创意集中在:与从杜勒斯机场出发相比,从巴尔的摩华盛顿国际机场出发飞往斯堪的纳维亚的旅程中更为便捷。他们的目标受众是那些居住在美国、需要回斯堪的纳维亚处理生意或者旅行的斯堪的纳维亚人。

赶快回家。
冰岛航空飞往斯堪的纳维亚。
从BWI起飞，就是更好。

预算有限，因此为了使冰岛航空有限的广告预算用在刀刃上，拿苏提-亨克尔事务所把所有的资金都投入在广播广告上（参见60秒的广播广告，“行人传送机”），地铁卡和公交车后背的标志广告上。基于广告的目标受众主要是斯堪的纳维亚人，广告创意人在广告中运用了斯堪的纳维亚人的视角，采用了一个著名的瑞典卡通人物来作为冰岛航空的形象代言人。广告标题有：“斯堪的纳维亚人是天生的雪橇手，不需要什么班车。”“当你从巴尔的摩华盛顿国际机场起飞，斯堪的纳维亚看上去不再那么遥远。”部分广告甚至完全使用瑞典语，斯堪的纳维亚半岛的主要语言。通过朋

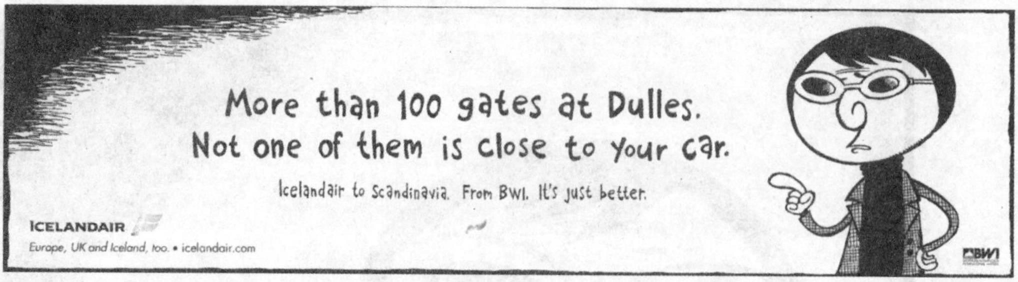

DULLES有上百个登机口。
但是哪一个也不接近您的车。
冰岛航空飞往斯堪的纳维亚。
从BWI起飞,就是更好。

“行人传送机”(People Mover)(60秒广播广告)

妇女:	我喜欢那些类似行人传送机的东西。机场的班车把你从一个航空港送到飞机所在的航空港。我的意思是我“真的”喜欢这样。失去平衡……拥挤的大巴……在人群中冲冲撞撞!!啊!!只要我能从杜勒斯机场飞往斯堪的纳维亚。我……哇唔!如果我乘坐巴尔的摩华盛顿国际机场出发的冰岛航空的航班,那里每周的航班比杜勒斯那里的多。飞机就停在航空港,航空港旁边就有停车场!不用坐机场班车。这样,我似乎有两种选择了,一是直接从停车场到登机楼,另外就是那个机场的方式咯。看似一样,但其实不同。就这么简单!
广播员:	冰岛航空从巴尔的摩华盛顿国际机场飞往斯堪的纳维亚半岛和欧洲。汽车停车场。便利快捷。每日均有航班。大家都觉得好。咨询冰岛航空,请拨打 800-223-5500 或访问网站 Icelandair.com。

友关系,他们找到了一个瑞典文案人员专门负责把他们的创意翻译(广播广告中则改写),然后奉献给瑞典观众。

经过两个月的努力,冰岛航空成功地把飞斯堪的纳维亚的市场份额完全锁定。尽管斯堪的纳维亚航空公司开始进入该市场,但是通过此番努力,冰岛航空的市场份额却上升了几个百分点。

在第十二章的简单案例部分,我们将看到拿苏提与亨克尔事务所是如何解决冰岛航空的另一个挑战的。

第七章

书面文字：与消费者心意相通

斯蒂芬·金(Stephen King)承认，他大多数时候并不是在臆造创意而只是在发掘创意。同样，神奇作家詹姆斯·李·巴克(James Lee Burke)看故事从来都是只看开头的两三段。对于他来说，创意的过程更像是一个发现的过程，而非一个创造的过程。对此，《艺术沟通》的专栏作家厄尼·申克(Ernie Schenck)，认为下面的内容是广告文案人员必修的一课：

> 对于为什么我们再也看不到长篇累牍的广告文案的问题，我有自己的一套理论。这些跟视觉冲击的时代以及音乐电视或视频游戏的盛行没什么关系。真正的原因在于我们和故事内的主人翁失去了必要的沟通。很多人认为，概念即故事，于是，确定一个大想法，设计一个新潮的标题和版面，在尾声说一些必须说的话，然后，谢谢啦。①

申克建议，广告文案人员不要花太多的时间在打造一个品牌上，而应该多想想

---

① Ernie Schenck, "Mummies, Lost Arks and Long Copy Ads," *Communication Arts*, March/April 2003, pp.134–136.

怎样把一个品牌简单明了地表现出来：

> 的确，下面的几点我们必须遵循。我们需要去传递信息。但是我们无法把如何传递信息与如何组织故事情节的过程割裂开。你要做的只是写作，按照文案本身的路子去写。不要有意识地去写作，你的写作过程大多情况下应当是无意识的，应该让故事本身去进行叙述。①

看一下这则成功的广告案例。这是一场为北卡罗来纳州旅游业的广告运动(参照图7-1)。注意看文案作者是如何把关于北卡罗来纳州的历史和地貌信息融入文案中的。你根本没有察觉到你是在读一个事实陈述，不是吗？相反，你读的是一番引人入胜的风情。这则广告的文案很长，超过了125个字，但是由于它写得太引人入胜了以至你根本没注意到文案的长度。

你们的目的就是能延续这种写法，写出让读者难舍难放的文案来。短则寥寥几行，长则洋洋洒洒几百字。有时，好的图片可以达到尽在不言中的效果。下一章节中将会介绍设计的部分，但在本章你需要牢记的是：一则广告看上去是什么样和一则广告所讲述的是什么，这二者在保证信息传递有效性的过程中是同等重要的。

标题有助于建立良好的第一印象

坦白地说，你通常不会一拿起一份杂志或报纸就说："我迫不及待地要看这上面的广告了。"除非有某种信息能从那些五花八门的内容中脱颖而出，吸引到你的注意力，否则你可能只会是掠过这些广告。文案作者和艺术总监的任务就是创作出好的标题，吸引浏览者阅读广告。

标题的功能

- 吸引目标受众的注意力。想象一下，你正在读一本满是美味菜谱的饮食杂志。正当你充满食欲的时候，一句话引入眼帘"下一餐开始要用次氯酸钠消毒剂"，此外，配有一幅不安地盯着你看的一条鱼，一定让你感觉

① Ernie Schenck, "Mummies, Lost Arks and Long Copy Ads," *Communication Arts*, March/April 2003, pp.134–136.

图7-1

文案之一：为什么此地让人向往？细语悄诉着此地的险峻。然而，此险峻也正是外海岸(Outer Banks)的魅力所在。更超然地说，它是一种大自然的呼唤。毕竟，这些小岛(Blackbeard 和 Stede Bonnet)都曾是历史上最耸人听闻的海盗们藏匿财宝之地。沧海桑田，景致犹在。这里吸引了新一批的逃亡者——度假者。这里，偏远荒芜，拥有无尽的平原和质朴的风光。这里一切的一切与喧嚣的城市对比鲜明。这里，就像是世界的边缘。这里，沙丘可以有四层楼那么高。庄严而又古老的灯塔仍在投射着灯光，映射在永不休止的海面上。两千多艘沉船正静静地躺在这海面之下。外海岸，旷远而又素美，浪漫而又脱俗，令人惊叹，亦美亦狂，我们静候您的到来。

文案之二：起初，它们曾同是泛古陆大陆板块的一部分。现如今，它们之间仍然存在着鲜活的联系：坐落在阿什伯纳市的北卡罗来纳州动物园是全美第一座自然栖息动物园。在这里，你和你的孩子们可以在一天中领略到非洲草原上的羚羊和鸟群的风采；在这里，你们可以观察到濒临灭绝的白犀牛在进食；在这里，你们可能会被低地大猩猩家族的滑稽动作逗得哈哈大笑；在这里，两个古老的大陆以另一种方式延续着繁盛。你看，一只稀有的肉垂鹤就出生在这里，却要回到南非大陆去繁衍生息。在广袤的大地上徜徉，你可以感受到事物之间的微妙关系。但这一切就是这样存在的。你看，很久以前，我们就学到了宝贵的一节课：保持与过去的某种关联，不仅仅动物们从中获益——人类更是如此。

恶心。

你不想看下去，但是你控制不了你自己。你读下去，了解到次氯酸钠消毒剂可以为你的厨房消毒，预防沙门氏菌。尽管你已经没什么食欲了，但想去开始清洁你的厨房。这则广告就这样完成了它的任务。

- 挑选你的受众。你需要让那些合适的人群来读你的广告。李奥·贝纳(Leo Burnett)是世界上最著名的广告公司之一的创始人，他曾经这样说过：

最好的关注来自那些真正对广告产品本身效果感兴趣的人。如果其他同类产品都很不错的话，在广告中突出不同点并不是一种明智的做法。一则广告可能会夺人眼球，但并不一定能激发人们的购买欲。一个非常有才能的橱窗设计师曾说过，"要避免画出个只会呱呱叫的乌鸦来。既要抓住每一个潜在消费者的眼球，又要让那些不相关的人走开——这是件很难的事"。吸引那些潜在买家的重点关注，比通过运用醒目而又机智的标题去吸引那些本来对广告内容不感兴趣的潜在读者更有效。①

- 吸引读者阅读广告的正文内容。一个好的标题可以让你思考。"这很有趣。我想了解更多。"例如，谁想知道"在床上不能做什么？"(如果你感兴趣的话，继续读下去，稍后你可以在本章中找到答案。)
- 在沟通中告知产品优点。告诉消费者产品将会给他们带来什么好处。

它能够让他们更漂亮？它能帮助他们在工作中取得成功？它能让他们的孩子更聪明？保护他们的家？作为文案人员，你的任务就是找到产品的优点，让它鲜活起来。下面是雪弗莱(Chevrolet)怎样告知其消费者S-10型汽车速度很快的：

WITH 190 HORSEPOWER, THERE'S A REASON WE PUT SCOTCHGARD™ ON THE SEATS.

拥有190马力，我们之所以把润滑油放在座位上是有原因的。

---

① (*Communications of an Advertising Man: Selections from Speeches、Articles and Miscellaneous Writings of Leo Burnett*),(Chicago: Leo Burnett Company, 1961)李奥贝纳，取自1947年11月13日他给创意人员做的备忘录，再版在《一个广告人的沟通：李奥贝纳讲话、文章及写作作品集》。授权仅供私人交流。

- 强化品牌名。你是否曾有非常喜欢一则广告却说不出那个产品名称的经历?娱乐读者当然非常重要,但是千万不要为了突出创意而忽略了产品的名字。

  绝对伏特加的获奖作品很好地诠释了如何把一个品牌名称做得有创意。下面是两个例子:

  ABSOLUT L.A.

  绝对洛杉矶

  (画面:一个绝对伏特加酒瓶形状的游泳池)

  ABSOLUT NANTUCKET

  绝对南塔基特

  (画面:一个绝对伏特加酒瓶形状的海滨小道)

- 与你的消费者做情感交流。大多数人都会怀疑广告上所说的话。因此,你必须要让你的信息是可信的。通过采用"我们是第二,我们在加倍努力"的标题,阿维丝(Avis)汽车租赁公司在人们心目中获得了一席之地。这样的一句话要比夸耀说"我们是全国引领汽车租赁行业的公司其中之一"更让人信服。

- 拓宽视觉效果。如果说一幅图抵千字的话,那么一幅带有标题的图的效果就更大了。一个标题配上一幅图,构成了一个整体,一个比具体部分更大的整体。

  打个比方,你应该怎样去表现出一个便携式真空吸尘器的强劲吸力?一个方案是,打出一句警示语"小心你对着的地方。"这句话看上去很无聊,但是当这句话配上一幅一个男人的假发飞向吸尘器皮管的图画以后就会显得很有趣了。现在,那正在吸起一块地毯!

标题的类型

- 直述其益。提供给读者使用该产品的理由。例如,路厄斯海岸垂钓(Shore's Fishing Lures)写道:

  IT'S LIKE TOSSING A TWINKIE

  INTO A WEIGHT WATCHER'S MEETING.

  这就像是把一块甜点塞给了一群正在集会的减肥者。

- 反述其益。暗示消费者,如果不使用广告中的产品或服务的话,会有什么糟糕的情况发生。或者,你也可以暗示:"如果你使用竞争者的产品的话,你会后悔的。"当然,如果你使用这一方法,你一定要确保没有给竞争对手打免费广告。同样的,你要注意不能对竞争对手有任何不实的评论。

在第六章中讲到的冰岛航空在巴尔的摩华盛顿国际机场的广告,就是反述其益的最佳范例。下面是一些其他的范例:

No wonder they call it high fashion.

To dream up some of those prices you'd have to be high.

难怪那些都被称为高级时尚。想象一下那些东西价格,你想不"高"起来都难。
(戴菲服装折扣店的广告)

I NEVER READ THE ECONOMIST.

— MANAGEMENT TRAINEE.AGED 42

我从来不读《经济学家》——一位42岁的管理培训生如是说
(《经济学家》杂志的广告)

- 陈述事实。人们喜欢读到一些有趣的琐事。下面的标题就提到了一个有趣的真实故事:
  It takes 12 miles of cotton to
  make a Lands' End® pinpoint oxford.
  And that's just the beginning.

要制成一片美国地之角服装公司(Lands' End®)牛津布就需要12英里长的棉花,而这些还只是刚刚开始。

美国地之角服装公司的文案中还写道,制成一条裙子需要经过69道剪裁的工序,纽扣孔的锁边总共要缝120针。读者们会记住多少?只要他们能够回忆起该公司是注重衣服的品质这一点,广告的任务就达成了。

- 挑选受众。去吸引特定的观众,把这些在标题中注明。有时,受众被广告直接选出,比如,好事达保险(Allstate Insurance)公司的广告:"你拥有一家小型企业吗?"。另外,广告基调、广告用语和图片的选择也会有助于挑选出受众:

Michelin. Because so much is riding on your tires.

米其林。因为你的轮胎承载了太多、太多。
(画面:一个小婴儿坐在一个轮胎旁。)

- 挑起好奇心。提供足够的信息,激发读者想继续读下去的欲望。"想知道为什么大多数人喜欢在黑暗中做爱吗?"这句话诱使读者继续读下去,特别是当他们看到本该有广告图片的地方只有个长方形黑框的时候,他们阅读的欲望就更强了。这实际上是一则健身训练项目的广告,目的是告诉人们要保持体型。

尽管好的标题可以把读者推向文案正文,但是这些标题必须要能够激发出趣味性,而不是让读者迷惑不解。一位读者如果读了一则不完整的广告内容,他可能就会错过你所传达的信息了。

- 创造新闻。就像你想要知道你的家人和朋友的新鲜事一样,你也会想要知道有哪些新推出的吃的、穿的和看的东西。很多广告专家相信,在广告文案人员的字典中"新"是最有作用的字之一。其他类似的词有"推荐"、"就是现在"、"最后"、"最终的"、"今天"、"即时"和"首先"。仅举一例:

  LIFE IN THE SOUTH
  JUST GOT A LITTLE SWEETER.

南部生活,已变得更甜蜜一点。
(刊登在《南方生活》杂志上的家乐氏提子麦的广告)

- 传达指令。要求读者去做某件事。很多年前,耐克(Nike)告诉体育迷们“想做就做”(Just do it)。其时,这个词只是单纯地想激发人们去购买耐克产品。下面是其他的一些有说服性的命令式标题:

Hire us to paint your house
and you won't need this newspaper.

雇我们粉刷您的房子吧,这样你就不需要这张报纸了。
(为曼斯菲尔德庄园粉刷公司做的广告,广告上是粉刷留下的斑点)

Rekindle your love affair with New York.
与纽约相约,重燃你的爱。

(纽约市广告)

Imagine filling out a job application
and running out of room
where it says "Experience".
想象一下吧:填写一张工作申请表,把上面“经历”栏都填满。

(美国校报上的征兵广告)

- 提出疑问。一个提问会激发起人们的好奇心,吸引人们来阅读广告。一个提问式的标题可以让读者停下来思考,阅读你的广告来寻找答案,但是,要注意别把广告中的答案标得太明显了。下面是一些提问式的广告标题,它们做到了吸引读者的注意并激发人们阅读的欲望:

  IF YOU WERE TWO YEARS OLD,
  COULD YOU TELL THE DIFFERENCE?

如果您是两岁孩童,您能区分出它们吗?
(画面上是一个塑料瓶牛奶和一加仑漂白剂)

How do you deal with an enemy that has no government, no money trail and no qualms about killing woman and children?

面对一个不受政府管制、没有经济约束、对于杀害妇女儿童的行为毫无愧疚感的敌人,您能怎么办?

紧接在前标题后面的第一行字让很多读者吃惊:"这个敌人就是大自然母亲。"广告让读者们促进国会通过使用保险金——而不是税金——来支持保护美国人免受未来诸如龙卷风和地震之类灾难的法律。这则广告在卡特里娜龙卷风灾难一周年之际推出。卡特里娜龙卷风是美国历史上破坏性最强的龙卷风之一。

- 反复强调。可以反复使用一些语句来强调要传达的信息。麦格劳-希尔(McGraw-Hill)国际出版公司在一则广告中就是使用了反复的手法来强调做广告的巨大作用:

I DON'T KNOW WHO YOU ARE.
I DON'T KNOW YOUR COMPANY.
I DON'T KNOW WHAT YOUR COMPANY STANDS FOR.
I DON'T KNOW YOUR COMPANY'S CUSTOMERS.
I DON'T KNOW YOUR COMPANY'S RECORD.
I DON'T KNOW YOUR COMPANY'S REPUTATION.
NOW——WHAT WAS IT YOU WANTED TO SELL ME?

我不知道你是谁。
我不知道你的公司。
我不知道你公司代表什么。
我不知道你公司的客户。
我不知道你的公司做过什么。
我不知道你公司的声誉。
现在——你想卖什么给我?

- 游戏文字。写手们喜欢玩文字游戏,转换一种表达方式让同样的文字表现出特殊的意义。做得好的话,文字游戏可以吸引读者们的注意,停下来阅读广告,接受所要传达的信息。比如,麦当劳(McDonald's)把一句平实的话"要搭炸薯条吗?"稍加改动,变成了一句推广"垄断"游戏软件的标题"要搭现金吗？"

黄金俱乐部(Gold's Gym)的广告运用了文字游戏的手法(参见图7–2a、b)。既让人意想不到又与产品有一定相关性的文字,并传达出了一种销售理念。这则地区性广告被公司誉为"世界上最好的黄金俱乐部广告"。

a. 出售小驴("驴"又可指"臀部")

在做文字游戏类广告的时候,你要当心不要深陷游戏之中而忘记了你的本来目的是要卖掉产品。要确保文字游戏可以有助于更深远地传播信息而不是仅供娱乐。同样你也要当心不要过量使用双关语。当你展示你的作品的时候,创意总监和读者们都不会喜欢这样的作品。

b. 大肚缩小了

图7–2 这场广告运动的创意直接来自消费者之口。这些消费者希望可以恢复身材,减掉粗大腿和大肚皮。

- 运用暗喻，明喻和对比。描述你的产品的一种方法就是把产品与另一种人们熟知的形象联系起来。暗喻就是把一个东西的特征与一个不同的东西相联系。

百万(Books-A-Million)图书公司的广告告诉爱书者们：

Think of us as an amusement park for readers.

把我们这里当作是读书人的游乐园吧。

看一下洛夫勒-凯切姆-蒙特乔伊广告公司(Loeffler Ketchum Mountjoy)是怎样用暗喻来描述外出航海的经历的(参见图7-3)。

明喻是指一个东西像另一样东西。比如，为了夸大垃圾箱的气味问题，小Kitty垃圾箱品牌的广告上显示一个垃圾箱中有一只臭鼬。广告标题是：

SOMETIMES YOUR CAT CAN SEEM

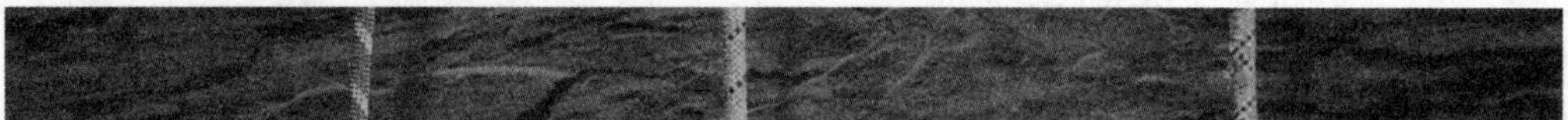

图7-3 这些绳结标志着外地航海的经历：蝴蝶结，水手结，你的胃。

LIKE A WHOLE DIFFERENT ANIMAL.

有时你的猫会看上去像是一只完全不同的动物。

对比是把两个有基本相似点的事物进行比较。例如,露比丽登(Lubriderm)沐浴露的广告中用鳄鱼来类比粗糙、已受损害的皮肤。广告标题暗示沐浴露可以让皮肤变得顺滑轻柔。它是这样表述的:

SEE YOU LATER, ALLIGATOR.

鳄鱼皮,拜拜啦。

- 平行结构。重复一个词或一句话的结构以示强调。
- 押韵。用反复的语音来表示强调。不要为了押韵而押韵,要用其突出产品的卖点。例如:

  SAIL BY MAIL.

邮件航行

(皇家加勒比豪华游轮公司的广告,邀请读者为宣传手册投稿)

文案正文叙述故事的其他部分

一旦标题激发了读者的注意力,就由文案正文来完成故事。还记得"在床上不能做什么?"这个标题吗?正如前面所述,下面的就是答案:

You can read.

You can rest.

You can sleep.

You can make phone call.

You can eat breakfast.

You can watch television.

You can listen to music.

You can exercise.

You can snore.

You can even eat crackers — provided you're alone.

And, yes, you can snuggle.

But don't ever light up a cigarette when you're in bed.

Because if you doze off just once, all your dreams can go up in smoke.

你可以读书。

你可以休息。

你可以睡觉。

你可以打电话。

你可以吃早餐。

你可以看电视。

你可以听音乐。

你可以做运动。

你可以打呼噜。

你甚至可以吃薄脆饼干——如果你是一个人的话。

并且,当然,你可以蜷伏在那里。

但是当你在床上的时候千万不能抽烟。

因为如果你打瞌睡时刚好点了支烟,这支烟将会烧毁你所有的梦想。

尽管雷诺烟草(R. J. Reynolds)可以用一句简单的"不要在床上抽烟"来做这则公益广告,但是如果把一条吸引人的标题和有趣的广告文案相结合,可以让消费者更好地记住广告中传达的信息。

写文案正文的方法

- 标准方法。大多数广告在开始的时候会用一个过渡段来把标题和文案正文联系起来。就像标题,这个段落应激发读者的好奇心,诱使他们继续读下去。中间的段落会以强调产品优势来阐述卖点。结尾的段落会进行总结,并且通常会邀请读者考虑使用该产品。

哥伦比亚运动装(Columbia Sportswear)的广告文案(参见图7-4)就是按照普通的写法写出来的,尽管无论是公司或是董事长或是广告均显得与众不同。广告标题一下子就抓住了你的注意力:"她撕扯下领子和袖子。"你在第一段中读到:"我母亲,哥伦比亚运动装公司的董事长,始终在追寻优质的外套。"在后面,简短的几句话中,

图7–4 的确，这个广告一点也不普通。标题本身可能就已经吸引了你的注意力，并且由于这个标题和产品本身有着直接的关系，这个标题非常容易让你把产品和标题联系起来。记住其中的差异性；这一点很重要。

你会了解到这位“喋喋不休的董事长”母亲的要求；通过这些，你知道了一件哥伦比亚滑雪衫的构成。文案的结束部分是：“总而言之，很容易看出了为什么并不是所有滑雪衫都可以通过母亲严厉的要求的。”

- 故事式文案。因为故事式的文案会设立一定的场景和人物，所有这样的文案读上去就像是在读一篇小说。
- 对话式文案。你知道我们通常会用“我说。她说。”大多数时候是用在广播和电视中，其实这种手法在平面广告中依旧奏效。但是，当你把文案中的这些话大声读出来的时候，你写的这些对话得听上去像是真实的。图7–5中关于鸡蛋的广告就是一个有趣的例子，尽管这里面的对话看上去有点片面性。
- 列表式文案。一则面向马萨诸塞州公众的防止虐待动物的广告，标题是

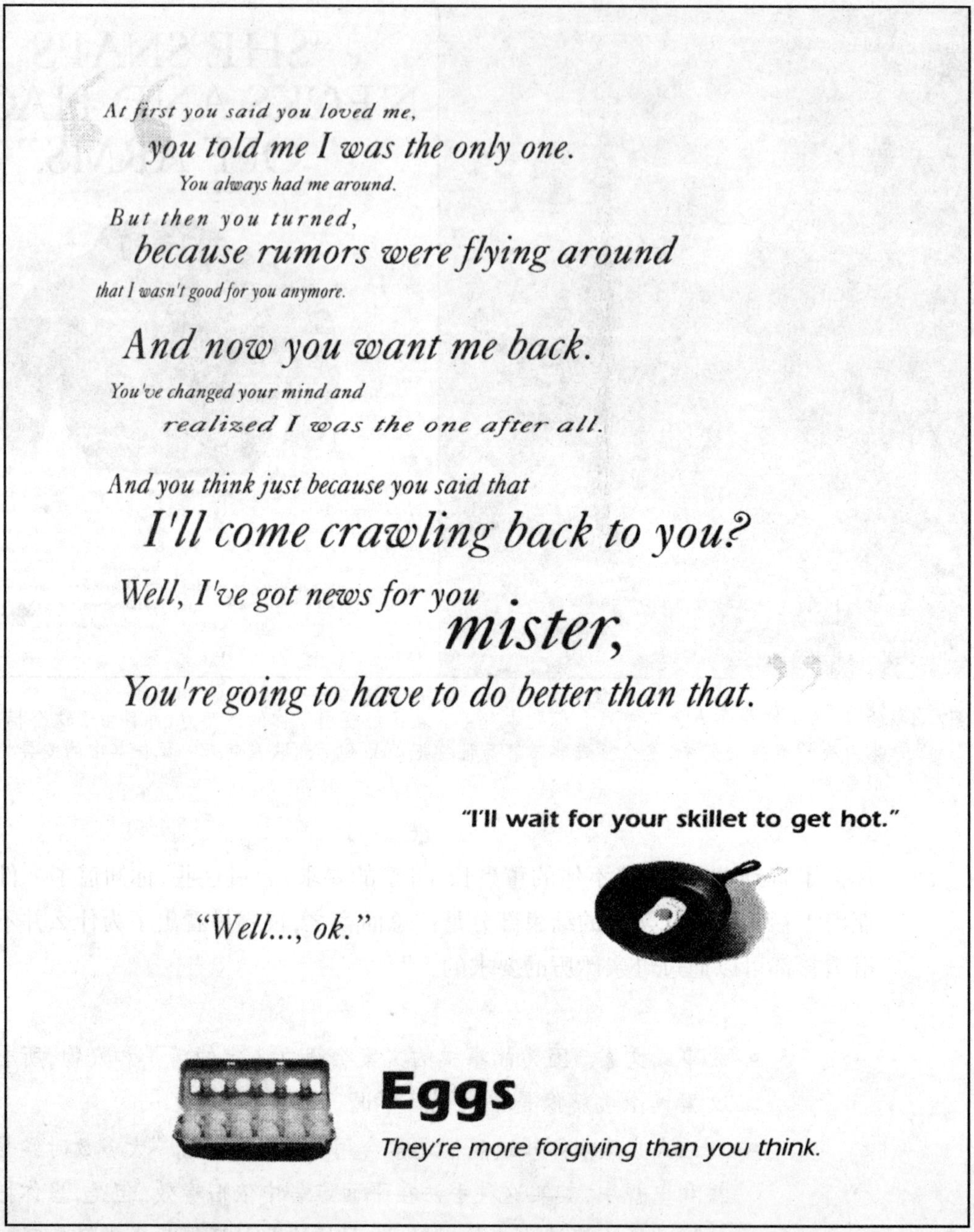

图7–5 鸡蛋,它们比你所想象的要宽宏大量得多。这则独具匠心的广告试图向读者说明吃鸡蛋是安全的,该广告在对话中使用了拟人化的手法。

这样的“收养杂种狗能得到所有最好的。”图片上是一只可爱的杂种狗直直地盯着读者的眼睛看,文案中列出收养一只杂种狗带来的好处,如它兼具:“灵犬莱西的聪明、大麦町犬的斑点、牧羊犬的叫声、小猎犬的友好、圣萧伯纳犬的心地、丹麦大狗的爪子”等所有的好处。

- 诗歌式的文案。挪威邮轮公司运用诗歌的形式来推销它的幻想冒险旅行。

It's different out here.
I will put first things last.
I will study a sunset.
I will be naked more.
I will discover a color.
I will memorize clouds.
I will be amphibious.
I will eat a mango.
I will get a ready good tan.
在这里一切大有不同。
我要把重要的事情放在最后。
我要研究一次日落。
我要露得更多些。
我要发现一种新的颜色。
我要记住云朵。
我要登陆下水。
我要吃个芒果。
我要拥有一身漂亮的古铜色。

强制要求的内容:用小号字体

强制性要求的内容是指你的广告中必须要出现的部分,通常是以广告底部或边缘的小字形式出现。有时这是法律规定的,例如,银行的广告中必须要有“贷款人人平等”的字样。有时这些是广告客户的要求,例如六顺汽车旅馆Motel6的广告,要求加入“Motel6,雅高集团酒店”,你的责任就是要确保广告中出现这样的内容。

文案写作常见问题解答

可以打破规则吗?

有些人相信广告毁掉了我们语言的尊贵。当他们读到"温斯顿的味道就像是一根香烟"的句子时,他们被吓坏了。他们讨厌读到不完整的句子,会尽量避开以连接词开始的句子。但另外一些人认为广告用语就应该像平常人说话一样,所以打破规则没什么关系。大多数人都认同,在打破规则之前,你最好了解规则。你可以看下一页中有关文案中出现的错误。下面是一些打破国际规则的标题:

I QUIT SKOOL WHEN I WERE SIXTEEN.

我16岁时退学。

(一则令人信服的必须继续求学的广告)

I HAS A DREAM.

我有一个梦想。

(由亚特兰大黑人专业人士社团资助的广告,旨在倡导人们不要讲少数民族变

文 案 错 误

你必须校正你的文案。拼写检查很有用,但是它不能找出所有类型的错误。这里的是一些文案中的典型错误:

"待售:适合女性使用的古董桌,有粗桌腿和大抽屉。"

"有四根帐杆的卧床,101年的历史。古董爱好者的最佳选择。"

"现在是你打耳洞的时候了,还可以额外带一副耳环回家。"

"警告:工厂里有50个女机器拆卸工。"

"疲于自己打扫?让我来。"

"二手车:为什么要到其他地方去受骗呢?先到这来吧!"

教会期刊也会出错。下面是一些最有趣的:

"小妈妈俱乐部将会在星期四下午5点聚会。所有希望成为小妈妈一员的人可以到牧师的书房与他会面。"

"周五下午地下室里,教会的妇女捐出了(脱了)各式各样的衣服。"

"复活节的时候,我们会邀请约翰森夫人来,在圣桌上放圣蛋(下蛋)。"

不要认为只有这种闭塞的小镇和教会期刊上才会出这样的错误。看看下面的例子:

梅塞德斯奔驰的配件广告这样写道:"她的标志让每日生活富有艺术性。首先,她会运载水果蔬菜。其次,她深受爆米花、足球和鲨鱼的启发。有一天,尼科尔·米勒就离不开奔驰了。"

布鲁斯硬木地板商伤害了一些祖母们的心,它的广告是这样的:"结实的橡木,和你的外祖母一个样。"

体英语)

什么是广告标题的最合适长度?

除非设计上有特殊要求,或是对于广告标题有预先的字数限定,否则没什么所谓的最合适的字数限制。最著名的汽车广告标题只有一个词:"柠檬。"这则出人意料的大众汽车广告的标题吸引人们去读它的文案正文。文案中介绍了汽车制造商严密的质量标准。相反,另一则著名的汽车广告标题有18个英文单词:"在达到每小时60英里的车速时,新款劳斯莱斯最大的噪音来自它的电子钟。"

有时你会发现你并不需要一个标题——图片本身就可以很好的表现广告的本意。大众汽车一则关于省油的广告没有用一个字,但很好地表现出汽车的优点。一个卡通形象的人拿着加油管对着自己的头,激发起了消费者对于高油价的共鸣。

文案是长篇的好还是短小精悍的好?

如香水和时装类的产品广告,主要是用图像打动人,所以广告中使用简短的文案配有突出的视觉冲击,效果最佳。如汽车和计算机之类的广告则要让购买者在购买之前有充分的思考,因此这类广告会用长一些的文案来详细地介绍产品各个方面的特性。

但是这样的规则也会被成功地打破。大众汽车的广告就只有很少的几行文案。地之角服装公司会用一整页的文案来详细介绍其服装。

适合广告本身目的的文案就是最好的文案。你可能会发现你不需要任何文案。你只需要合适的图片和产品标志就可以完整的表达创意。图7-1中展示的北卡罗来纳州的旅游广告用长篇的文案来抓住了那些渴望冒险的读者的注意力,但在另一组针对那些渴望逃脱工作压力的旅行者的广告中,他们就几乎没有使用任何文案(参见图7-6)。

一个品牌需要广告语吗?

一个好的广告语可以用寥寥数语表现出品牌产品的基本特性。下面是一些范例:

"It's not delivery. It's DiGiorno."
"这不是外卖,这是迪吉奥诺。"
(迪吉奥诺冷冻披萨)

图7-6 这样没有广告标题和文案的广告非常合适用在针对那些只想要休闲的度假者的广告中。注意这些广告与图7-1中展示广告的差异，它们针对的目标受众是不同的。

"Have You Met Life Today? "
"你今天见到生活中的美好了吗？"
（大都会人寿保险）
"Hey, You Never Know."
"嘿，你不知道会发生什么。"
（纽约州彩票）
"We Answer to a Higher Authority."
"我们听命于一个更高端的权威。"
（希伯来人热狗公司广告Hebrew National Hotdogs）
"Don't Mess with Texas."
"不要扰乱得克萨斯。"
（反垃圾运动的广告语；作为整个州的召集口号）

不幸的是，很多广告语缺乏代表性以至于往往容易被其他品牌引用。很多年前,梅西百货的广告语是:“我们是你生活的一部分。”与此同时,西尔斯(Sears)也写道:“西尔斯让你的生活更丰富多彩。”通用电器(General Electric):“我们让生活更美好。”这些广告语同样也可以用于一所医院,房地产经纪公司或是一家银行、一家健康食品店、一所兽医医院或是其他的产品或服务。

就像前面提到的例子,太多的广告语只会使广告显得更杂乱。但仍有很多客户坚持要有一句广告语,就像是如果广告代理商没给他们做广告语的话,他们的这些广告费就不值了。作为一个文案人员,你可以做两件事:或是劝说客户放弃广告语的要求;或是写一些对客户的消费者真正有意义的东西。

广告文案应该怎样规范化?

图7-7中是平面广告中的一个范例。在左上角的嵌条上列出公司的名称、大小、媒体(全页杂志)。写出画面视觉创意,广告标题、文案、标识和下标文字,加上其他用得到的部分。为了便于阅读、修改和推广,应该设置成双倍行距。图7-8显示的是广告的成品。

COLONIAL SUPPLMENTAL INSURANCE
Two-page spread
“Adorable kids.”

VISUAL: Close-up of two adorable kids in the back seat of a car

HEADLINE: On Tuesday, she'll begin ballet and he'll begin chemotherapy.

COPY:
How will you pay for what your health insurance won't? How will you pay the deductibles? The travel expenses to see specialists? The everyday life things? Especially if you're forced to miss work and miss paychecks. Colonial Supplemental Insurance offers affordable cancer, critical illness, disability, accident, and life coverage that can help ease the burden of unforeseen expenses. And, most importantly, provide you with peace of mind. Find out more at www.coloniallife.com.

LOGO: COLONIAL SUPPLEMENTAL INSURANCE

BASELINE: for what happens next

MANDATORIES: (none)

图7-7 这是文案草稿的样本,注意到标题的用法,双倍行距和两边合适的边距。怎样把这样的草稿变成广告成品?

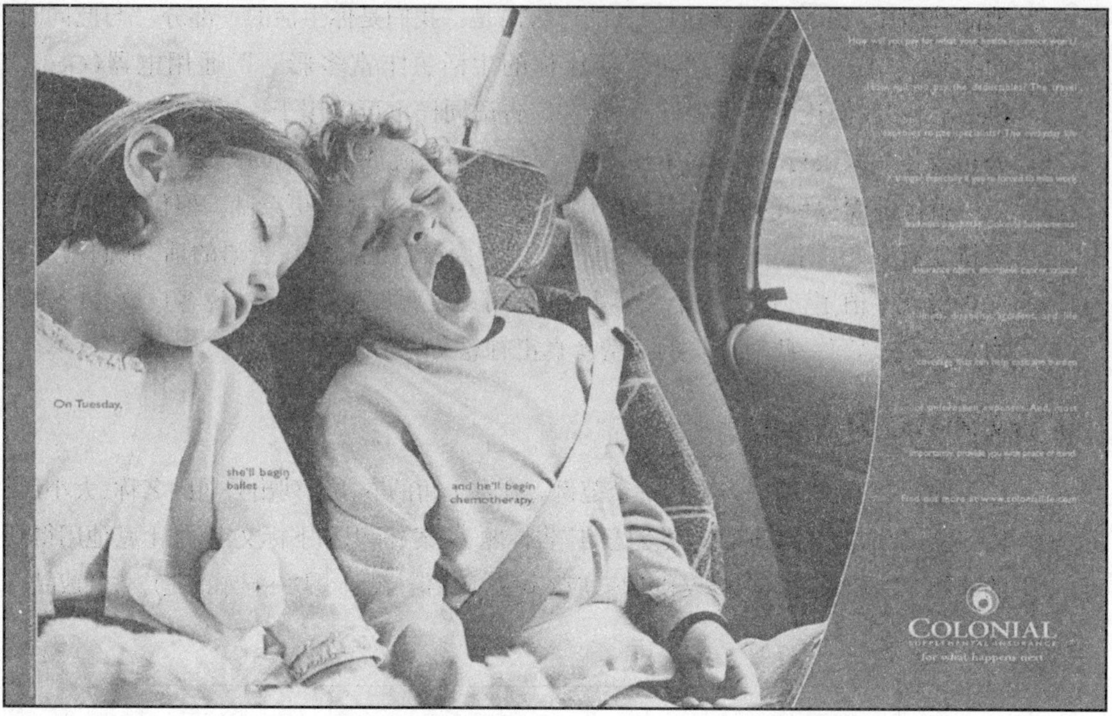

图7-8 这则广告清楚地说明了你为什么需要补充保险计划。广告使康联保险(Colonial)的补充保险增加了40%。可以通过图7-7了解广告的文案内容。

有效撰写文案指南

不论你是在写平面、广播、直邮还是新媒体广告文案,下面的一些准则都可以帮助你提高文案写作水平。当你在阅读后面的章节时,脑中要牢记这些规则:

1. 爱你的产品。你是否有这样的经历:你不得不去参加一门讨厌的必修课程,结果,由于你的教授的有趣,你却爱上这门课?教授对课题的爱好使你去上课,学到了更多关于这门课的内容。你要做的就是投入同样的热情到你的作品中,这样你的受众就会了解你的品牌,然后去购买产品。

   在你开始撰写文案之前,要对广告有全景的认识。你不是在给你那位爱听你唠叨的妈妈写信。你也不是在给你那位受雇来读你的作业的教授写论文。你甚至不是在给那些去买杂志或报纸以寻求新闻的读者撰写故事。你是在给那些把广告看作是骚扰的人写东西。因此,你必须要写得有趣。戴维·奥格威(David Ogilvy)的"从来没有无趣的产品,只有无趣的作者"的评论,一语中的。

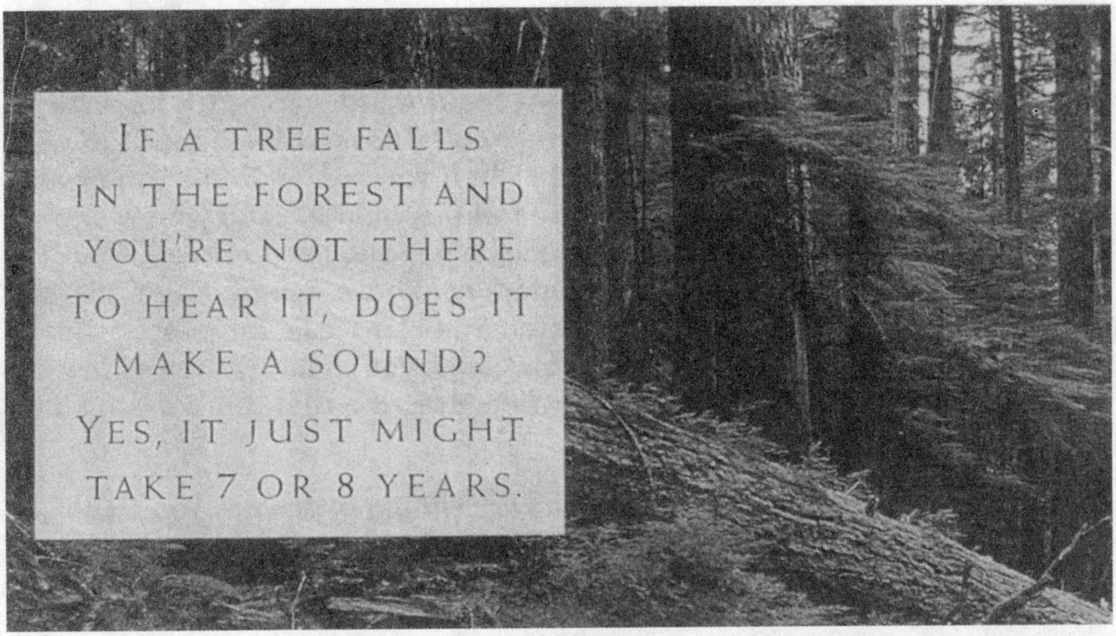

文案之一:为了制造一把好吉他,你已经投入了大量的时间和心血在它上面。在最近的几年里,我们一直在努力。给我们写信,找到离你最近的经营商。地址是1940 Gillespie Way,EI Cajon,CA 92020。

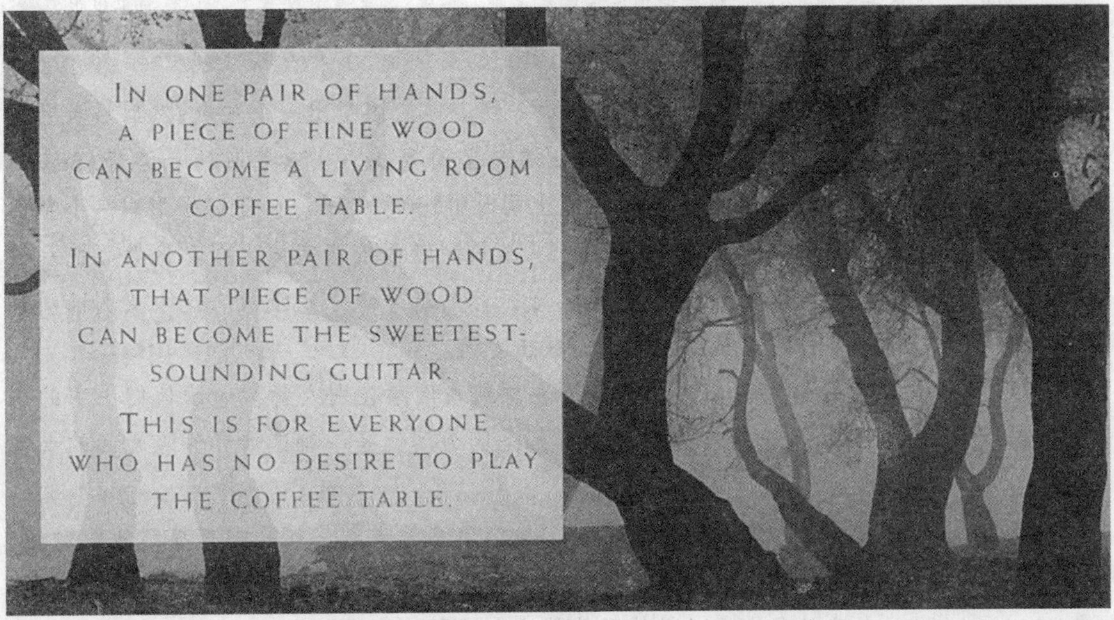

文案之二:有的树变成了铅笔。有的树变成了印吉他杂志的纸张。有的树变成了鞋楦。有的树变成了泰勒吉他。有的树拥有了所有的幸运。写信给我们,地址是1940 Gillespie Way,EI Cajon,CA 92020。

图7–9 大多数吉他广告都满是技巧性的行话，迫使音乐手们陷入迷茫的境地。泰勒吉他则采用了完全不同的策略。他们陈述："泰勒吉他：——采用最好材料的手工吉他给你带来最甜蜜的声音。"文案写手本可以只是在广告标题中运用这个策略，但是这个天才的艺术家把这个策略发展到了一个新高度。文案之三：这里是树。然后，这里是树。这里是吉他。然后，这里是泰勒吉他。它既简单也很复杂。写信给我们看看它们的差别在哪里，地址是1940 Gillespie Way，EI Cajon，CA 92020。

2. 不要试图在一则广告中诉说一切。你应该想出一个主题，然后沿着它写下去。为了说明重点，创意总监史蒂夫罗斯·考斯摩普洛斯(Stavros Cosmopulos)往一张硬纸板上同时钉100个钉子。由于钉子形成一个整面有效地阻止了钉子穿透纸板，结果硬纸板依旧完好无损。他然后把一根钉子钉到硬纸板上，结果钉子很容易就穿透了硬纸板。这个实例证明有时单个的力量要比群体的冲击力大。

3. 为一个人写文案。你是否注意到当你站在别人背后偷读他们手中的东西时，人们会变得很生气？那是因为阅读是一种读者和作者之间的亲密行为。

   当人们读你的文案时，他们应当感觉到你就是在直接跟他们对话，并非只是对着一群具有某些人口统计特征的人群。自由地使用"你"，并在情况允许的时候使用单数的名词和动词形式。

4. 把商务用语转变成日常用语。很多客户太了解他们自己的产品了以至于他们一开始聊产品就用生涩怪癖的行话,从而让很多普通的受众无法真正了解产品。你的任务就是倾听、提问题,然后把这些行话转变成你的读者能够理解的感受得到的好处。《读者文摘》的爱德华·T·汤普森(Edward T. Thompson)开玩笑地说一位社会学家写的"一个地区的动物呈现出百分之百的死亡反应"其实可以用一句通俗的"所有的鱼都死了"就可以了。

政治顾问弗兰克·伦兹(Frank Luntz)强调了一个词的力量。这么多年来,政客和律师们都在试图取消遗产税,但是公众们都不支持。但是当这个词被改成"死亡税"之后,政府赢得了75%的美国民众的支持。区别在哪里?"遗产税"听上去像是只针对富人的,而"死亡税"则像是针对所有人的。

5. 避免使用包罗万象的词。避免使用诸如"质量技术"、"注重服务"或"有创造力的设计"这样的词汇。看图7–9中的广告。注意泰勒吉他(Taylor)的广告中是怎样没用一句"专家手艺"来介绍他们专家手艺的吉他的?

史蒂芬·麦肯(Steve Mckee)①列出了不应当在广告中使用的五个词。因为这五个词毫无意义而且往往在广告中被滥用:

- 质量。质量是什么意思?如果一个产品值得去买的话,它就是个质量过关的产品。
- 价值。这是以拥有者的眼光来看的。按照他们购置汽车的背景来看,雷克萨斯(Lexus)和现代(Hyundai)各自都是很有价值的产品。
- 服务。你听过有公司承诺会有差的服务吗?
- 关注。如果你的竞争者不关注消费者的话,他们就不会仍在生意场上混迹了。
- 诚实。每个公司都得诚实——如果它还想拥有消费者(并继续经营下去)。

6. 文案要具体。避免使用诸如"在一堆各色高档服装上省下一笔钱"之类含糊的话。这是什么意思?是T恤衫?是高领绒线衣?是长袖子的?短袖子的?修身的?带褶边的?运动式的?这些是浅色的?亮色的?暗色的?什么叫一堆钱?究竟能省下多少钱?

---

① Steve Mckee, "Five Words to Never Use in an Ad," www.businessweek.com, 25 September 2006.

7. 不要自夸。除非你可以把产品的信息转变成某种特别的消费者利益,否则没有多少人会在意你是多么的为你的产品感到自豪或者你在行业中经营了多久。不要夸耀自己产品的特性,但要告诉读者你的产品会带给他们什么。例如,比较下面的句子:

   "我们骄傲地宣布飞往纽约的新航班开通。"

   "现在你每天可搭乘5趟飞纽约的班机。"

   你注意到第二个句子中把航班的特性(新的航班日程)转变成了旅行者的利益了吗?第二个句子用较少的文字表达了更多的信息。这才是好的文案。

8. 在允许的情况下,使用现在时态和主动的语态。现在时态是即时的沟通,主动的语态可以让你的文案更生动有趣。例如,"我们更努力"听上去比"我们已经更努力"更好。

9. 在不同的内容之间建立联系,加入过渡部分。下面是些可以连接想法的词:

所以	另一个方面
因此	此外
不管怎么样	首先
另外	其次
事实上	但是

10. 不要使用陈词滥调。以一种耳目一新的方式来描述你的产品:不要求助于用下面的这些陈词滥调:

古老的秘密	这个世界之外
一种双赢的情况	钉子般尖锐
早起者	睡得像婴儿(或木头)一样
事半功倍	现代前沿技术
熙熙攘攘	街谈巷语
世界级	并非高不可攀
几近极致	让你跌破眼镜

广播文案写手斯蒂芬·朗(Steven Lang)用下面的文字说明了陈词滥调和含糊的大而化之的文字会有多么荒谬:

喷泉已经在套词工厂里喷发。他们用到了所有你所熟知的名字,爱用天天低价，你需要的所有的东西都有低价。商店里存品丰盛。友好而又训练有素的技术人员们会满足你的任何要求。等一下，还有呢。价格已经低到骨头里了。下一次，当你有心情去享受奇妙的不可思议的超级服务时，千万不要错过机会哦。他们只为所销售的产品提供服务。商铺就位于便于你购物的地方。把它们找出来。

11. 让句子的长短和结构发生变化。为了强调这点，国际报业推广协会（International Newspaper Promotion Association）在其《文案服务》中写了这样的一段话："简单句的开头是一个主语。简单句后面接着宾语。简单句最后以句号结束。如果你连续读了三四句简单句的话，就会感到无聊至极。你刚刚就是这么经历了！"道·威廉姆斯（Doug Williams）为了证明这一点，特意用两种方式写同样的一段话。读一下下面的话，你觉得哪一个比较好？

耳朵的需要是多种多样的，所以当我变动句子的长短、创作旋律优美和谐动听的音乐时，你好好听着。我会用中短句，并且当我确认读者是在放松时，我会写一些特别长的句子。这些句子可以迸发能量，奏出最强音。它们就是那震耳欲聋的鼓声，响彻天外的钹声。它们如此重要以至于可以发出各种激发读者听觉的声音。

耳朵的需要是多种多样的。现在听着：我变动句子的长短，创作音乐。笔下的歌。它旋律优美、和谐动听。我用一些短句。我也会用一些中长句。有时当我认为读者在放松时，我会用一些很长的句子——这样的句子可以迸发能量、充满热情、如震耳的鼓声、如彻天的钹声，奏响最强音。听听这里所说的，听听这些。这很重要。①

12. 让陌生的东西变熟悉，让熟悉的东西变陌生。用简单的语句来解释那些复杂的东西。或者把一些简单的东西用丰富多彩的语言来描述。下面是作者用来描述比尔特摩（Biltmore）庄园的规模的语句：

THE DRIVEWAY IS MEASURED IN MILES.

THE FLOORPLAN IS MEASURED IN ACRES.

车道是以英里为单位计算的，地平面是以英亩为单位衡量的。

13. 写朗朗上口的语言。要使用口语化的语言，而不是那些你在期末论文中

① From a lecture titled "Mass Media Writing," given at the University o f South Carolina, March 1998.

使用的书面语。假想一下,你的顾客就坐在你的面前,你正在跟她说话。如果你觉得很难的话,就试着把你们之间的对话记录下来。去掉那些"嗯""啊""就是",剩下的部分就是一段有说服力的文案。

14. 使用简写。不要害怕使用诸如"don't" "couldn't" "haven't"或"it's"等词。[①] 毕竟,这就是人们说话常用。

15. 要注意你写下的每一段文字。汤姆·皮特斯(Tom Peters)在他的书《"哇!"的追求》(*The Pursuit of WOW*)中写道,当他注意到一个果蔬软饮料广告的过期时间写的是"可享用到3月12号"时,他非常兴奋。他写道,为什么要费劲心思写上"可享用到"而不是用平常所用的"截止到"呢?问题很简单。这是厂商以人为本的表现,这样写会使厂商与消费者之间的沟通更人性化,也使厂商高水平的服务和产品质量的有力表现。"可享用到"让我感觉到扑面而来的微笑,"啊……"嘴里情不自禁发出这样的声音。

16. 检验你的文案。大声的读出你写的文案。如果你发现有点犹豫读出来或者觉得"这个听起来好傻"。那就将它扔进垃圾桶,从头再来。一旦你写出了你喜欢的文案,再把它读给模拟目标受众听,以接受他们的检验。

17. 修改你的作品。编辑、编辑、再编辑。作家楚门·考普特(Truman Cpote)曾如是评说修改的过程,"我知道从出版商把书从我的手中拿走那一刻起,我的书就已经完成了。"

18. 校正你最后的稿子。一字之差,谬之千里。一个现实中的例子就是"波士顿流行音乐会"的门票上的"Pops"被错印成了"Poops",结果就变成了"波士顿傻子"。一所大学把这个事件,当作一个尴尬的公关失误写成了教学案例。此外,你还可以看前页中"文案错误"中的一些有趣例子。

你怎样才能避免这样的错误呢?拼写检查仅仅是万里长城的第一步。毕竟拼写检查时,不一定检查得出类似上例的错误。所以你应该怎么做呢?有的人为了检查出错误会从后往前读文案。有的人会把文案的字体弄得宽宽大大的,这样的话可以把词拆开以便于检查错误。还有的人会暂时把文案放在一边,几天后再去看它。还有疑问?让别人来帮你

---

① Be careful not to make the common mistake of confusing "its," a possessive, and "it's," a contraction for "it is" or "it has."

检查检查。

不要只注意检查文字上的错误——要从艺术角度审校文案。文案反映出想要表达的内容了吗?2000年10月,一则北卡罗来纳州的户外广告上,"Gore 2000"的标题配有一幅乔治·W·布什(George W Bush)的照片。这个低级错误被美国有线新闻网(CNN),早安美国(*Good Morning America*),今日美国(*USA Today*)和华尔街邮报(*The Wall Street Journal*)转载。三天后,这个广告真正的赞助商——一家中介服务商——在广告上打出一个横栏"需要校对人员:123hire.com"。这则仅花费了5 000美金的户外广告给客户带来了轰动全国的效应。做出这个创意的广告代理商由于媒体天花乱坠的宣传也受到了一些新的报道。尽管这则文案中的小错误是故意而为,但并不是所有的失误都会有这样的效果。

文案写作检查清单

- 你的文案反映出战略了吗?
- 你的文案和读者之间有情感联系吗?
- 广告的基调和产品以及目标受众相符吗?
- 你的标题可以让读者停下来、产生好奇心并投入其中吗?
- 你的标题会鼓励人们去读文案的主要部分吗?
- 你的标题给出了一个与销售理念相关的许诺吗?
- 你的标题和图片相协调吗?
- 文案正文中用的是读得懂的段落和口语化的语言吗?
- 你的文案听上去像是作者和读者之间的对话吗?
- 你表达出的产品卖点听上去是实事求是的吗?
- 文案最后是否会激发购买欲望,是否总结了整个创意,或是让读者想完成的开放式问题吗?
- 消费者会把你的文案和品牌名称联系起来吗?

建议活动

1. 翻阅一些杂志,至少收集本章列出的15种类型(新闻、选择、事实、暗喻等)广告中的6种,把它们剪下来。如果有同样标题的一系列广告,就把它们都列出来。同时,写下为什么有的广告吸引你而其他的没有。比较你收集的广告作品,针对它们好的地方和差的地方写一篇小论文。

2. 运用你在第五章中想出的策略,写两则带有标题的平面广告文案。把你要用的图片描述出来,配合文案画张草图。注意:设计时在一张普通的纸上画个长方形,标出标题的位置,画出草图(画出轮廓就可以了),用横线标出文案所在的地方,在底部附近标出产品标志。不要花费太多的时间在画设计图上。相反,要把重点放在图画和搭配文案的创意上。
3. 模拟向客户展示广告的过程,在全班同学面前把先前你创作出的广告展示出来。你将如何解释你的策略或广告核心理念?
4. 找一则你认为很成功的全国性广告。列出你选择它的理由。它符合哪些第一章中列出的创意标准的?
5. 找一位同学,设想为一家本土企业做系列广告。收集有关你"客户"的信息,在你们彼此交换创意之前进行头脑风暴。一旦你们在一个方案上达成一致,创作出一套至少三幅的系列广告。

网上查询:了解更多关于平面广告的知识

可以在下面的网站中看到一些获奖的广告:

- 美国报业协会:www.naa.org(点击雅典娜奖)
- 美国杂志出版商:www.mpa.org(点击凯利奖)

简单案例

这些走失的狗属于冷酷的社会

阿拉巴马州面临着一个很严峻的问题——有一群赖账的父母亲,他们不给孩子们提供抚养费用——长期的日积月累下来,这个数额超过了10亿美元。那些没有按时收到抚养费的孩子们的生活水平在下降,有的家庭甚至不得不依靠低保生活。阿拉巴马州的人力资源部门每年要接受31.4万个这样的案例。但是由于缺乏人手,社会工作人员在追查这些赖账父母时面临了很大的困难。2000年,阿拉巴马州立法机关通过了一条法律,允许人力资源部在阿拉巴马州的报纸上刊登前10位拖延孩子抚养费的债务人。

里维斯传播公司(Lewis Communications)受雇发起一场公关和广告活动来协助政府。运动的主要目的是通过曝光前10位赖账的父母,向他们的家庭和朋友施压,来促使他们缴纳孩子们的抚养费。第二个目的是要通过严肃地讨论这个问题来提高公众意识。最后一个目的是尽可能的增加媒体覆盖率来增强广告活动的效果。

为了确认谁应当被放在名单中,全州的67个县都被要求提供本市最糟糕的债务人。名单上的每一个人都拖欠了巨额的抚养费,并长期以来不配合政府工作。然后从大名单中选出了10个最恶劣的债务人。调查发现,拖欠抚养费的问题涉及整个社会人群,不受性别、种族或收入的限制。

针对这一问题,里维斯公司想出了一个大胆开放的方法。毕竟,有责任心的父母们都很难理解为什么有人会抛弃孩子。人力资源部最初想要做成美国联邦调查局通缉令的样式。但里维斯公司决定使用一个更为尖锐的标题,所以“寻狗启事”的创意就诞生了。成品的文案和图片样式给人的感觉就是邻居电话杆旁贴着的寻狗启事。

为了扩大影响力,广告列出了每个债务人的照片和姓名,以及欠款额、孩子数量和最近所在的城市。文案是:“见过我们吗?我们的孩子都没看到过我们。我们的天性就是不付孩子们的抚养费。毕竟我们是狗。所以如果你在街上散步时碰巧看到我们的话,帮个忙,给阿拉巴马州的人力资源部打电话。他们知道应该怎么处理我们。”人力资源部最初持反对意见,但后来他们逐渐爱上了这一创意。

由于公关、广告以及20家以上的媒体发布费用的总预算只有9万美元,因此资金

Name: Donald R. Thomas Sr.
County: Baldwin
Amount Owed: $129,501
Children: 4
Name: Bonnie S. Third
County: Blount
Amount Owed: $15,659
Children: 2
Name: Eural Ray Allen
County: Butler
Amount Owed: $155,968
Children: 3
Name: Richard M. Goodson
County: Cleburne
Amount Owed: $41,182
Children: 2
Name: Bennie Bradley
County: Coffee
Amount Owed: $44,327
Children: 2
LOST DOGS
HAVE YOU SEEN US?
Neither have our kids. But we can't help it if it's in our nature to run off without paying child support. After all, we're dogs. So if you should happen to see us wandering the streets, do everyone a favor and call the Alabama Department of Human Resources. They'll know exactly how to handle us.
Call toll free: 1-877-774-9512
Name: Elbert J. Crawford
County: Hale
Amount Owed: $18,158
Children: 1
Name: Robert Chapman
County: Madison
Amount Owed: $220,739
Children: 3
Name: Paul E. Tucker
County: Marshall
Amount Owed: $93,055
Children: 1
Name: Albert J. Velarde
County: Shelby
Amount Owed: $31,054
Children: 1
Name: James Carr Sanders
County: Talladega
Amount Owed: $131,177
Children: 3
Alabama's 10 Most Wanted is sponsored by Governor Don Siegelman.

是他们必须逾越的一个主要障碍。里维斯的公关工作人员和州长办公室的工作人员一起研究出媒体策略，为在州府大厦召开的发布会准备材料。“寻狗”广告在媒体发布会后的两天里陆续出现在全国的各类日报上。广告和新闻发布会吸引了150多家电视媒体报道、25篇报刊文章以及数十次广播访问。第一周内，人力资源部的网站就吸引了3 000次的点击量，接到了300多通电话，收到了至少关于5位债务人的行迹线索。

发布会后的3个月里，阿拉巴马州来自赖账父母的孩子抚养费增加了170万美元。第一则广告的五个月后，人力资源部网站上儿童供养科的点击率超过了12 000次，热线接收到了将近900个电话，都是有关前十位和其他债务人的。

“寻狗启事”不仅对阿拉巴马州市民和媒体，而且对传播行业出版商们有一定影响。《公关周刊》（*PR Week*）和《广告周刊》（*Ad Week*）都撰写文章，介绍了这次综合性的说服运动。

8

第八章

图像制作：为了沟通的设计①

广告制作是一项团队运动。首先，文案人员和艺术总监会就内容和方法交换想法，然后再逐步落实。设计方面的创意可能会来自文案写手，而标题的创意也可能来自创意总监。这样的团队协作表明团队中的每个成员都需要理解并欣赏其他人的才能。我们也许不是什么艺术大师，但是我们应能够掌握一些图像制作的基本原则。

设计和写作一样。只有把你的想象力注入你的作品中，你才能写出引人注目的标题、有影响力的文案。而制作一幅视觉效果图的过程也是这样的。你需要用形象思维，想办法用合适的语汇来解释产品的优点。所以，当你开始为广告运动构思时，其他人可能就已经在处理完稿的设计图并全面开始工作了——所以只要先画出草图就好了。就算很粗糙也没什么关系。就正如你所看到的，这两种过程很相似。各自都是解决问题的组成部分，都是先从创意开始的。

设计的功能

你在设计广告时，要在脑中清楚地把握住整个方案的目的。要记住一个广告要

---

① 本章由印第安纳大学东南分校副教授罗纳德·J·奥曼(Ronald J. Allman)撰写。

图8–1 为什么要浪费那些不必要的文字来描述产品的属性呢？有时一张图抵得上数千字的文案。

快速有效地进行沟通(参见图8-1)。一幅广告如果无法清楚明白地把你想传达的信息传达给受众的话,就算是再精美也毫无用处。

好的设计可以让你的广告更清楚明白。换句话说,你的设计需要在最短的时间里向受众传达尽可能多的信息。一个能够引发思考的设计就能帮助你达到目的。

你的设计必须要吸引目标受众。同一时刻,都有数千个媒体在设法争取得到消费者的注意。一幅好的设计作品至少可以吸引他们刹那间的注意。由于时间很短,你的设计必须能让消费者们记住所看到的信息。好的设计不仅能够吸引注意,而且可以牢牢抓住读者的注意力。如果你的受众很快就对你的广告失去兴趣了,你就无从谈起与他沟通了。

设计有助你组织创意。仔细考虑怎样把事实变成可被消化的信息——有些用图像、有些用文字;有的大些、有的小些。这样做能让消费者对产品的情况印象深刻。好的设计可以让信息更容易被记住。

好的设计会强调最重要的信息。在广告中把信息放在什么位置,这个部分有多大,怎么展示这和广告中其他部分的相关性等都会强化或削弱信息的重要性。

设计的原则

当你在设计广告的时候,你需要考虑以下原则:平衡、反差、协调、比例和动向。

平衡

平衡可以是对称的,也可以是不对称的(参见图8-2)。当广告两边一样时,这幅设计就是对称的。所以,如果广告左边有一幅图,对称平衡就要求在右边有一幅大小、形状和位置相同的图。想象一下这样的场景,两个孩子在玩跷跷板——如果他们个头一样,那么你把他们放在距离中间同样远的位置,他们就彼此平衡了。

非对称平衡的设计依赖于个体在一页中分量的大小。我们再来想象一下跷跷板,这次一边是个大孩子,一边是个小孩子。为了使跷跷板平衡,大孩子要离中心近一些,小孩子要么离中心远一些,要么这边再加一个小孩子。尽管对称平衡挺好的,但是它是静态的——这一点也是广告人通常希望避免的。由于广告人希望得到一种动态的视觉效果,我们往往看到的都是不对称平衡的广告作品。

你需要做一些练习才能掌握设计图中的轻重关系,但你应该已经掌握了一些基本分量的概念。深色的要比浅色的重一些。大的要比小的重一些。厚的要比薄的重

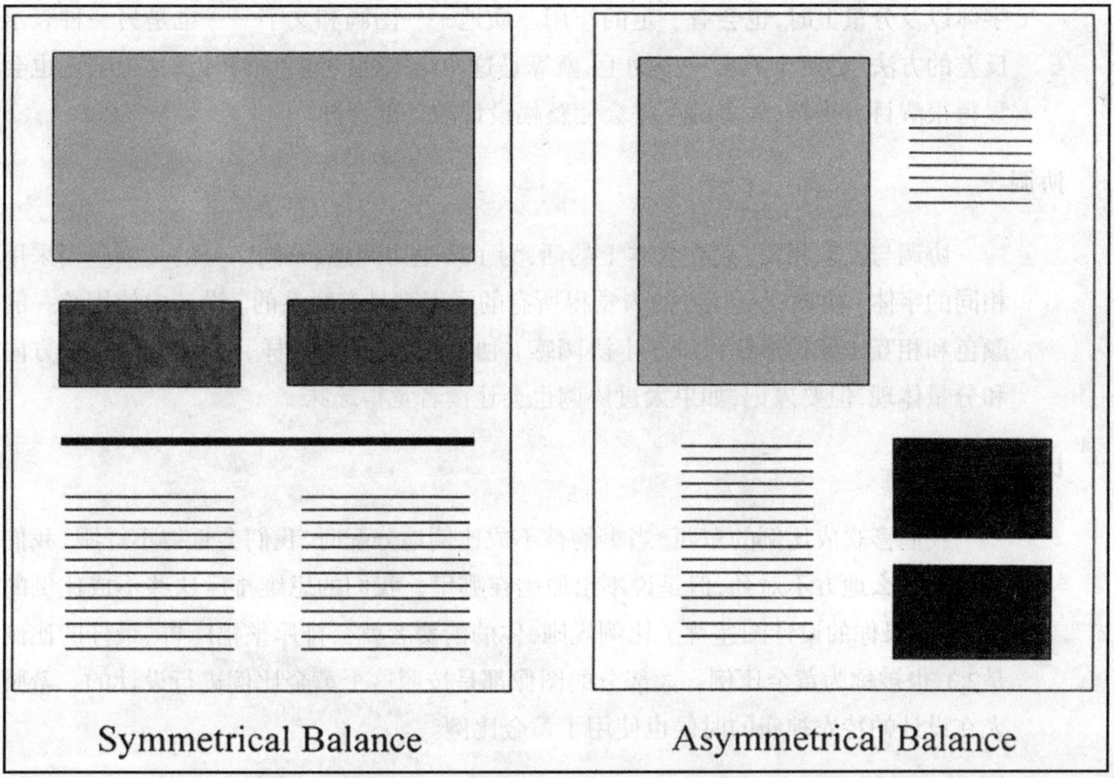

图8–2 不对称平衡是广告设计中的首选。因为这样的设计会使得某元素“引领”整幅设计，并吸引读者的注意力，吸引他们看广告的其他部分。为了达到不对称平衡，你在组织设计图的各个部分时要必须确保广告的上下左右是不同的。对称平衡主要呈现的是静态；不对称平衡呈现的是动态的。哪一个较适合你的广告设计？

一些。当你把设计图的各个部分合在一起时，它们的分量会轻一些。图片和标题通常看上去要比文字和机构的标志要重一些。文字通常是一页中最轻的部分。

想象一下你设计图中的各个部分均无需强调的情况。为了使这些不对称的设计显得平衡，你必须以图的中心为平衡点。你不仅要注意左右平衡，还要注意上下的平衡。上轻下重的设计会让读者有冲动把这页翻过去的。而上重下轻的设计会让读者失去继续读下去的欲望。

反差

世界中的反差无处不在。画在黑色长方形中的白色圆圈会异常醒目，自然也会吸引我们注意力。但是反差并不仅仅局限于颜色或形状。当反差被用于大小、斜线、字体以及分量上时,也会有一定的作用。质地——图画和文字——也是另一种表示反差的方法。砂纸上放着一根羽毛,就算是这两个东西的颜色很相近,这根羽毛也会显得很醒目。当然,太多的反差会使整幅设计缺乏聚合性。

协调

协调与反差相反。用在文本上的话,为了产生协调感,不同字号的文字应当采用相同的字体。协调就是让看的人觉得所有的元素都是有联系的。设计中使用统一的颜色和相互协调的形状可以产生协调感。协调,就像反差一样,可以通过质地、方向和分量体现,但要谨记,如果太过协调也会让读者觉得乏味。

比例

我们喜欢成比例的东西。当事物被不成比例地分配时,我们会觉得不舒服。我们觉得有什么地方不对劲,但是说不出原因在哪里。我们的思维排斥这些不成比例的事物。如果你的设计图违背了比例规则,你的消费者就会排斥整幅广告。最佳的比例是2:3,也被称为黄金比例。大部分的图像都是按照这个黄金比例进行设计的。希腊人在设计帕特农神庙的时候也使用了黄金比例。

动态

我们会本能地从一页的左上角开始看起，然后以Z字形向右下方扫视整个页面。根据这种Z字型运动的原理,尽量不要把诸如产品商标之类的重要信息放在左下角的位置。

节奏是另一种创造动态的方法，而且可以把读者的目光引导至你想要的地方。重复可以创造节奏。水平横穿页面的图片可以让观看者的眼睛横扫页面。但你要确保把重要的信息放在这个运动的最后部分。如果你没有这么做的话,读者很可能就会把这一页给翻过去了。注意看图8-3中的广告是如何用节奏来强调其重点的。

广告中模特的眼神和手势也可以引导读者的视觉移动。如果你的模特正看着文案和商标的部分,你的读者也会这么做,反之亦然。

完形理论

Gestalt一词(“完形”)来源于德语,是形状、外形的意思。简单地说,gestalt就是指

图8–3 生活是肮脏的，保护你自己。广告中使用了反复的手法来突出重点。文案："每年，美国大概会新增1 530万例性病病例。该数目还只是承认的病人人数。这是一个连锁反应：当你和某人不用避孕套做爱时，他们会把其过往的性经历都强加在你身上。确切地说，这就像是螃蟹过地下人行通道。如果你不想要他们'跳上来'，那为什么不使用安全套呢？不要让她们过去与那些'掉牙的迈克们'的错误成为你如今的痒处。"

整体的功能大于各部分相加之和。尽管各个部分可以也应该被观察分析,但最先打动人的却往往是整幅设计。当你看到一幅画时,你会把它看作一个整体。这之后你才会注意到单个的部分。据此,大脑整合事物并将其视为整体的习惯性特质常为设计者所有效利用(参见图8-4)。

如果事物很相似或接近另一样事物,我们心里就会拉近这些事物之间的距离,把它们看作是一个整体。想象一下,当我们看到头顶飞过的一群大雁时——我们最先看到的是它们组成的形状而不是单只鸟。当花儿在路边按某种形式摆放并组成某些文字时——我们最先看到的是文字而不是单支花朵。群体要比彼此分开的个体更易吸引我们的眼球。这是因为,我们关注群体,我们对他们的反应是可预测的。

相反,当一个个体与其周围的个体不同时,它就会引起关注。在一场棒球比赛中,带着七彩假发的人会非常醒目。当一辆车在一条单行道上逆行时,我们会很容易发现它(谢天谢地)。人们会注意到那些醒目的事物,并对它们做出反应。

留白

你可以把你的设计图看作是创意的包装。你怎样运用设计图上的空白就意味着你的包装会多有效。这些空白的地方我们称之为留白。在你的设计图外围总要留些空白之处。如果在设计图中心留下空白的地方,你的设计图就会显得零散、不成整体。

但是,在广告外围留下空白并非如此简单的问题。大量的使用空白会有什么效果呢?通常,这会给人一种排他感。看一下蒂芬尼(Tiffany)公司的广告,你会看到空白是怎样突出广告中的主体,为广告增添高雅感的。这对那些高消费层次的目标受众非常受用,但是这不受那些喜欢特价商品的消费者青睐。

空白可以传递重要信息。《波士顿环球》(*Boston Globe*)上的公众服务广告警告父母们万圣节糖果中可能潜在的危险。这个页面四分之三的部分都是空白。广告标题放在页面底部,“如果你错过了这一页,想象一下在孩子们的万圣节糖果中是多么容易忽视它”。空白和标题联系起来,抓住了读者的注意力,让他们仔细地看广告内容。凑近一看,读者们才会看出广告左上角的一枚大头钉。

设计中的5R

你开始准备设计广告了。你该怎么开始呢?然后应该怎样呢?所有的设计师都

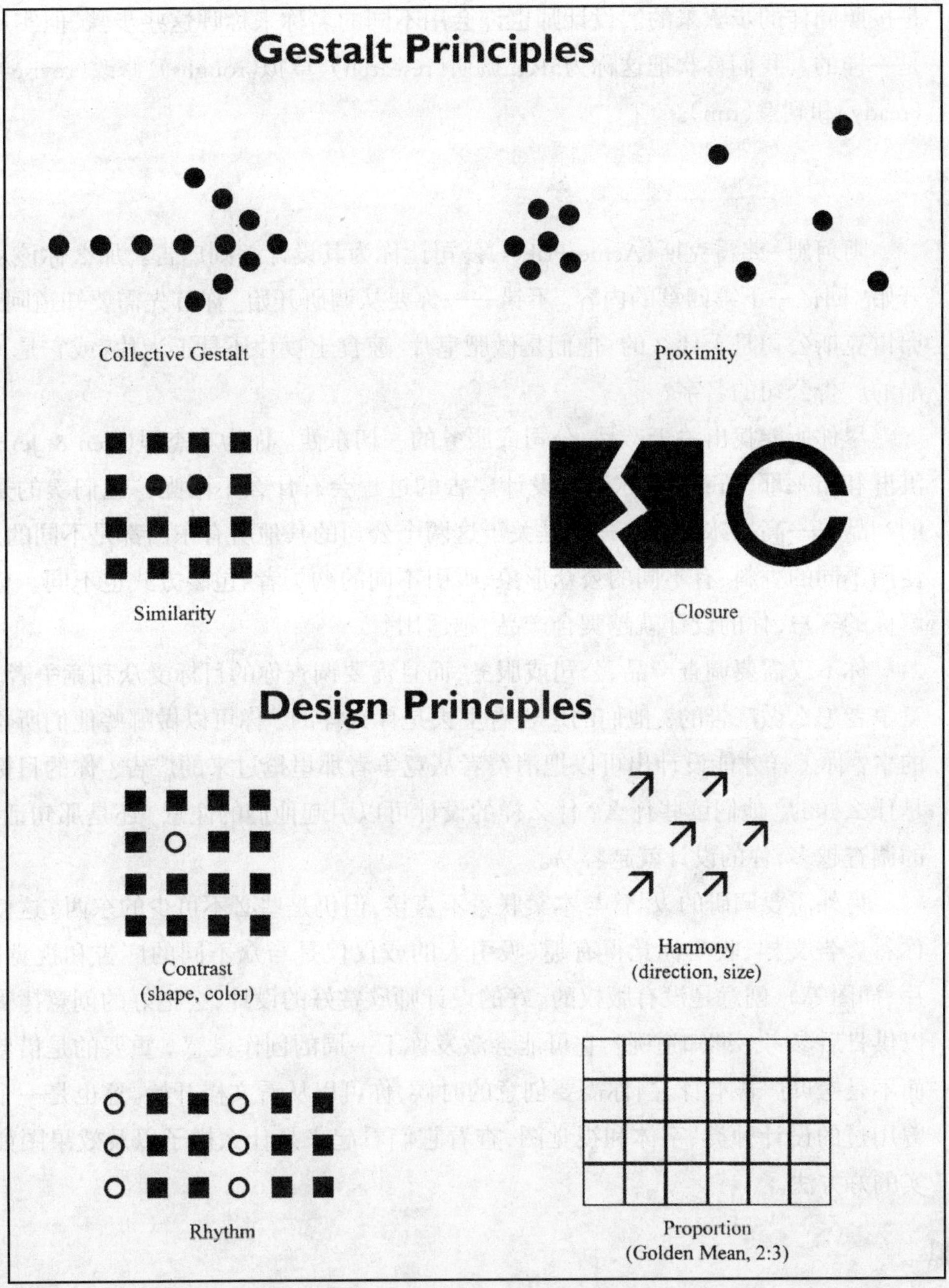

图8–4 完形理论告诉我们设计中的各个元素应该能够被整合到一起，最先被大家看到的是整个设计而不是其中单个的元素。运用对比、协调、节奏以及比例等设计原则是另一种吸引注意力的方法。这些原则可以把各种元素整合到一起，并以一种赏心悦目的方式把各个元素呈现给受众。

是按照同样的步骤来的。设计师也许会用不同的名称来称呼这些步骤,但实质上都是一样的。我们喜欢把这称为5R：调研(research)、草拟(roughs)、修改(revise)、完成(ready)和刊登(run)。

调查

阿珂姆-弗雷克斯(Acme Flakes)公司让你为其设计一则广告。那么你该从哪里开始？回忆一下第四章的内容。不错——你要从调研开始。你首先需要知道阿珂姆-弗雷克斯公司是干什么的。他们是做肥皂片、速食土豆片还是玉米片？或它是一个很酷的广告公司的名字？

尽你所能找出关于产品、公司或服务的一切东西。你为本杰里(Ben & Jerry's)冰淇淋和布莱耶(Breyer's)冰淇淋设计广告的过程会有什么不同呢？他们卖的是同样的产品——高档冰淇淋——但是关于这两个公司的其他所有东西都是不同的。他们使用不同的香料、有不同的公众形象、吸引不同的购买者、包装方式也不同。你越了解你的客户,你的设计就越契合产品、越适用。

你不仅需要调查产品、公司或服务,而且需要调查你的目标受众和竞争者。你的竞争者怎么做广告的？他们的广告看上去是什么样的？你可以做哪些他们所不能做的事？你怎样才能设计出可以把消费者从竞争者那里抢过来的广告？你的目标受众是什么样的？他们读些什么？什么样的设计可以引起他们的注意？还是那句话,你做的调查越多,你的设计就越容易。

另外需要调研的,尽管与本案联系不直接,但仍是些必不可少的东西。这就需要你看广告文档,收集你觉得有趣、吸引人的或仅仅是与众不同的广告和视觉图(照片、插图等)。创意是没有版权的。好的设计师欣赏好的设计,会把好的创意拷贝下来以供日后参考。谁知道呢？它可能会激发你下一周的创作灵感。重要的是借鉴创意而不是拷贝广告本身。当你需要创意的时候,你可以从看文档开始。这也是一个查看曾用过的设计种类、字体和视觉图,查看它们看起来是什么样子以及效果图如何落实的好方法。

草拟

一旦你完成了你的调研,你就准备开始画草图了。这些早期的草图只有些轮廓,重要的一点是把你的创意表现在纸张上。有多少设计师就有多少画草图的方法。不论哪个方法最适合你,草图背后的用意总是相同的。你要画出每个有关广告完成品的想法。不要害怕——有时这些想法会很傻。那些最好的设计往往就是从这一步开始的。重要的是你要在忘记那些创意前把它们留在纸上。

很多设计师喜欢创作些琐碎的草图。这些草图被称作小样(thumbnail)。它们非常有用,因为你可以迅速记录下你的创意而不需要画很多细节的东西。之后你可以把你的想法留在这些小样中。这里不需要什么艺术技巧,只是为自己提供多种选择。你该怎样创作一幅这样的图呢？是这样的：用一支软铅铅笔、黑色中性笔或圆珠笔,在纸上水平画一些长方形(大约是2英寸宽、3英寸长)来代表杂志中一页的大小。不用画得太直,徒手画即可。在每个长方形中,画出标题和图片的,传达出你的创意。在空的地方记下广告标题,用图形和简单的粗线条来代表图像。用一系列的横线来表示文案正文,在底部画一个商标的草图,大概是右下方的角落。祝贺你！你已经完成了你的第一张小样,走出了设计每张平面设计图的第一步。当你在其他长方形中画其他标题时,你可能会想出更多有关文字和图像的创意。很好！就算有的创意看上去很傻或很荒谬也不要停下来,一直画到你穷尽了想法为止。

修改

一旦你画好了草图,你就可以好好看看你所有的创意,然后选出最满意的。凭借你对客户和目标受众的了解来决定哪个创意会起作用。不要局限在一个创意里,多想几个。先再多画一些详细的草图,然后进行修改。要记住修改草图从来就不是单行道。

你可以随时回到前面的步骤,画更多的草图或多更多的调查。幸运的话,你可能会想出双份的创意。如果你举步维艰了,不要害怕溯回到原点。

修改的阶段通常是从你的客户那里获得初步反馈的好机会。但是要记住：尽管是你的客户在经营,但是做生意不同于设计。客户可能缺乏从草图中直观了解到你大创意所需的背景知识,所以要确保提出的是足以使你的客户能够直观理解你创意的草图。同时,要仔细倾听客户的意见,毕竟你的努力是要让客户觉得满意。也可以从其他设计师那里收集反馈。他们也许会想出你没留意到的创意,发现你未能发现的错误。只是要记住这是你的设计,不是他们的。要修改到你创作出一些你满意的作品来。然后从中选一,并根据这个创意完成广告设计过程。

完成

一旦你的广告文案和设计元素就位了,就是向你的客户展示成品设计图的时候了。你可以通过电脑设计出接近于真实出版效果的展示广告样本。

在画了大量的小样并从中选出了最佳方案来解决广告针对的问题后，就是用草图来创作最终设计图的时候了。

这张设计图应该是实际的大小。因为大多数杂志都是使用下面的尺寸，所以开始时，合适的尺寸是：

装订尺寸：8英寸×11英寸

留边的版面：7英寸×10.25英寸

出血[①](Bleed)：8.25英寸 × 11.25 英寸

实际尺寸应该和杂志印刷后的成品相一致。如果你的杂志不是全页的话就不需要按照这个尺寸来。但是要注意杂志页面的大小会有不同，所以要复查一下你所要投放的那些杂志的具体尺寸。出血式广告是指至少在一边有留边的广告。留边式广告是在一定范围内，周围都有留边的广告。不论你设计的是哪一种广告，都必须放在一定页面范围里。如果太贴近纸张边缘，广告边上的字有可能会没法被印上。你有时会要在页面范围内再画一个框，这样可以提醒你把所有的设计都放在设定的、或是留边的范围里。

刊登

这最后一步实质上不关设计师的事了。你创作的广告是刊登在由代理商或客户选择的媒体上的。你要做的就是要确保印刷出的广告适合每个预备刊登广告的媒体。

选择字体

如果你在设计师身边逗留过，你会听到他们用描述性和充满感性的语言谈论字体选择。不同的字体代表着不同的个性。Zapf Chancery是一种典雅而又易读的字体。Helvetica就像一头老黄牛，但是它真的很枯燥、太过普通。Gill Sans恰好可以弥补Helvetica的不足。正如潘·希尔曼(Paul Silverman)所评述的，“如今，就算是麦迪逊大道上的莎士比亚出版社也无法完全掌握繁杂的排版。排版中的颜色和语气就相当于

---

① “出血”(bleed)一词表示书页的印刷没有一边、数边或所有的边，译者注。

人说话的声音一样各有不同、千变万化。”①

字体可以分成六种类型：衬线（serif）、无衬线（sans serif）、手迹（script）、草书（cursive）、文本（text letter）、新颖（novelty）（参见图8-5）。衬线字体的文字会在字母的首尾部都会多点水平的一画。这些衬线型字体可以帮助视线沿着一行移动。这也是为什么大多数的文案正文都是用这种字体的原因。最常用的衬线字体是Times Roman。其他类型的衬线字体有Palatino，Goudy，Bookman，Caslon，Bodoni 和 Garamond。衬线字体有时被称为罗马字体。

字母首尾部不含衬线的字母被称作无衬线字体。无衬线字体比衬线字体看上去更现代，更具几何美感。无衬线字体在标题和商标中运用可以达到醒目突出的效果。它们是简洁的字体，可以传达出一种朴素感。一些常见的无衬线字体有Helvetica，Futura，Gill Sans，Avant Garde和Optima。

那种设计得像是手写出的字体是手迹或草书。这两种字体的差别在于看各个字母之间是否相连。如果相连的话是手迹字体，不相连的话就是草书字体。这些字体会

Type Categories

Serif Type	Sans Serif Type	Script	Novelty
Times Roman	Helvetica	Brush Script	Comic Sans
Garamond	Gill Sans	Lucia	CRACKLING
Goudy	Impact	Elegant	CRYPT
Bodoni	Eras		Saint Francis
		Cursive	**Text Letter**
		Coronet	Old English
		Zapf Chancery	Lombardic

图8-5 你电脑中存有数千种字体。除非你是个字体专家，否则通常情况下你使用这些字体的时候都要小心谨慎。总的来说，最常用的是衬线字体和无衬线字体。这些字体使得各个字母看上去都很漂亮。你也可以在整幅广告中使用同一种字体，标题可以使用比文案正文大几个字号。手迹体和草书体在邀请函中会很得体，但由于他们很难读懂，在使用它们时要谨慎些。除非是想要达到某种超脱传统的效果，否则要避免使用新硬体和文本体。这本书中文本使用的字体是Centennial。

① The Designers and Art Directors Association of the United Kingdom, the Copywriter's Bible (Switzerland: Roto Vision, 1995), p.151.

带来一种典雅正式的感觉，所以经常被用于邀请函和公告。但是广告中很少会用到这两种字体。这可能是因为它们过于精美，而且不是很容易被读懂。常见的手迹字体有Park Avenue，Mistral和Brush。常见的草书字体有Zapf Chancery，Freestyle Script和Reporter No.2。

如果字体看上去像是僧侣或抄书员手写的字母的话，那这种字体就是文本体。这种又称为黑体文本的字体不太容易读懂，因此只会用于文凭和报纸名牌等特定情况。最常用的文本体是Old English。

由于新颖体独特且超脱传统，因此这种字体不太容易和其他种类的字体相配。那些看上去像是刻字模板式的或西部传统的"通缉令"传单上的字体都是新颖体。当你需要让广告有特色的话可以在标题和商标中运用新颖体。比较常用的新颖体是Hobo，American Typewriter和Stencil。有时文本体也可以被看作是一种新颖体。

在选择一个字体时，要时刻牢记你想传达的信息。手迹体的"欢迎来到电子时代"的标题中蕴含着混合的信息。Old English体组成的长篇文字读起来会很枯燥、费力。

你也许想要为你的标题定制一种可以反映广告主题的字体。例如，纽约中心食品银行在一则发布在当地交响乐活动中的广告中，把"food"设成音符(参见图8-6)。这样有创意的想法可以用在字数不多的标题上，但是如果用在字数较多的文案正文上就会很难阅读。要时刻牢记可读性优先的原则。

字号的单位是磅。每英寸是72磅。正文文本通常是10到12磅。18磅以上多用于标题。在广告设计中，最好不要用小于10磅的字体，为了让某些字体更容易读，可能会用到12磅。

行的基线到另一行基线之间的叫做行距(leading)，也是以磅计算的。如果字号是10磅，想在两行之间有2磅的距离的话，那就要设定12磅的行距。这样的话，你就要告诉设计师你要10磅字体，12磅行距。当你想要同样的字号和行距时，就要"固定值"就可以了。但是，为了便于阅读，通常在行与行之间有2磅的距离。

字母之间的距离被称作字距。如果你想要调整两个字母之间距离的话，你就需要紧排字母。在设置标题、副标题和底线文字时，把根据某些字母的形状来把它们进行紧排处理，如"AV"、"To"、"AW"和"Te"。你调整所有字母间的距离的话，你就相当于在调整整幅字体的走向。

你可以有四种文字的对齐方式(参见图8-7)。如果你想要文本垂直沿左边对齐

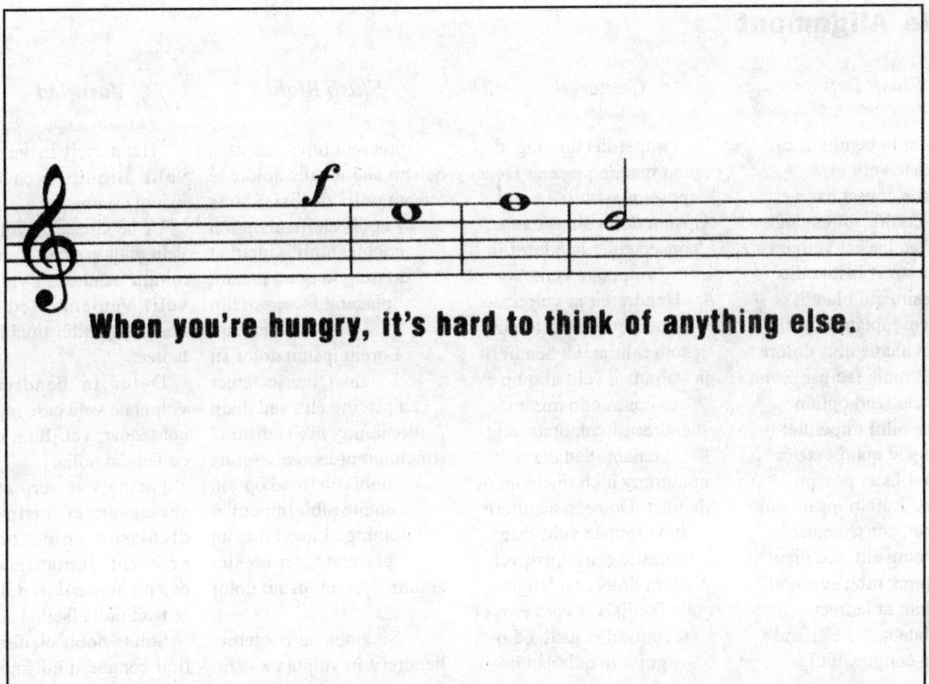

图8–6　饥饿时，想不到其他任何的事。这是一则在锡拉丘兹交响乐活动中的发布的广告。它暗示参加音乐会的人们要去帮助穷苦的人们。

Type Alignment

Flush Left

Dolor in hendrerit in vulputate velit esse molestie consequat, vel illum dolore eu feugiat nulla facilisis at vero eros et accumsan et iusto odio dignissim qui blandit praesent luptatum zzril delenit augue duis dolore te feugait nulla facilisi. Soluta nobis eleifend option congue nihil imperdiet doming id quod mazim placerat facer possim assum. Lorem ipsum dolor sit amet, consectetuer adipiscing elit, sed diam nonummy nibh euismod tincidunt ut laoreet.

Soluta nobis eleifend option congue nihil

Centered

imperdiet doming id quod mazim placerat facer possim assum. Lorem ipsum dolor sit. Sit amet, consectetuer hendrerit in vulputate velit.

Hendrereit in vulputate velit aliquip exea lorem ipsum minim. Ut hendrerit in vulputate velit aliquip ex ea commodo minim hendrerit i vulputate velit veniam: Sed diam nonummy nibh tincidunt ut laoreet. Dolor in hendrerit in vulputate velit esse molestie consequat, vel illum dolore eu feugiat nulla facilisis at vero eros et accumsan et iusto odio dignissim qui blandit

Flush Right

praesent luptatum zzril delenit augue duis dolore te feugait nulla facilisi. Soluta nobis eleifend option congue nihil imperdiet doming id quod mazim placerat facer possim assum.

Lorem ipsum dolor sit amet, consectetuer adipiscing elit, sed diam nonummy nibh euismod tincidunt ut laoreet. Soluta nobis eleifend option congue nihil imperdiet doming id quod mazim placerat facer possim assum. Lorem ipsum dolor sit.

Sit amet, consectetuer hendrerit in vulputate velit:

Justified

Hendrereit in vulputate velit aliquip exea lorem ipsum minim.

Ut hendrerit in vulputate velit aliquip ex ea commodo minim hendrerit i vulputate velit veniam: Sed diam nonummy nibh tincidunt ut laoreet.

Dolor in hendrerit in vulputate velit esse molestie consequat, vel illum dolore eu feugiat nulla.

Facilisis at vero eros et accumsan et iusto odio dignissim qui blandit praesent luptatum zzril delenit augue duis dolore te feugait nulla facilisi.

Soluta nobis eleifend option congue nihil imperdiet

图8-7 如今大多数的广告文本都会设计成左对齐，就像是第一栏中的那样。左对齐中在右边留下的些许空隙给栏与栏之间提供了“喘息的空间”。居中对齐必须与设计图的其他部分相切合。右对齐适用于在文字的左边放图片的情况。分散对齐通常用于书本中，在两端留下少许空白可以营造出一种正式的效果。

的话，就设置成左对齐(Flush Left)。如果你想要文本垂直沿右边对齐的话，就设置成右对齐(Flush Right)。如果想要左右两边对齐的话，就设置成分散对齐(Justified)。你也可以把文本设置成居中(Centered)。大多数的文本都是左对齐的，在右边留下些空隙。这样做，即便是文本被分成了多个栏，也不会妨碍读者阅读。

有时，你会想要文本环绕图像或组成一个特别的设计来帮助你更好地传达信息。

广告的基本图样

如果你不知道应该怎么设计广告，而你的资料也帮不上忙的话，你可以尝试一下以下这些广告设计图基本样式：frame、circus、color field、silhouette、copy heavy、type specimen、picture window、band、axial或Mondrian(译者注：设计图样式术语，没有做特定的翻译)。但要记住是你的广告创意影响设计的选择，而并非其他。

吸引读者

为了吸引读者，你在设计排版上可以有很多选择。主要包括：

- 一行文字中不要排超过39个字。再多的话就会影响读者量了。相应地，你可以把一行断成相同宽度的两个或多个栏。文本量越大，一行的宽度就可以越宽些。
- 避免把文本设置成10磅以下的字号。小于10磅的文字很难看清。
- 把长篇的文本用副标题断开。仔细的分段也将避免使你的广告看上去是“灰乱一片”。
- 不要让将文本反转(黑底白字)。这也会影响读者数。为了让字体看上去更大也更醒目，你可以把反转的技法用在广告标题上。
- 当用一般墨盒打印文案，特别是打印图片时，你要非常小心。如果你必须要这样做的话，你要注意使对比度合适，能让文本易于读取。
- 如果可能的话，要使用小写字母。字号较小的小写字母要比全是大写字母的文本要容易读懂。
- 要么把标题中所有字母都大写，要么就把句子和所有专用名词的首字母大写。
- 标题以标点符号结尾。用一个句号或问号。使用感叹号的情况比较少，要在有特别需要时再用。
- 为了避免使画面看上去乱糟糟，把文案各要素排成一线。把设计图上的要素按照轴线排列就可以很容易做到这一点。
- 自始至终使用常用的标点符号。避免使用“……”，这样会看上去比较粗糙且不够吸引人。
- 少用斜体。斜体适合用于局部强调，但是使用过多的斜体字会让整个文案黯淡无力，反而没有强调的作用。

制作成品广告：电脑和设计

一位广告设计师可能会用到电脑的这三种用途：

- 图像处理软件。诸如Adobe Photoshop的软件是主要是用来修改图片。这类软件也可以用来创作图片和文本。因为这些软件可以处理图片，所以你可以制作出有趣而又夺人眼球的文本和图像。
- 插图软件。如果你想要使图片和文字取得更好的特殊效果，那么你可以选插图软件来作为设计工具。诸如Adobe Illustrator和Macromedia Freehand等软件可以让你创作出任何你想要的图片和文字。这种插图软件不太适用于已经处理过的如扫描图片等图片，但是如果你想要直接创作出你想象中的图片时，它们是你的最佳选择。
- 桌面出版软件。也许对于广告设计来说，诸如Adobe InDesign，QuarkXPress和Adobe PageMaker等桌面出版软件是最有用的。这些软件是特地为出版业设计师制作的。

户外广告和车载广告设计

因为你需要在瞬间把整个销售信息传达出来，因此户外广告是对创造力的真正考验。对此，"写下你所需的所有内容"的原则就不适用了。此外，也无法尝试复杂的设计构图。你的信息必须简单清楚，因为当人们驾车在州际高速公路上行驶时，只会稍稍注意穿过的城市的情况，不会花费太多的时间去了解广告版上的内容。

下面可以让你的户外广告实现良性互动：

- 保持图像文字的简洁。规则就是一个大幅标题，一张主题鲜明的图片。有些户外广告上都是字，没有图片。其他的则只是图片，附带一个商标。
- 让文字又大又清楚。要记住，必须得让读者在短时间内读懂文本。
- 标题字数不要超过八个字，如果可以的话，越少越好。
- 要让品牌或公司的名称突出醒目。如果主标题中没有公司或品牌的名称，那么就要在广告中使用一个大得足以引起人们注意的商标。

- 考虑使用广告活动的主题或沿用标题。这样的话，你的户外广告也能提醒看广告的人相关活动的其他部分。

你在准备户外设计图时，可采取用于其他平面设计图的同样步骤。标准的户外海报的比例是1:2.25。绘制在广告板上的户外公告通常的比例是1:3.5。这也就是说，海报的草图是4英寸×9英寸大小，广告板的草图是4英寸×14英寸大小。

车载广告指出现在诸如公共汽车、铁路、地铁和飞机等公共交通工具内或车身上的广告。同户外广告一样，简短的信息效果最好。和户外广告不同的是，受众会在广告信息上花费更多的时间。也正是因为这个原因，很多车载广告边上会有一些供人"请随意拿取"的卡片，或其他相关资料。

广告设计常见问题解答

你必须要展示客户的产品吗？

很多客户想要在他们的广告中展示产品。但是，正如盖朵·海菲尔斯（Guido Heffels）说的："受雇于人的我们并不是要把产品放在广告里，而是要把产品放到消费者的心里去。"如果一个产品已经入世多年，我们不需要展示产品了，因为消费者们已经知道产品是什么样子的了。但是，如果产品包装变化了，你就不仅要展示它而且要在广告中花费大量的篇幅来介绍产品。对于新产品来说，也是这样。

你必须要展示商标吗？

大多数情况下，你需要在广告中展示商标，但是有时也会有例外。如果你展示的产品外包装上已经有商标的话，你就不需要再额外展示商标了。如果产品的商标设计已经深入人心、久负盛名的话，甚至只需要展示商标的一部分即可。

同一广告活动中的每个广告都要看上去一样吗？

不需要，正如第六章中讲到的，广告活动中的广告需要基调一致。但是并不需要让它们看上去像是一个模子刻出来的。当然，大多数情况下，同一运动中的广告都会用相近的字体、颜色、设计方案和商标处理手法。

彩色广告要比黑白的更有效吗?

如为《纽约时报》撰写摄影图像评论的安迪·格朗伯格(Andy Grunberg)所述:

> 色彩正逐渐变得透明。它可以表现得如此真实,以至于有时它看上去就像是真的一样。对此,我们已经深信无疑。
>
> 另一个方面,黑白的摄影作品使人进入幻想中的境地。一旦观众已经认可了文本的可信性,则在广告中使用黑白图像会让其增添梦幻色彩。

当然,格朗伯格认为大多数的消费者还是想看到具有真实色彩的时尚用品、食品和家具。

摄影作品与插画作品,哪个更合适?

就像彩色的图像,摄影作品看上去更为真实,在广告中使用得也更广泛。另一方面,插画作品可以把看的人带入想象的空间。

你应该研究竞争对手的广告画面吗?

绝对需要!在墙上列出你竞争对手的广告。研究它们。然后做些不一样的东西来突出你自己的品牌,让它可以被人们牢记。例如,第五章提到的费尔鸡肉快餐店(Chick-fil-A)的广告就和其他快餐店的广告完全不同。同样地,第六章中的冰岛航空(Icelandair)的广告也和其他航空公司的广告完全不同。这两个广告运动都突破了既有限制,让消费者注意到了它们。

建议活动

1. 找一则很可能会被重新排版、甚至重新改版的黑白广告。不要选一个只有单一图片的广告,因为这样的广告只有标题和照片有可以改进的空间。挑战你自己。在看完这则广告以后,自己画一些草图。你有多少种方法来重新排版?选出你最好的设计。

   现在,把原始广告粘贴到到画板上。在你的草图纸上画出边框,以确保新的广告与原有的广告大小一致。根据你画的草图,开始在设计图纸上重新描绘原始稿中的各个部分。用你的2号铅笔画出黑色阴影部分。比较两则广告，你有什么想法？

2. 收集一些你认为行之有效的广告。把这些广告的标题换成其他三种不同的字体。用新的字体覆盖原有的字体。广告上字体的变化有什么效果？
3. 选一则你自己设计的广告，增加或减少一些原有的元素组成一幅新的设计。把新设计和原有的设计进行比较。
4. 找出8则运用了不同字体的广告。对其中的字体选择做出评价和批评。广告中的字体特性和广告图片相配吗？字体和视觉效果相称吗？字体有无压倒了其他的部分，降低了广告的效用了吗？

网上查询：了解更多关于广告设计的知识

想要找到更多平面广告的内容，可登录www.adsgallery.com。

搜寻户外广告的信息，可以访问美国户外广告协会的网站：www.oaaa.org。

简单案例

《国家地理旅行者》杂志：传递他们的想法——媒体买家紧随其后[①]

当位于弗吉尼亚州麦肯林的阿诺德广告公司（Arnold Advertising of Mclean）赢得了国家地理旅行者的商业广告代理权后，他们所接受的挑战十分明确。这系列的广告必须要有杂志的视觉效果，改变目标受众对杂志的原有看法。精明的媒体买家们时刻在为其客户的广告预算找寻最佳的媒体载体。因此，这个活动必须要做得恰到好处。

在出版业，商业广告的基本目标是说服媒体买家为其客户找到特定的期刊来发布广告。显然，出版物的读者群是其卖点的关键因素。来自《国家地理旅行者》杂志的销售团队报告表明，尽管调查显示杂志有相当多的喜欢户外活动、喜欢旅行的有大学教育水平的读者群，但是媒体买家们并不认同。

媒体买家们认为《国家地理旅行者》杂志的读者们都是那些比较喜欢驾车出行、浏览国家公园而不喜欢乘飞机跨国游览度假胜地的年长人士。为了使杂志达到新的广告销售目标，这种情况必须有所改变——想做到这一点并不容易，特别考虑到杂志社的广告预算相对较低和其主要竞争对手《旅行与休闲》（*Travel and Leisure*）和《康泰纳仕旅游者》（*Conde Nast Traveler*）的稳固定位。

但是按照阿诺德广告公司的客户总监朱丽叶·莱迪·布拉德谢尔（Julie Leidy Bradsher）的说法，他们对迎接这个挑战很有信心，因为该杂志拥有着一些独特资产优势。其中最重要的是“全国地理协会”的传统性和信用度。该学会的名称与国际旅游紧密相连。这使《旅行者》杂志具有很高的信用度，也是读者信赖杂志中的故事、游记以及利用其地图策划旅行的主要原因之一。

广告公司认为这种传统使得读者们继而相信杂志是成功的关键。广告需要让由潜在广告主组成的目标市场明白《旅行者》杂志可以激发它的读者出国旅游。如果它能这么做的话，广告就可以使《旅行者》杂志登入了媒体买家的名单，从而为杂志的销售团队进行销售打开大门。

知道想说什么是一回事，而使所传达的信息有影响力则是另外一回事了。正如

① 本文由科罗拉多大学博瑞特·罗博斯（Brett Robbs）撰写。

Ah, the inimitable dolce vita of Positano—sunshine, warm spirits, cool wine, and the fruits of local orchards and the sea. Who would not linger on the celebrated Amalfi coast
WE SEND THEIR MINDS.
THEIR BODIES SOON FOLLOW.
NATIONAL GEOGRAPHIC
Traveler
For more than a century, the National Geographic Society has inspired people to see the world.
For more than a decade, National Geographic Traveler has shown them how.

THE ISLAND IS ONLY a few miles in diameter, but after eight days I hadn't seen it all and wasn't ready to leave. Like a kaleidoscope, Mackinac can re-create itself in an endless array of dramatic designs.
WE SEND THEIR MINDS.
THEIR BODIES SOON FOLLOW.
NATIONAL GEOGRAPHIC
Traveler
For more than a century, the National Geographic Society has inspired people to see the world.
For more than a decade, National Geographic Traveler has shown them how.

阿诺德的创意总监弗朗西斯·萨里维安(Francis Sullivan)所述:“能够吸引大多数人的是杂志上那些美丽的图片。我们想要在传统性和杂志的质量上做文章,所以广告活动中的最需要突出的部分就是高质量的图片。”但是他也指出,《旅行者》杂志上的文章也写得非常好,故事也很精彩。所以他想要在广告中放上一篇杂志中的真实故事来让目标受众更好地了解杂志编辑的品味。

萨里维安和艺术总监诺拉·加斯特(Nora Jaster)知道他们想要在广告中嵌入怎样的元素,但是他们还需要有一个让人记得住的创意来突出重围,提醒目标受众——《旅行者》杂志可以激励读者出国旅行。为此,他们尝试了很多方法。有些创意紧扣杂志的价值,有些创意则想为杂志树立更具现代感的形象。

当萨里维安和加斯特想到了“我们让他们的思想开始旅行,他们的身影也将紧随而来”的时候,他们知道自己找到了所想要的创意了。后面的工作就只是创作图像。把从杂志上“撕”下来的一页放到标题“我们传递他们的想法”旁边,并把一张醒目的彩色图片放到“他们的身影紧随而来”旁边,以强调广告中的信息。广告中表述了《旅行者》杂志的读者所经历的确切过程:他们读杂志上的故事,然后他们决定亲自去这个地方看看。萨里维安说,加斯特通过运用把文字加入彩色的摄影作品的方法无形中强化了这一信息。“这是一种形象的方法来诉说：文字把你送到那个地方。”

文案正文固化了《旅行者》与全国地理协会的旅行传统相关联的形象。有趣的是，萨里维安为了为了创作出文案，他运用了另一个《旅行者》广告活动中曾用过的广告标题。

由于广告活动要把信息传递给有限的数种媒体，保持主题和设计的一致性也非常重要。为了稳固《旅行者》杂志的地位，主题词成为每个广告的标题。杂志的附页和销售推广资料针对潜在的广告商都运用了广告主题和外观。

杂志的推广总监潘多拉·托德(Pandora Todd)说，受众的确接收到了信息。广告运动不仅帮助销售团队吸引到了新广告商，更吸引到了新领域中的广告商。系列广告的精彩创意同时也得到了认可——获得了两项克里俄金奖(Gold Clios)，伦敦国际广告奖第一名(London International Advertising Awards)。

9

第九章

广播：你看得见我在说什么吗？

广播无处不在——家里、汽车里、上班的地方。广播广结人缘，从十几岁的年轻人到几十岁的老者。广播的节目形式适合于每一位收听者，每一位广告客户：乡村、现代成人、新闻、谈话、体育、经济、老人、宗教、西班牙语、非传统摇滚、传统摇滚、嘻哈、伦理、经典、爵士和新时代。你想得出的东西广播里都有。

为什么要做广播广告？

由于广播广告预算小，产出大，可以创作出令人激动的、有创造力的、有趣的东西来，所以广告客户们都喜欢用广播广告。和电视广告相比，广播广告的费用非常小。广播既可以独立使用，也可以很好地配合其他媒体广告活动。

文案作家们喜欢使用这种媒体吗？有人称广播文案的写作是一次独特的冒险，它超越了拍摄费用、日程和条件的限制。另外有些人喜欢其中的每个步骤——写作、分配角色、选择声音效果、导演和编辑。甚至有一些人称广播“再性感不过”，能够有效地触及我们的内心深处。资深广播广告文案作家会提醒你广播是一种视觉媒体，受众们可以看到作家们想要他们看到的场景。文案作家越了解广播，受众们看到的场景就越丰富。

思维的剧院

广播被十分得体地称为"思维的剧院"("the theater of the mind")。这是因为广播稿作家可以通过他们对文字、声音、音效和音乐——尽管没有图片——来传送视觉印象。例如，阿芝台克晒黑霜(Aztec suntan lotion)商业广告中使用了一位名为阿芝台克太阳神的剧中人，说起话来像是刚获得了常春藤大学的学位(再也没有比出乎意料的联系可以更吸引人的兴趣了，还记得吗？)当他和一位商店经理对话时，他指出大多数消费者都认不出身穿西装，脚踏翼形饰孔皮鞋的他。然后他开始脱下衣服，向无比羡慕的商店经理展示古铜色的身体。这则广告不仅有趣、引人入胜，而且也强调出了广告的重点：阿芝台克晒黑霜可以让你的身体看上去像是太阳神的身体。

广播广告有效写作指南

- 为耳朵而不是为眼睛而写。要记住，广播是很特别的。你的眼睛看不见信息，但是你的脑子可以。不要在广播里直接播放电视广告中的音乐，也不要认为直接把平面广告的文案在麦克风前读出来就可以做成一则广播广告了。有些平面广告上的文案被大声读出来以后就显得很糟糕了。例如，一则广播广告可以针对孩子受虐的问题传递一个令人震撼的信息。一个被虐孩子撕心裂肺的尖叫声使听众们不寒而栗。但是当广播员以一种不可战胜的声音说出广告语："孩子。你不能打他们。"语气就缓和了。尽管广告语的作用可能就像是平面广告中的商标，但是当你大声读出它来的时候，会取得更美妙的效果。

  当你开始写商业广告时，要考虑一下什么样子的声音可以更好地传达信息。想象一下使用音效和音乐与不用音效和音乐的不同效果。开始时要用能引起听众们注意力的出人意料而又与产品有某种关联性的声音。在结束时，要用那些让人记得住的内容切回重点。
- 要简单明了。广播是树立与扩大品牌影响的绝佳媒体。但是，如果你在广播广告中列出一长串的产品优点，或做复杂的陈述，效果不会好。在60或30秒里，你不能期望听众们能记住一系列事实。他们不能倒回去，像在看平面广告或网络广告时那样再重读一下他们感兴趣的东西。当你开始构思广播广告时，必须要确定你要传达的大创意，然后充分利用这段广告的时间把创意演绎出来。

- 使用音效，在你的听众的脑中描绘场景。考虑一下你应该如何在广播广告中说明广告的地点。可能只是让广播员说："这是在曼哈顿的大街上。"或者你可以用音效来说明地点，如插入纽约大街上交通堵塞时一些被选出的出租车司机的抱怨声或经过精心选择的汽车低沉的汽笛声。

  音效应该促进信息的传达，而非只是为了音效本身。他们不应该只是复制现实；如果不是必须添加的话，就不要引用脚步声等音效。

  出人意料的音效可能更会让听众注意到广告。一则关于虐待儿童的公益广告中，在播音员讲述在紧闭的门后是怎样实施虐待儿童时，运用了剧烈的门的撞击声。一则号召老人们保持活力的广告中运用了摇椅在门廊的木地板上摇动的声音，就像是在提醒人们要告别这样的生活。这里的广播广告脚本中正式使用了这样的音效：

广播员：	一些世界上跑得最快的汽车都是以一些世界上奔跑速度最快的动物名字命名的。福特野马。0到45……
音效：	汽车飞驰而过的声音。
广播员：	6.9秒。大众兔子（译者注：volkswage rabbit 中文被称作"高尔夫"在这里就无法体现出意境，所以暂时翻译成"兔子"）。0到45……
音效：	汽车飞驰而过的声音。
广播员：	6.4秒。美洲豹XKE。0到45……
音效：	汽车飞驰而过的声音。
广播员：	4.3秒。但是即使速度最快的汽车也无法追上速度最快的四条腿动物。非洲野豹。2秒钟内达到时速45公里。
音效：	喷气式飞机的咆哮声。
广播员：	如果你能的话就去追头野豹试试。从现在起至劳动节间，请到明尼苏达州动物园来吧。

  这是则很聪明的广告。它鼓励父亲们带孩子们去动物园。如果广告中运用了听众意料之中的动物的吼叫声的话，可能就不会那么有效果了。

- 识别你的音效。如果你不这么做的话，你可能会把你的听众弄糊涂了。比如说，你觉得"嗞嗞"的声音听上去是什么？对有的人来说，它可能听上去像是煎锅里培根的嗞嗞声。对有的人来说，它可能会让他们想起热带雨林中的雨声。还有的人可能会想到这是蛇发出的嘶嘶声，或者热气球漏气的声音。让脚本中的上下文提醒听众他们所听到的是什么，或用某些声音来说明一下。("雨林中的一天，雨水滋润着茂盛的热带植物。")
- 避免使用惹人烦的音效。大声的警报汽笛声可能会抓住听众的注意力，但是它可能会让听众分心而不能接收你的信息。如果他们正在开车的话，他们可能会调低广播的音量，四顾查看声音是从哪里冒出来的。一旦他们认识到这"只是"广告中的声音时，他们就会觉得很烦躁。而这是你最不希望看到的。也要避免其他惹人烦的声音，如水龙头滴水声、耳旁苍蝇的嗡嗡声或指甲在黑板上划的声音。毕竟，你是要听众们听你的广告，而不是要他们换台。
- 用音乐来作为一种音效。音乐可以扩大一种情绪或让你的思绪到达奇异美妙的境地。一家房地产经纪行在广告中运用了普罗高菲(Prokofiev)的经典交响乐《皮特和狼》中用来召唤猎人的定音鼓声，来为公司创造出一种具有经济实力的形象。还有一则广告中用几小节乐队音乐来描绘一种德国地区的环境。

  要确定你所选的音乐会为你增加信息。永远不要为了加音乐而添加音乐。假使曲子具有本身的内涵的话，它就可能会弱化你所想要说的内容。要记住并不是所有的音乐都能用作广告播出的。即使是一首1812年的古典音乐，也可能会因为管弦乐队的版权问题而不能在广告里使用。如果在商业广告中使用有版权的音乐的话，预算就会增加很多，而且这样的版权授权通常是要按年购买的。有些音乐甚至用钱也买不到，因为这些音乐人拒绝把他们的艺术作品成为商业活动的一部分。

  考虑在公众领域寻找合适的音乐或使用那些为广告活动特地制作的原创音乐。有些音乐公司提供些公众音乐并从中抽取些费用。大多数的广播电台会建立公众音乐库以便其广告客户从中选择。
- 考虑不使用音效。一个与众不同的声音，一则简单有力的信息可能会有很大的影响力。人们喜欢好的故事。如果它单独被使用便有效果的话，要谨慎使用其他音效。下面的一则奥赛除蚁公司的广告，用严肃的声音来讲述一个有趣的故事：

广播员： 火蚁一点都不可爱。人们根本不想让蚂蚁咬长绒玩具。它们不可爱，它们也不会使花招。它们只会咬你，在你身上留下红点，蜇出让你想哭的伤痕。

这也是为什么它们必须要死。而且它们必须现在就得死。你不想要它们生病慢慢地活下去。你想要它们死，是那种快速见效的彻底的死亡。

你不想要举着一包化学杀虫品和园艺水管在院子里转悠。这太耗时了。而且药性发作也要花费长达一周的时间。

不，我的朋友。你需要奥赛公司的火蚁杀手除蚁剂。

你在房子周围放上两茶匙除蚁药就可以啦。你甚至不需要加水。工蚁们自己就会把药拖进窝里的。

然后就是最让人高兴的部分了。每只都死掉了，甚至蚁后也死了，就是这么快。

这样多好。杀死火蚁不应该变成一项全职工作——即使除蚁的工作确实挺有趣的。

奥赛公司的火蚁杀手除蚁，蚂蚁死光光。

- 描绘最可以吸引并抓住受众注意的声音。描述配音角色的特性能帮助你构建传播情景：带有疑问的年轻女性、有信任感的中年女性、天才儿童、传统的佛蒙特州人、说话滔滔不绝的南方美女、愚蠢的洞穴人。记住，要在括号中标明说话时的语气：如生气的、讽刺的、迟钝的、很重的英国口音、恃才傲物的。

全国纯种赛马协会的广告使用了赛马解说员的那种颤抖尾音的声音来描述远没有赛马日上那么激动人心的事情。这次由第维托/维迪（De Vito/Verdi）创作的广告运动赢得了2006年的三项大奖：克里俄金奖、墨丘利广播最高奖以及戛纳国际广告节的金狮奖。下面是一则样本脚本：

跑道

广播员：　　它们出发了。

奔出门栏的是“酒”，“奶酪”和“公园里的莎士比亚”。

很可惜，“第一个启动”的起跑慢了。

现在跑过来的是目前最看好的——“穿紧身衣的人”。

紧随其后的是“将有”和“拥有”，以及“这是什么语言”。

再看这边。现在跑来的是“我很无聊”和“这个很糟糕”。

现在是“沉重的眼皮”和“保持清醒”在争斗。

这是“沉重的眼皮”。这是“保持清醒”。

很快被拉开的是“感觉到你的双腿”和“生存的希望”。

跑在最后的是“你在哪里休息”和“结束的时候叫醒我”。

音效：　　跑道上的铃声。

广播员：　　去赛马场吧，享受更美好的时光。

全国纯种马赛马比赛。

我们打赌你肯定会喜欢。

- 为特定的时间、地点和特定的观众量身定做广告。如果是早间播放的，要想到人们多半是在上班的路上收听的。如果是密尔沃基州播放的，就要把它作为调整成针对密尔沃基州居民的。在早上8点的时候谈论早餐，或者在上下班交通高峰期的时候播放出租车服务信息。
- 重复你客户的名字。你不能像在平面广告和电视广告上一样展示产品的包装或产品的商标。于是，你需要把生产商的信息包含到整个信息中去。总的原则就是，试着至少要把你的客户的名字重复三次。要做得有技巧，不要让听众们觉得烦人。通过独特的声音、音乐或音效等重复名字都是能让听众记住品牌名字的好方法。百威淡爽(Bud Light)获奖作品，其每次开场都是一样的：

音效：　　音乐声起。

广播员：　　百威淡爽推出真正的天才。

歌手：　　真正的天才！

广播员：　　今天我们很高兴向______先生致敬。

音乐声，广播员的声音和“真正的天才”都是另一个滑稽的用来颂扬普通人特点的百威淡爽啤酒广告的线索。这些真正的天才有牛仔短裤的发明人、喷太多古龙水的人、高速公路画线员和非常非常糟糕的舞者。下面是芝加哥DDB广告公司创作的一则广告范例：

音效：	音乐声起。
广播员：	百威淡爽推出真正的天才。
歌手：	真正的天才！
广播员：	今天我们很高兴迎来，涂SPF80防晒霜的先生！
歌手：	涂SPF80防晒霜的先生！
广播员：	一天24小时。你却受着80小时的保护。就算太阳不落山，你也不担忧。
歌手：	不要忘了还有艇灯！
广播员：	你的这种带着椰子香味的防晒霜可以阻挡任何太阳光线，甚至是来自另一个银河系的另一个太阳的光线。
歌手：	你就是个明星！
广播员：	涂SPF 30？算了吧，那还不如涂上一层食用油。
歌手：	那东西闻上去一定挺不错的！
广播员：	SPF80防晒霜先生，打开一瓶冰镇的百威淡爽吧，即便是在正午时分的撒哈拉沙漠中，也请打开一瓶冰镇的百威淡爽。
歌手：	涂SPF80防晒霜的先生！
广播员：	密苏里州圣路易斯市，安赫尤瑟-布彻，百威淡爽啤酒。

- 避免使用数字。没什么人会手拿纸笔，坐在收音机旁单单等着记下那些“重要的”号码的。所以尽可能地减少电话号码的出现。如果你必须要播出一个电话号码的话，最好用一个字将他拼出。比如美国红十字会的电话号码是“1-800-HELP-NOW”就比一连串的数字更容易让人记住。如果你要介绍街道地址的话，你应在听众脑中建立形象思维。你可以说成“主干道和格林大街拐角处”或“主干道上，市政厅对面”而不要说“主干道17349号”。有时你不可避免地要提到一个数字。如果必须要这样做的话，你最好能找到一个聪明的办法来不断重复它，以便于听众能够记住这个数字。纽约州奥尔巴尼市公共广播台的电话号码是1-800-323-9262。他们用了斯蒂芬·福斯特（Stephen Foster）的曲子“Camp Town Races”来帮助听众们记住这串号码。

1 800 323.

92. 62.

1 800 323……

92. 62.

92. 62……

92. 62……

1 800 323,9262.

注意9262这串数字出现了几次？那是因为前面的一串区号和前三位数要容易记得多，因此不需要像后面那四个数字一样重复那么多次。

- 注意时间限制。太过冗长的文案会让你无法有充分的时间做停顿，或添加多姿多彩的、清楚明白且有深度的语言。而太过简短的文案又会浪费上线时间。一个基本的规律就是在开始写草稿的时候，按照每秒两个字的量来写。计算一则广告用时的最佳方法就是一边读文案并加入音效和音乐等，一边用秒表计时。同时要根据你的品牌特性来设定脚本的用时。二手车供应商的广告中，可能需要用较快的语速来读，这样可以营造出一种紧迫的感觉，而高档餐厅的广告中，则可以用较慢的语速，以可以营造出高贵典雅的用餐体验。
- 让你的文案简单易读。在文字后的圆括号里注明特殊的发音。例如，"Nutella(NEW-TELL-AH)"会避免让广播员误发音为"NUT-ELL-A"。对于方言发音也要这样做。汉格大街(Huger Street)在南卡罗来纳州的哥伦比亚的方言中是"YOU-GEE"而不是外地人所说的"HUE-GER"或"HUG-ER"。

  同样的，要避免使用卷舌和生硬的语言。头韵的词组——red roosters rarely run recklessly(红色的公鸡很少会不顾一切地奔跑)——用在平面广告中可能会很不错，但这样的句子就算是给专业人士读，也会很容易出现结舌的情况。
- 如果可能的话，把你的广告创意用CD录制下来给客户听。一旦实际播放，对话、计时、怪异的发音和音效都能被生动地表达出来。如果你承诺让录音工作室录制最后经核准的广播稿的话，大多数工作室都会用较低成本先制作出样带。如果你没办法制作出CD样本的话，就找一位可以模拟各种音效和音乐的人来帮忙。

广播广告的技法

不论你怎么组织你的广播稿，要记住一定得有个吸引人的开头。一个具有引导效果的开头要能激发听众的兴趣，让他们听下去。总的来说，最好是在结尾部分让广播员念出关键的销售创意。要把广播员当作是广告客户的声音；脚本中其他角色的声音应当听上去像是普通人或有些夸张的普通人的声音。

一个声音

让声音有趣且与产品相关。让文字出乎人们的意料。你可以加入音乐或音效，或选择让声音“自己来说话”。

前面你读到的除蚁公司的广告就是一个声音讲解的范例。在这个广告中，广播员直接讲解给听众。另一种方法是运用一个呻吟的内心独白。独白听上去就像是我们在倾听一个人的自言自语。下面是一个例子：

音效：　写字的声音

妇女：　亲爱的汤姆。我完全理解你昨晚为什么会失约。我实在配不上你。我怎么抓得住像你这么好的人呢？毕竟，那些植发开始盖住秃的地方了，我也不太容易看到你脑袋上那些硬币大小的包包了。你还真吸引人。万一要是你36岁了还跟你母亲住在一起，那该怎么办？你一见到我就邀请我约会，我还真是幸运啊。嗯，我还能多写点，可惜我的唇膏快用完了，而且你的挡风玻璃上也没什么地方给我写了。

广播员：　如果您需要个擦玻璃的橡皮扫帚，请到Unocal 76号来，我们这里时刻为您准备好干净的肥皂水和橡皮扫帚。76号，我们这里有你想要的。

对话

两个人在对话。听上去很简单，是不是？但要小心了。有些产品不宜套入对话的模式中。你上一次跟别人谈论厕纸或罐装蔬菜是什么时候？你为这类产品写得对话，听上去会很生硬，不够真实。

人们又会很容易落入专家与傻子对话的陷阱。有人会傻傻地这样问：“为什么你的制服比我的白？”然后，专家回应说：“X牌洗涤剂有水溶漂白剂，它可以渗透到织物中溶解污渍，织物可以变得比以前更鲜艳。”广告结束时，傻子说：“哇，太棒了！我在哪里可以买到X牌洗涤剂？”你应该怎样在传递信息的同时，又让创作出的对话更真实呢？办法是：让对话建构生活情景，然后让广播员来做销售。

试听一下这则嘉士伯(Carlsberg)啤酒的广告。那是由纽约TBWA广告公司的杰夫·爱帕斯坦(Jeff Epstein)撰写，东12录音室的爱德·珀洛克(Ed Pollack)制作：

她： 亲爱的？
他： 嗯，宝贝儿。
她： 我得跟你坦白件事，亲爱的。
他： 什么事？
她： 还记得客厅里的钟吗？
他： 那个祖父传下来的17世纪果木闹钟？
她： 我把它碰倒了。
他： 别担心，宝贝儿。
她： 哦，猪肉块。你太善解人意了。
他： 只是钱而已啦。
她： 要点甜豌豆吗？
他： 嗯，来点。
她： 还记得密室里的地毯吗？
他： 我书房里的那张豹皮？
她： 嗯，我用香波清洗它的时候，那上面的斑点被洗掉了。
他： 你可爱的小脑瓜就别操心这些啦。
她： 这下我就踏实了。
他： 我的就是你的。
她： 要点奶油泡芙吗？
他： 好的，要葵蜜饯吗？
她： 你还记得冰箱里的雪茄吗？
他： 洪都拉斯的手卷雪茄？
她： 它们湿掉了。
他： 告诉我怎么回事。萝卜条要吗？
她： 嗯，我那时正在搬动冰箱里的嘉士伯啤酒……

他(打断对话)： 我告诉过你不要碰我的嘉士伯。
她： 给我点黄瓜。
他： 明天早上让你的律师给我的律师打电话吧……糖……李子。
广播员： 嘉士伯啤酒，那是任何人也不能碰的进口滋味。
丹麦哥本哈根，嘉士伯啤酒厂。

多个声音

采用多个声音在讲话的方式，只是它们不是互相讲，而都是针对听众。一则针对艾滋病的广告中，运用了大量的声音来让年轻人意识到关于艾滋病和艾滋病患者还存在着很多误解。

为了这则广播广告，有些大学生被要求坦言他们生活中能接触到艾滋病的机会。制作者从每个参与者的谈话中各截取了一小段：

声音1： 这不可能在我身上发生……
声音2： 他不可能会感染上的。
声音3： 你不会从一个女孩身上感染上的……
声音4： 不是已经有可以治愈的方法了吗？
声音5： 我知道她没有这个……
声音6： 我只想玩玩罢了。
声音7： 但我不是同性恋啊。
声音8： 我希望它不要发生在我身上。

广播员在广告中宣读一段关于艾滋病的信息。

戏剧化手段

该手法使用了戏剧的结构，有开头，有冲突，有结局。你既可以使用音效和一些声音来演绎故事，也可以使用一个讲述者来叙述整个故事。

声音手段

按照这个方法，可以反复地或间接地使用一种或多种声音来突出重点。例如，你可以听到某个人试图发动汽车。引擎发动，“EEEEERRRRRR ... EEEERRRR ... EERR.”当这个人继续试图发动汽车时，声音听上去越来越小。“Eeerrr ... eeerrr ... eerr”当引擎声音渐弱时，活塞的声音渐入。电池最终还是没电了。结尾宣布西尔斯百货(Sears)有售强硬(DieHard)电池组。

有时音乐也会作为广告中的一个大创意。例如，一则广播广告中以一个男人洗澡时放歌开场。他的声音很糟糕——但是他还在一直地唱啊唱啊。你不知道会发生什么，直到广播员打断，并问道："你是不是觉得这歌唱的忒长了？我们也这样觉得。减少洗浴时间，节省水源。"

小品

小品是一系列由反复手段(如广播员的台词、过渡音乐或音效)连接的片段。第一段片段切入重点后，紧接着的片段就不用那么长。广播员通常会在临近结尾的地方做结束语，然后有个简短的结尾片段。为了便于说明，下面是一则乔治·施拉特(George Schlatter)的喜剧俱乐部的广告：

广播员：　第17号。轻声地笑。
音效：　一个男人轻声地笑。
广播员：　第22号。咯咯地笑。
音效：　一个女人咯咯地笑。
广播员：　第56号。鼻息声。
音效：　一个女人一边笑一边喷鼻息。
广播员：　第61号。鼻子爆喷声。
音效：　一个男人用鼻子笑。

访谈

这种方法是指某人在某地——在繁忙的街道上，或者在北极点，外太空——采访某个人或某群人。有则广播脚本中，访谈的地点发生在屋子下面，在那里访谈者采访两只随意咬坏了木地板的白蚁。

短歌

戴维·奥格威(David Ogilvy)说过："当你没什么可说的时候，就唱吧。"但并不是所有人都同意这一点。一首容易记住的短歌可以在我们脑中留下长久的记忆。比如，你极有可能会唱抒情歌"我希望我是根奥斯卡-梅尔熏肠……"和"热狗，情人热狗，什么样的孩子吃情人热狗？"大多数的文案作家并不是抒情诗人或作曲家，所以你可能需要邀请职业的词曲作家来写短歌。但你需要告诉他们广告的销售重点和所要传递的基调(积极乐观的、性感的、异想天开的等等)。

是选择现场录制还是前期制作?

大多数的全国广播广告和相当数量的本地广播广告都是以数码技术录制好备用的。但是有些广告是以草稿的形式递交给电台,或是现场朗读或是由电台广播工作人员录制的。有的广告人甚至连草稿都没有;他们只需递交有关主要卖点和产品的优点、服务或经营场所的信息就可以了。你选择哪一种?这里是一些大致的规则,主要是介绍一下什么时间,什么样的作品可以起怎样的作用:

- 当广播电台已经有一个受观众爱戴并具有个性的播音员时,就用一张情况说明书。按照重要性递减的方式,列出产品的情况。如果能引起该播音员进行与产品或服务有关的有趣谈话的话,你的广告就会取得比所付费用更高的价值。有家甜甜圈店就是这样做的。这家店每天早上给一位钟爱甜甜圈的广播员送上一打甜甜圈。每天早上,这位广播员都会颇有爱意地描述每一口的感觉,并且狂热地介绍口味、质感等等。广告是在早上上班时间播出,这是人们最可能去买甜甜圈的时候。该广告策划非常成功。
- 如果你不添加音效或多人讲话而是直接使用文案的话,可以现场读文案草稿。这种方法的问题是,很多广播电台本来就是一种打趣的风格,可能在节目中用怀疑的或挖苦的口吻现场读广告文案。因此,这个方法主要用在当你的广告必须有实时变动的时候,如商店延长促销或发布需每天更新的促销信息。
- 当你想能定期更新文案时,你可以使用一则现场录制的广告。通常,广告人会录制一段音乐介绍。渐弱的音乐或减低音量后,广播员在背景音乐中阅读文案。最后,音乐渐强作为结束,通常会用事先录制好的结尾。由于这种广播广告特有的中间"洞"型结构,因此这种模式也被称为"现场甜甜圈"。当音乐使整个广告运动具有延续性时,那一小段灵活的插入部分使广告可以得到及时更新。由于要嵌入音乐的"洞"中去,因此这样的插入部分必定要考虑到一定的时间限制。
- 当你想要使用多个声音、音效、音乐或任何相联系的部分的话,当你想要确保广播广告的质量不出偏差的话，你就要使用一则经过前期制作的广告。你可以想象为什么众多的广告客户选择这种方法。就像那准备就绪的平面广告样本一样，广告客户用前期制作广告来把广告中可能出现的人为差错减少到最小。有些前期制作的广播广告会在结尾处留下5秒钟的空白，以便于当地的广播员加入当地的产品信息（如，购买地点、何时开始销售等）。

大多数的地方广播电台对一些简单制作是不收费的，但是你可能会希望具有特色的专业制作单位来制作广告。在制作期间，文案作家要到现场检查，审核对草稿的适度调整、与制作人员一起改进脚本。一些最优秀的广告就是来自工作室里最后时刻的创意。只要战略的基本信息没有变动就没问题。例如，六顺汽车旅馆的广告语正是来自这样的一场“意外”。在汤姆·伯德（Tom Bodett）完成了他的长篇独白后，磁带还剩下一点点空白，所以他即兴说了句：“我们会挑灯等你。”

广播稿版式

正如所有的文案一样，开始写一篇广播稿时要先在左上角写上名称（参见图9-1）。在这个范例中，你要从计时部分后的第二行开始表明，你的广告是一篇情况说明书，还是广播员现场文案，或是需要经过制作的稿子。

由于广播稿在进行制作之前要经过多次反复的修改，因此很多文案作家也会在草稿上写上日期或编号以确保大家在工作时使用的是同一个版本的稿子。

为了便于阅读，所有的广播稿都是按照双倍行距排版的，并为制作过程中的标注和改动留下空间。

音效的名称是SFX。除了整个音效说明以外，音效都用大写字母加下划线标出，以提醒制作者音效及其在广播稿中的位置。基于同样的原因，所有的音效都以单独一行加入稿子。如果音效要插入对话的台词中的话，就在前一部分的台词后加上省略号（……），然后重起一行写入音效，之后在段落开头接省略号，以示继续。

讲述人的名称应当用大写字母标明。注意广播员的名称缩写是ANNCR。给讲述人的说明文字应当用大写排印，并在讲述人名后用圆括号注明。对话也是用这种排版方式。

音乐是另一种音效，因此其格式和音效的格式是一样的。如果一则广告是以音

RENT.NET "Vampires" :60 Radio

SFX	COFFIN CREAKS OPEN. SPOOKY MUSIC BEGINS TO PLAY, THEN FADES UNDER.
VAMPIRE 1:	Hey! What are ya doing?! You know we can't go out in the daylight! Vampire Code 6!
VAMPIRE 2:	Relax! I'm just trying to find us a new apartment . . . Maybe a *nicer* one?!
SFX:	DRIPPING FAUCET
VAMPIRE 1:	I'm tellin' ya—this is the only place where the landlady would meet us *after dark!*
VAMPIRE 2	(sarcastically): Yeah! Crazy ol' bat!
VAMPIRE 1	(nervously): But anyway, you can't do this NOW! I mean, how you gonna get a newspaper out there in the sunlight! You can't go out there, man!
VAMPIRE 2:	Relax! I'm using rent.net!
SFX:	MODEM DIALING IN
VAMPIRE 1:	What?!
VAMPIRE 2	(exasperated): Have you been living in a cave? Rent.net! It's the most comprehensive rental guide on the net! We can search for an apartment right here online by city, number of bedrooms—we can even choose our price range and view photos and check out the apartment's amenities!
VAMPIRE 1:	Oh! Hey—do a search for a place that allows pets—you know those juicy little, uh, I mean cute little puppies!
VAMPIRE 2	(typing): You're sick man, really sick . . .
VAMPIRE 1:	Hey a vampire's gotta eat!
ANNCR:	Rent.net—the easiest way to find a new apartment in any city. Find your new home without leaving the . . . (SFX: CREEPY APARTMENT NOISES) . . . *comfort* of yours.

图9–1 这里展示了一篇真实的广播稿是什么样的。这篇广播稿也是用音效将创意落实的经典范例。要注意，为了在制作时，能够快速无误地识别出音效的内容，文稿中把音效的部分用大写字母和下划线加以突出。还有就是要注意脚本是怎样重申广告客户题词的。

乐开始的，则要在讲述人说话时音乐渐弱(作为背景音乐)。这类说明可以写成：

音效：	竖琴声，渐弱。
提姆：	为了让我的女朋友留下深刻印象，我邀请她去这家餐厅。一切在如愿进行，直到……

如果音乐在某一点消失，你就应该用另一行中加以注明。如：

音效：　　音乐出。

提姆：　　她告诉我，她想跟我的兄弟约会，因为他们都喜欢一样的东西。多脂的汉堡包……炸薯条……而不是鹅肝和鱼子酱。

音效：　　叉子掉落在盘中的声音。

通常情况下，特别是如果广告中参与对话的人是两个以上的话，你可能会要在结尾处由更具权威性的广播员来做总结。这是把你的观众拉回现实（特别是在使用了幽默的手法时），强化你想让大家记住的信息的好方法。

广播文案写作检查清单

- 有一个主要的前提吗？
- 有符合这一主题的文案结构吗？
- 声音、音乐和音效都很清晰地表述了吗？
- 假如要使用有版权的音乐，你觉得一定要这样吗？你的预算负担得起吗？可以得到授权吗？
- 音乐和音效可以有助于卖点的表达吗？
- 有富裕的时间供台词可信并流畅地表达出来吗？
- 有时间留给音效和过渡音乐吗？
- 广告的总时间准确吗？
- 通过提及品牌、音乐或音效，是否能让消费者认知品牌？

广播是有趣而又富有挑战性的。同其他广告文案一样，想写出最佳的广播稿并不容易。当你听到你的完成品时，你就知道它是否是成功的。一篇精心撰写、制作精良的广播广告可以对目标受众有着巨大的影响。

建议活动

1. 从你的平面广告中选择个广告运动主题，为其写一篇广播广告。要把它当做要进行前期制作的广播广告。注意：由于广播和平面媒体本质上的差异性，所以你一般不能把平面广告中的文案照搬过来。针对你要传递的信息,哪种声音最有效?哪种基调最合适?这些还只是一小部分你会面临的新问题。

2. 访问本地企业及其责任人。为该企业想出创意策略,并解释如何利用广播做广告。届时要包括方式、目标受众、情调以及预期的结果。然后基于这个策略写出两到三篇广播稿,并把它们用一个特定的主题联系起来。
3. 接下来一周内每天收听一个不同的电台。用脑记下每个电台中你所听到的广告类型。然后问:你学到了什么?
4. 练习你的编辑技巧。从本书中选出一则平面广告,并利用上面的信息创作出一则30秒的广播广告。

网上查询:了解更多关于广播广告的知识

访问广播广告局网站(www.rab.com),点击墨丘利奖(Mercury Award),可以看到广播稿范例和获奖作品。

⊙ 简单案例

汤姆·伯德为六顺汽车旅馆兜售经济和舒适

当第一家六顺汽车旅馆于1962年落成在加利福尼亚州的圣塔巴巴时，它界定了经济性旅馆业的模式。它填补了汽车旅馆行业的空白——与那些占市场主导地位的昂贵旅店不同，它们为消费者们提供了另一种更经济实惠的选择。但是，到了1980年，企业的市场占有率开始以每年接近2%的速度下降。由于看不到扭亏为盈的希望，公司在1986年决定开始彻底地整改经营模式。公司求助于理查德斯集团（the Richards Group）来扭转占有率下降的局面，以期望能够提高收入、重获市场份额。

理查德斯集团的代表四处探究企业的经营特性，与一些消费者交谈，并从中找到了占有率下降的部分原因——产品本身。旅馆已经跟不上现代旅行者的要求了。房间里没有电话。虽然有电视，但是要看电视的话还要额外收费。理查德斯集团要求把广告推迟（想象一下，广告代理商这么说），先解决这些问题。六顺汽车旅馆同意并照做了。

与此同时，理查德斯集团继续与消费者对话，并由此发现了个奇怪的现象。在与那些曾住过六顺汽车旅馆的人进行抽样座谈时，问及他们曾住过哪里时，没有人会提及六顺汽车旅馆。最后，在访谈人员追根究底地提问下，有人承认住过那里后，大家才都纷纷承认呆过那里。

为什么他们会对承认住过六顺汽车旅馆有顾虑？因为他们怕被别人看作是为了图便宜才会去选六顺汽车旅馆的。他们真正的感觉是自己很节约，甚至说是品德高尚。他们都以此为荣。

以节俭为荣。就是它了。如此简单的创意，却恰恰藏在现象背后。这个观点成了理查德斯集团品牌开发过程的基础，其中关于产品的定位、特性和社会联系都与此紧密相连。如品牌定位是："对节俭的人来说，六顺汽车旅馆是个舒适的地方。在那里你可以享受全美最低价的连锁旅馆。"品牌个性被定义为："诚实、简单、友好、有趣、谦逊、内敛、幽默、具常识性。"其社会关系被描述为："住在六顺汽车旅馆里的人都是有足够智慧且不会随便浪费他们的辛苦所得的踏实公民。不管他们挣多少钱，他们都以能找到一个能省钱的途径而感到自豪。"

那天以后，这些品牌战略不仅指导了六顺汽车旅馆的传播策略，而且还指导了一些起决定性作用的经营策略。品牌战略决定了价格。最低价是六顺汽车旅馆不可攻破的防线。能成为最低价的只有一个。六顺汽车旅馆会根据市场来调整价格，但是它的价格总能保持全美连锁旅馆中的最低价。品牌战略也会指导翻新策略，以兑现整洁舒适的房间的承诺。在1993年到1998年间，六顺汽车旅馆为了不让承诺落空，在翻新工程上花费了6亿美金。

品牌战略也指导了传播策略。汤姆·伯德（Tom Bodett），一位来自阿拉斯加州的不知名的木匠，有时也会在国家公众广播电台里做实况广播员。他成了广告上的节俭海报男孩。1987年，伯德广播了六顺汽车旅馆的新形象。他获准呆在六顺汽车旅馆，甚至夸赞它是“聪明的选择”。

品牌战略也导致媒体花费大大节省。有人说，没有人会乘飞机到六顺汽车旅馆去入住，而大多只是开车去，这就使广告代理商想到了广播。所以当电视上的竞争到白热化时，六顺汽车旅馆花费了较少的钱，用迂回战术超过了对手。

如今，无论你从哪里进入六顺汽车旅馆，从你听到的广告到旅馆的前厅装饰，你都会感受到同样的信息，同样的个性。试试看。给六顺汽车旅馆打电话，听下电话里的信息。查一下它的网络折扣。更好的话，待在那里，享受一下那里的早晨叫醒服务。

理查德斯集团的工作获得了多项殊荣。《广告时代》杂志把六顺汽车旅馆广告运动评为20世纪百部最佳作品。也许，最有意义的奖励就是六顺汽车旅馆收入戏剧化的增长，目前的收入几乎是1986年的3倍。现在的六顺汽车旅馆拥有76 000间客房，是美国最大的私营经济型连锁旅馆。

这里是一个小范例。范例中介绍了伯德和理查德斯集团是怎样神奇地创造一个诚实、幽默且具常识性的六顺汽车旅馆形象的：

六顺汽车旅馆“宠物”：60秒广播

汤姆：　你好，这是汤姆·伯德。我一直都想知道狗狗们睡觉时边打呼噜边动爪子时，到底在做什么美梦。有人说，梦可以让灵魂脱离肉体回到前世。也许巴斯特（Buster）就是拜占庭帝国的最后一个帝王康斯坦丁十一世的灵魂转世。当古城墙被攻破时，它每一夜都一次又一次地在碎石堆上奔驰，一只眼中为愤怒而流泪，另一只眼中为悲痛而流泪。就个人来说，我敢打赌这些狗狗们只是梦到刮桌子或在追邻居的猫咪。当你在六顺汽车旅馆的房间里，观察到你狗狗的爪子抽动时，你可以仔细思考一下这个问题。六顺汽车旅馆连锁旅店全美最低价，而且那里也欢迎宠物们。我是六顺汽车旅馆的汤姆·伯德，我们会为你和你的好朋友巴斯特留灯的……十一世。

广播员： 六顺汽车旅馆。雅高集团旅馆。

六顺汽车旅馆“商务谈话”：60秒广播

汤姆： 你好，这是汤姆·伯德，想跟出差在外的人说几句。如今，看来商务也有它自己的术语啊，全是商务用语。像“时髦术语”或“净净”(net-net)。经过一天的工作后，当你发现能在最近的六顺汽车旅馆中满足你所有的住宿需要时，会觉得这一切是多么美妙啊。你可以得到一间干净、舒适、全美连锁旅馆最低价的客房。此外，为了你的脱机商讨、召开会议等需要，旅馆还备有数码港和免费的本地电话。所以你可以把六顺汽车旅馆看作是你整个商务旅行的供应商。我想，性价比是很不错的。只要拨打1-800-4-Motel-6或访问motel 6.com就可以啦。我是六顺汽车旅馆的汤姆·伯德，我们打开照明设施，静候您的到来。

广播员： 六顺汽车旅馆。雅高集团旅馆。

第十章

电视：情景、声音、动作的力量

阿尔弗雷德·希区柯克(Alfred Hitchcock)在他1959年的经典大片《西北偏北》里有一个14分钟的独立片段。影片几乎没用任何对话，只是通过细致的动作、声音、摄影机角度和传奇导演的编辑，清晰地阐述了14分钟的故事。故事是这样的：

1. 开始时，我们看到了一个远景镜头，空中俯瞰：大草原上布满尘土的十字路口。一辆公共汽车驶进画面，停下，一位乘客下车，公共汽车驶离。
2. 中镜头切入，对准我们的主角桑希尔(Thornhill)，那位刚刚下车的乘客。在前面的情节中，我们了解到他是独自到这里，在等一位叫卡帕兰(Kaplan)的人。他四处张望。
3. 通过在桑希尔和他所看场景之间的一系列镜头的切换，我们感受到他很焦急，他没有看到任何人。
4. 在他观察的时候，我们来回切换镜头，然后我们看到了他所看到的：一辆车疾驶而过，但没看到卡帕兰。
5. 很快，他看向镜头。我们切换到他所看到的：一个长镜头，一辆汽车从泥泞的公路从他所站的地方穿过，驶向高速公路。

6. 小汽车上下来一个男人,向车驶来的方向走去。

7. 桑希尔盯着他看。

8. 那个男人冷漠地盯着桑希尔看。

9. 桑希尔穿过马路,走向那个男人。摄影车随着他平行移动。

10. 当他穿过马路时,镜头转为桑希尔所看的场景,镜头离陌生人越来越近。

一旦桑希尔发现那个人不是卡帕兰,他转身离开,此时,那个人也登上一辆驶来的公共汽车。后面的情节中插入了一段令人痛苦的片段,一架播种机开始攻击,并向桑希尔喷杀虫剂。画面以一个失控的飞机撞向油罐车激烈爆炸的场景结束。

这些和写电视广告有什么关系呢?全部。尽管这些情节总共有14分钟,而你的广告一般不会超过30秒,但是它们都有一个共同点,那就是使用了电影"语言"来讲述故事。在读了这章开头部分的描述后,去租一盘《西北偏北》,看看那一段(最好看整部电影;它很有趣)。你就会认识到为什么导演这样使用镜头,以及怎样通过镜头之间的衔接来强化故事效果的。在一则广告中,你也可以做同样的事。

整合情景、声音和动作

盛世长城创意公司(Saatchi & Saatchi Ideas Company)的首席执行官凯文·罗伯兹(Kevin Roberts)创造了一个新词"sisomo",是指在场景中整合了情景、声音和动作的强劲效果。罗伯特斯相信sisomo是吸引人的有效方法,不论他们是在看普通电视,还是看大荧幕,或是看一英寸的手机屏幕。

当你为广告寻找创意时,脑中要一直想着那些情景、声音和动作。如果你只有一幅静态的画面的话,你可能只是有了一个平面广告的创意,而非电视广告的。如果创意需要用很多文字来表达的话,你可能会制作出一则广播广告或平面广告。当你要开始为电视广告思考创意时,乔治·费伊尔顿(George Felton)建议你先问问自己,"产品的哪个部分可以动起来?产品本身会含有什么动作吗?它可以像开瓶器一样转动吗?会像自行车一样可以在骑行中溅起水花吗?还是可以像挤牙膏管那样?到底有什么?"①

① George Felton, *Advertising Concept and Copy* (New York: W. W. Norton, 2006), p.111.

啤酒倒进玻璃杯的动作是啤酒广告中的经典一幕。在美式橄榄球超级杯决赛期间，百威啤酒广告利用足球场中举着牌子的足球球迷，组成了一幅有一瓶百威啤酒和一个空玻璃杯的图像。当球迷们根据指示举起牌子时，啤酒就从体育场一边的酒瓶里倒向体育场另外一边的玻璃杯中。球迷们再举起新牌子，啤酒就“消失”在杯子里了，看上去就好像是有人喝掉了啤酒。当啤酒杯空了的时候，体育场里的人群们就满足地发出“AHHHH! ”的欢呼。“波浪”创意是由芝加哥DDB创意团队的史蒂夫·邦达诺斯（Steve Bougdanos）和帕崔克·纳尔（Patrick Knoll）在8年前想出的。但是由于电脑图像技术的局限性使得这个创意看上去不是那么真实。从中你学到了什么？决不要放弃你的好创意。

让你的广告动起来的一个方法就是讲故事。这里介绍的是邦达诺斯–纳尔团队的“美国梦”创意。开场是在一个牧马围场中，一匹克莱兹代尔马驹在和两匹成年马嬉戏。过了一会儿，远景转换到畜棚内，我们看到了马驹在里面转圈。镜头跟在马驹身后，就好像是马儿在仔细查看着畜棚。广告然后用溶解手法转换到一个中景的百威马车上，这马车上有一缕阳光照在上面，看上去非常神圣。接下来，我们用马驹角度的特写镜头看到了一幅克莱兹代尔马匹拉传奇马车的图像。当马驹用鼻子摩擦相框时，我们看到马儿的身影叠映在拉马车的马上。镜头随着马驹移开。然后，就好像是通过马驹的眼睛看到的一样，摄像机快速移向一副打开的马具。马驹把头伸进马具里，这马具对它来说太大了。接下来，我们看到了马驹想要拉动马车的决心。广告切换到成年马群的远景，它们正在从外面看着畜棚的大门。镜头又切回，是一个马车轮的特写镜头。起先车轮只移动了几英寸，然后就快了起来。当马车穿过镜头时，我们看到两匹成年克莱兹代尔马正在后面顶着马车。镜头切到一个牵着达尔玛提亚狗的人，他看到了这一切。那人对狗说：“如果你不说我也不说。”镜头溶解，转换到百威的商标和广告语“请适量饮酒（Please drink responsibly）”。这则“美国梦”广告只有30秒的长度，而且仅有六个字的对白。但它却通过大师级的文案、电影拍摄、导演手法为大家讲述了一个大故事。

邦达诺斯–纳尔团队另一则可能让你熟知的广告是百威淡爽的“魔法冰箱”的广告。一个20岁左右的年轻人想要藏起他那装满了百威淡爽的冰箱，他用一个杠杆把冰箱转向墙的另外一面。最后的包袱是什么呢？冰箱被转到了隔壁的房间里，但那个房间里满是20岁左右也对百威淡爽顶膜礼拜的年轻人。

“波纹”、“美国梦”和“魔法冰箱”彼此各不相同，却都依赖视觉冲击和动作来吸引观众。也要注意，在这些广告中，品牌不会引起误解。

为电视广告写作做准备

对于文案人员—艺术总监的团队来说，特别需要重视的是：尽管电脑集成、互动和数字特技技术日益成熟，但在使用时仍需要小心谨慎。如果技术能帮助实现广告战略的话，就用；否则，就不要用。当你只有不超过30秒的时间来做广告的时候，其实产品战略本身就是广告的起始处。

用挑剔的眼睛和耳朵来看电视广告

请你仔细想想，你会发现，你所有记住的广告都是与众不同的那些。那么，是什么让你忘掉了大多数的广告，却记下了那些罕见的珍宝？那就试着在电视机前坐下来，开始看广告。至少要看10则广告。针对每一则广告，回答下面的问题，并把答案记下来：

1. 中心信息或中心创意是什么？
2. 开场的镜头对于创意的意义在哪里？
3. 你被这则广告吸引住了吗？如果是的话，从哪个镜头开始你被吸引的？
4. 相对于文字，图像是怎样讲述故事的？
5. 文字多余吗，或者它们对广告内容有所补充吗？它们补充了些什么？
6. 那些有趣的、令人兴奋的、复杂而又精美的图像在屏幕中停留的时间足够长吗？足以让大家理解并欣赏这些复杂的图像吗？那些无聊、没有动感的图像太长了吗？你觉得应该如何改变它们？
7. 故事是否与吸引力无关系？产品在广告中是否成为其中一部分？
8. 你喜欢这个故事吗？你相信它或从中发现了另外的价值吗？或者这故事与产品没什么相关性，只是表现出来给你观看？
9. 观看之后，你能用一句话说出为什么你会喜欢那些产品或服务吗？

在你写作之前应该问自己的问题

在你开始写广告之前，你需要回答这些问题：

1. 你需要传达什么样的大创意？在30秒里，你没有什么时间做更多的事情了。对于贝尔牌头盔(Bell Helmets)来说,每则广告中的所有情节(人们骑上自行车随着发令人一声哨响翻腾冲撞)都在暗示当骑车者的头受到保护时,他们骑车的身影可以很“酷”。

2. 大创意的优点是什么?谁会受益?除了要考虑你的目标受众喜欢听到什么以外,你还需要考虑他们可能会有兴趣看什么样的东西。
3. 你怎样才能把产品优点转化为能让消费者牢记的图像?贝尔牌头盔的每则广告后都会插入贝尔牌头盔的签名,以传达关键信息。当全屏打出“贝尔牌头盔”的广告语、广播员念出产品的名称时,一个巨大的头盔飞快地掉落下来,落在一句人头的模型上,下巴上的带扣咔嗒一声扣上。背景音念出“因你的头而勇敢”,同时打出文字。前面的画面中的照片和全屏的标题以异想天开的方式展示了各种潜在的危险情景,加入了些许自嘲的幽默感,使整个作品成为一体。你流汗,然后会心一笑,之后你就会同意:你头上戴着一顶贝尔牌头盔的话,你就可以减少风险,更能充分地享受自行车运动。

从图像到草稿

确定一幅图像,试试能写出怎样的一篇故事逻辑严谨,结尾合理的脚本呢?这里是一些建议:

- 开始只用叙述手法来讲述故事。我们开场用一个在自行车上翻飞的慢动作的模糊画面。接下来,我们用一些镜头来展示在自行车上做危险动作的人们。我们插入标题,让人们明白除了画面所见的场景还有新的画面。不论我们在标题上写了什么,都是为了讲述一个可延续的故事,从而引导出我们的广告语,“贝尔牌头盔。因你的头而勇敢。”
- 一旦你写出了较满意的脚本,就把它按照剧本的格式重新誊写。(参见图10-1和之后的格式说明)
- 大声地读出剧本,并用心地听。检查动作时机、清晰度和连戏部分。(看看文字和图片是否按照一定的逻辑顺序安排的?)检查产品的特殊属性。(产品是否被那些不必要的过度制作和故事说明所“淹没”了吗?)你是否已经紧紧地把故事限制在了一个中心上了吗?如果不是这样的话,再继续尝试。

Bell Helmets "Reason" :30 TV

1. (GRAINY FOOTAGE THROUGHOUT) LS CAR CRASHING ON TRACK.	<u>SFX: SOFT WHISTLING THROUGHOUT. NO OTHER NOISES.</u>
2. LS GUY WEARING HELMET FLIPPING OFF BIKE.	
3. TITLE (WHITE ON BLACK): "HUMANS ARE THE ONLY SPECIES"	
4. LS GUY IN HELMET FLYING THROUGH THE AIR AS HE LEAVES BIKE.	
5. TITLE (WHITE ON BLACK): "WITH THE ABILITY TO REASON"	
6. LS SHOTS OF VARIOUS OTHER CRASH SITUATIONS.	
7. TITLE (WHITE ON BLACK): "AND SOMETIMES"	
8. GUY CRASHES BIKE FLIPPING OVER IN MIDAIR IN THE PROCESS.	
9. TITLE (WHITE ON BLACK): "THEY EVEN USE IT."	
10. CUT TO FULL SCREEN BELL HELMETS LOGO.	ANNCR (VO): Bell Helmets.
11. CUT TO REVOLVING "BRAIN." HELMET WRAPS AROUND IT.	<u>SFX: WHOOSH OF HELMET COVERING HEAD, CHIN STRAP LOCKING TIGHT</u>
12. CUT TO TITLE: "COURAGE FOR YOUR HEAD."	ANNCR (VO): Courage for your head.

图10–1 注意在这个剧本中，你听到的要比你看到的要多。毋庸置疑就是这样的。这就是电视，电视里大多数优秀的广告都是用图片开场的，附加了可以增强效果的文字和音效。左边的每个数字代表图像故事的进程——也涵盖了镜头标题。右边音效中一声轻轻的哨音，用来与屏幕上的大混乱形成鲜明对比。在重要的结尾部分，伴随着整个创意"因你的头而勇敢"的声音响起，主题词在惊人的图像中逐字出现——这些是让人印象深刻的收尾。

- 修改、修改、再修改。电视广告剧本一定不能太长。然后问自己下面的问题：开场的镜头吸引了观众们多少注意力？开场与主要创意的相关度有多大？结尾怎样强化了创意和要点？花费在产品上的时间是多少？创意的图像的效果如何？试着只用图片来阐述故事，不要用文字，看看能否把故事说清楚。
- 定稿。一旦你完成了一个剧本，就可以开始准备你的画面分镜剧本（storyboard）了。

电视广告的模式

和其他类型广告一样，产出电视广告创意的最好方法就是让自己沉浸在关于产品的事实和想法当中。只有在这个步骤之后再开始写作。如果毫无进展的话，下面的建议可以帮你加快进度：

演示电视

演示可以比其他视频方式更好地展示出产品所能做的。这里是一些范例：

- 使用中的产品。一个男人用手帕擦亮皮鞋，然后把鞋丢进放有冰和一点X品牌洗涤剂的鸡尾酒摇杯中清洗。
- 使用前和使用后。一个看上去有100岁的人用一些香波来染发。突然间，他变成了35岁！（好吧，我们承认我们有一点夸张，但你应该明白我们的意思了）
- 肩并肩。两个电池驱动的玩具在为观众表演。其中的一个玩具停止活动了，而使用X品牌电池的玩具仍在运转。

明星产品

一只斗牛犬在打量一辆迷你汽车。打量完之后，那只狗绕到车后，用鼻子蹭尾气管。图像："让我们认识认识。"广告词："迷你，我们一起来驾车吧。"

小品

为了反复地突出一个相同的要点，可将一系列的短片段连接到一起。每个片段通常会有不同地点的不同人，但是他们都会讲述一些跟产品相关的故事。例如，一则ESPN[①]的广告中，人们一边看电视一边叫喊。"从击球线滚开！"一位妇女尖叫道。"篮球101基本课程啊"，一个男人说。"截住他！"另一位球迷喊道。广告词："没有体育，就没有人可以训练啦。"

生活片段

广告中的明星遇到一个问题，而X品牌要帮主人公来解决问题。一则瑞典的商业广告中，一群帅哥美女在参加婚礼。新娘和新郎走上台阶，向宾客们挥手告别。客人们退后一步也在挥手，有的人在飞吻告别。新郎抱起新娘，跨过门槛，然后……砰的一声！新娘的头碰到了门道上，她从他怀中掉了下来。镜头切换，特写镜头，两片药片扑通一声掉进水中。新郎喝下药，旁白："头痛会突然出现。Treo可以迅速有效地缓解病痛。"

演播员

有人对着镜头告诉你说为什么你应该要购买这个产品。他可能是一个专家，比如说是一位要求你购买某品牌止痛片的护士。或者他可能隶属于某家公司，如一位首席执行官。再或是一位正使用该产品（或任何产品，参见第一章中的使用名人代言指南）看上去挺酷的名人。抑或，演播员可能是一个卡通角色，如玛氏（M&M）小人或费尔鸡肉快餐店的小牛。（见图10-2a、b）

推荐

"我使用这个产品。您也应该用它。"推荐类广告必须是真实的，必须是建立在真人真事基础上的。职业高尔夫球员南希·洛佩兹（Nancy Lopez）在为骨关节炎特效药欣维可（Synvise）代言时，看上去就是可信的。

故事

把广告看作是30秒钟的电视节目。例如，在一则广告中，一个男孩看上了班上一个很有魅力的女孩。他给她传纸条，纸条上写道："我爱你。你爱我吗？"下面有两个

---

① ESPN（Entertainment and Sports Programming Network）是当今世界最著名的体育电视网，24小时连续播出的体育节目频道。——译者注

a. 卡通角色代言

CLIENT: CHICK-FIL-A
JOB: :30 TV
TITLE: "OVERHEAD"

Video

OPEN ON A SHOT OF A GIANT PAIR OF BOOTS. TYPE THAT SAYS "LEATHER BOOT-O-RAMA" SPINS ONTO SCREEN OVER IMAGE. CUT TO STATIC.

Audio

TWANGY MUSIC UNDER

VO: The finest leather boots are at Big Bob's…
SFX: (STATIC AND TV EMERGENCY SOUNDS INTERRUPT VO.)

CUT TO "COW TV" CARD. MORE STATIC.

SFX: (BARNYARD SOUNDS. COWS MOOING. CHICKENS SQUAWKING. COW HOOVES MOVING TRANSPARENCIES ON OVERHEAD PROJECTOR.)

CUT TO INTERIOR OF BARN. OVERHEAD PROJECTOR IS PROJECTING HEADLINE ON BARN WALL. IT SAYS "KNOW YER FOOD GROOPS."

THAT CARD IS REMOVED AND REPLACED BY ANOTHER THAT READS, "FIG. 1 FOOD PYRUMID". UNDER THE HEADING IS A TRIANGLE THAT HAS A DRAWING OF A CHICKEN WITH THE WORD "CHIKIN" UNDER IT.

b. 店标代言

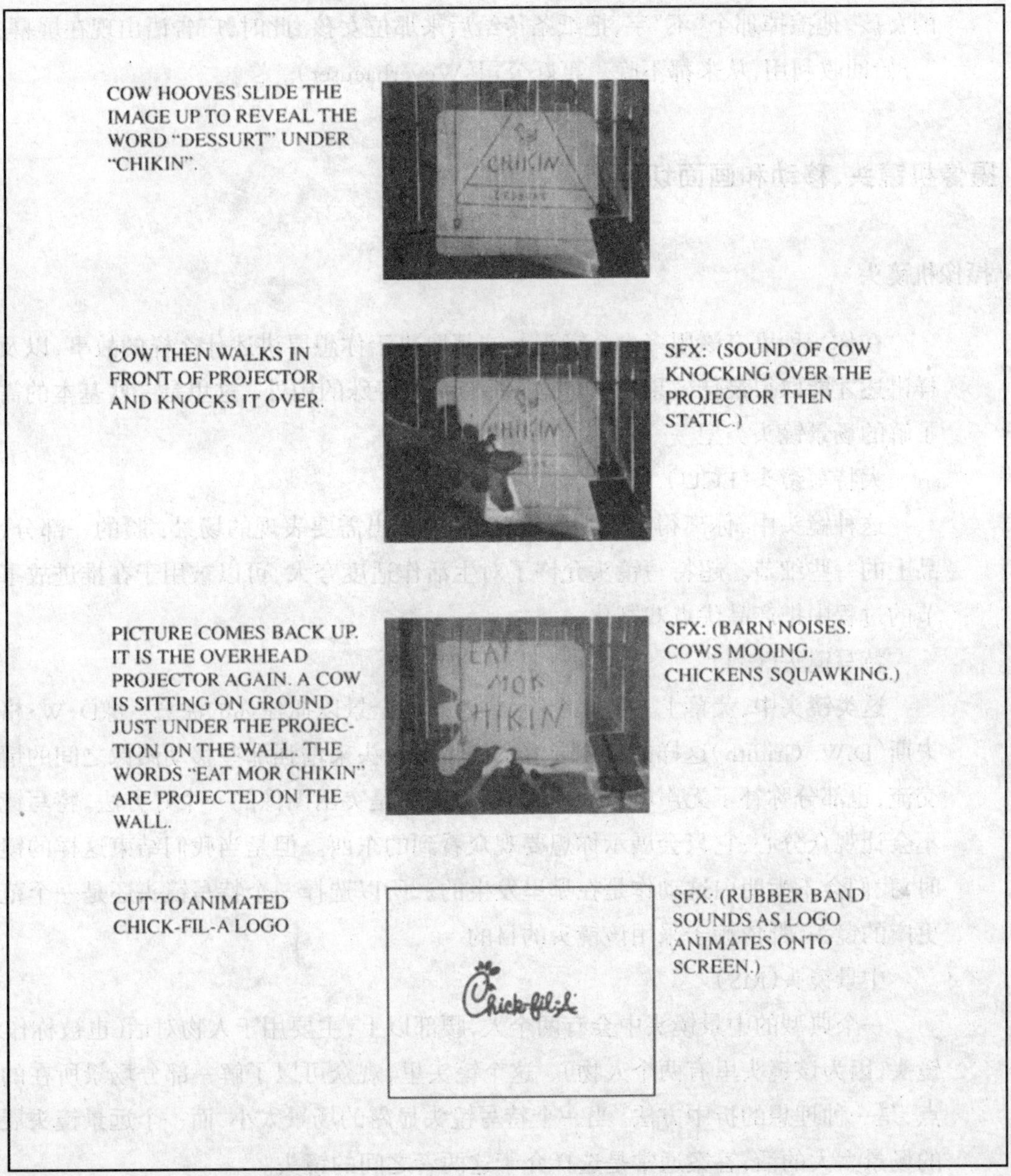

图10–2 费尔鸡肉快餐店(Chick-fil-A)使很多人理解其户外广告牌上“吃更多的鸡”的意思(参见第五章)。现在他们创作出他们自己的电视广告了！

小框（“是”和“不是”）让她标上答复。女孩看着他，匆匆写下她的答案，把纸条传了回去。他打开纸条。答案是不！他垂下了头。当他又抬起头时，他又看到了另一个可爱的女孩。他擦掉那个“不”字，把纸条传给后来那位女孩。此时，广告语出现在屏幕上：“开始回收利用，从来都不晚。惠好公司（Weyerhaeuser）。”

摄像机镜头、移动和画面切换

摄像机镜头

在你30秒里应该用多少个镜头？这都取决于你想要讲述什么样的故事，以及怎样讲述才能取得最佳效果。每个镜头都有一些特殊的用处。这里是一些基本的需要了解的场景镜头类型。

大特写镜头（ECU）

这种镜头中，你离得尽可能的近，以期展示出需要表现的场景：脸的一部分，产品上的一些细节。超特写镜头允许了对生活作适度夸大，可以被用于在推进故事情节的过程中把产品优点戏剧化。

特写镜头（CU）

这类镜头中，荧幕上是一张全脸，或者产品全景以抓住你的注意。像D·W·格里夫斯（D.W. Griffith）这样的早期导演会用特写镜头来增强那些移动图像之间的情感交流，也部分弥补了无声电影的缺失。这目前仍是突出图像的一个好方法。特写镜头不会让观众分心；它只会展示你想要观众看到的东西。但是当我们结束这样的镜头时，我们会不太明白这动作是在哪里发生的。所以选择一个特写镜头还是一个范围更广的镜头，都依赖于采用该镜头的目的。

中景镜头（MS）

一个典型的中景镜头中会有两个人，腰部以上，主要用于人物对话（也被称作2-镜头，因为该镜头里有两个人物）。这个镜头里，观众可以了解一部分场景所在的地点，是一种理想的折中方法。当一个特写镜头显露的场景太小，而一个远景镜头展示的场景太大的话，答案通常是选择介于这两者之间的镜头。

远景镜头（LS）

远景镜头可以广泛地覆盖一个区域，即时展现出我们所处的地方，如在云朵中飞，在厨房中工作，在健身房里做运动。如果你的观众从一开始就要知道是在那儿发生的，你可以在广告中以远景镜头作为开场。抑或是用一个特写镜头来有目的的隐藏故事的发生地点，在之后的镜头中再揭晓答案。还是那样，选择采用哪种镜头取决于你想要讲述的那个故事本身。

摄像机移动

伸缩镜头（推拉镜头）。伸缩镜头是指对画面远近的移动。镜头推拉车可以把影像拉近或推远。在摄像推车上，摄像机则可以前后移动。

如果说伸缩镜头受到镜头范围的限制的话，那么推拉镜头只受到想象力的限制。你在剧本或故事板中可使用这两种手法，但让导演来做最后的决策。

左右摇摄镜头（跟拍镜头）。摇摄镜头是指摄影机向右或左移动拍摄画面。摄影机摇拍技法，摄影机转向一边或另外一边，抑或是镜头随着在画面上穿过的物体移动。跟拍镜头是指摄影机跟随在移动的物体边拍摄上——这与摇拍技法的拍摄角度有很大的不同。

上下摇摄镜头（托架或升降镜头）。上下摇摄时，摄像机机头上下摆动——就像是摇拍的垂直技法。托架镜头或升降镜头是指整个摄像机和摄像师一起被液压机上举或放下。一个著名的此类镜头就是在电影《飘》中，对女主角斯嘉丽·奥哈拉（Scarlett O'Hara）的拉近镜头。亚特兰大火车站里，她毫无目的地走在伤兵的人群中。摄像机找到她，突然下降然后向上拉升，以表现她在数千冷漠的人群中的渺小。然后镜头摇向并定格在一面破碎的联邦旗帜。你觉得这个单独的镜头传达出的信息需用多少字来描述呢？

画面转换

和摄像机机位移动一样，画面转换可以把你在较短时间里从一个动作转移到另外一个动作里。当你只有30秒时间时，对于时间把握就显得至关重要了。

切换。切换是你必须要掌握的最基本的转换手法。它是一个镜头瞬时转到另外一个镜头里——如从一个特写镜头转到一个中景镜头。前一秒我们看到了一个特写镜头，然后突然间我们就看到了一个中景镜头。极为重要的是，这两个镜头须有机连接，使得图像变得有意义，以便情节按照一定的目标发展。

溶解。溶解是一种较为柔化的转换手法，其中第一幅图像会逐渐变得透明，第二幅图像就在第一幅图像之后，逐渐变得更加模糊。在一个中间溶解的过程当中，两幅图像都不清楚。溶解可以展示时间的消逝过程，使编剧们摆脱时间顺序的局限，集中力量突出最重要的元素。你不需要看一位妇女洗5分钟的头(这过程甚至不可能在30秒里完成的),所以你可以使用溶解手法,直接从她开始洗头的镜头转换到她最后做好发型的镜头。你也可以在整个广告中用溶解手法来营造一种柔和的气氛。你还可以用这种手法来把一系列时间、地点没什么关联性,却对叙述故事有重要意义的镜头串联起来。(参见之后关于复杂切换手法的讨论)

渐变。渐变是溶解手法的一种,图像转换或渐变成黑色或白色。这也就是著名的"淡出黑屏"。

剪辑连戏

编辑应当从广告剧本撰写之初就开始了,它可以完成很多工作。剪辑可以凝滞时间、延续时间或打乱时间顺序。凝滞时间的方法中,你可以先显示一个人在夜晚无法入睡,然后溶解转到他睡得非常香甜的图像,接下来图像溶解到产品的照片,揭晓答案:他是使用了产品才能入睡的。延续时间的手法中,你可以先展示出一辆飞速行驶的火车驶向汽车,镜头切向驾驶员慌乱的表情,画面切回火车,再切到驾驶员企图改变路线,继而画面切到火车,等等。火车快速行驶,火车道上的人们都在慌乱地躲闪,但是延续时间可以让这些动作更具戏剧性,也更能吸引观众。打乱时间顺序的方法可以用来表现从现在回到过去,或"向前闪现"一幅将来的想象中的场景。

剪辑的方法

编写剪辑。这种剪辑方法多用在主要以记叙方式讲述故事的情况中。通常会配有旁白,每个镜头对所述的故事加以说明。镜头可能彼此不相关,可能发生在不同的地方,或可能包含一系列不同的人群或同样的物体。

连续剪辑。这种剪辑方法多用于不需要用旁白来介绍剧情的连续场景,或解读正在发生的事情。一个接一个的镜头展现了流畅的动作。但是,不同的镜头高度与切换甚至可能并非前面镜头的组成部分。例如,中景镜头来拍摄两个人的对话场景,两个人分别有些特写镜头,再来一个中景镜头,然后镜头转到与情节相关的大楼里的其他地方。

交叉剪辑。这是指剪辑平行连接两幅以上的图像与背景。这些动作可能是在同一时间不同地点发生的——比如,当我们看到一个农民开着拖拉机,镜头切到他的妻子在准备晚饭,再切到农民,然后又切回他的妻子。这动作也可能是在不同时间不同的地点发生的——比如，一个男人在享受淋浴的场景，其中插入了这个人在一天中各个时段的场景，以此来表明这块肥皂让他每时每刻都精力旺盛。（这就是迪尔肥皂广告中表现的经久不衰的经典创意）

交叉剪辑可能也会用在体现同一时间同一地点上发生动作的细节。例如，他跑向她，她跑向他，然后又是他跑向她，她跑向他，直到——最后——我们看到他们俩在一个镜头里张臂跑向对方。由于我们已经在大部分广告中观察他们对彼此渴望的眼神了，他们的拥抱从某种程度上对我们就显得似乎就发生在身边。

在一则啤酒广告中，交叉剪辑让我们感觉和广告里的主人公一样想喝啤酒。一位酒吧男招待伸手去拿马克杯。一个男人离开他的办公室。酒吧招待开始倒生啤。那人离开办公大楼，走向繁忙的街道。酒吧招待几乎要倒好一马克杯酒了。那个人走过街道。马克杯满了。男人走进酒吧。酒吧招待把生啤在光滑的酒吧台上平滑出去。那个男人伸出手，刚好接住。

视角

主观 vs. 客观。尽管你不能对视角作出特别界定，但是多转换视角还是有助于让别人更好地理解你的创意。从本质上来看，视角无非主观和客观两种。客观角度（客体摄像机），摄像机从一个客观者的角度记录情节，不会参与到动作当中。这种角度中，场景中的主角往往都不会直视镜头，是因为直视会破坏其与观众之间的客观关系。

主观视角（主体摄像机）中，摄像机通过以场景中的人物视角来让观众们有置身其中的感受。一个演员冲着摄像机发脾气；我们知道他不是在跟我们生气，而是在跟之前镜头中用拳头打他的人生气。摄像机本身变成了一个受气包。20世纪40年代后期的一部电影中全部使用的是主观视角的镜头，这是主观摄影方式的大胆尝试。观众除了能在主角走过镜子时可以看到他以外，几乎看不到电影主角的形象。拳头直接打向摄像机，而且通常接着有一段黑屏。手从摄像机前伸出，然后抓住某个人。这部电影对于大多数人来说可能有点怪，但是它确实显示出了主观视角拍摄的影响力。

摄像机角度。和眼睛持平的摄像机角度展示了我们大多数人看到的视野。向下俯瞰的高角度镜头可以被用于下面的场景：（1）这是描述我们所处地点的最好方式，比如说在一个足球场上；（2）它可以看到你自己所无法看到的场景，比如越过头顶拍摄的舞蹈造型的镜头；（3）它给故事中添加了心理情节（向下看表明我们看不起它;但是当我们向上看时,表明我们敬畏它)。低角度镜头可以增添产品的重要性。高角度镜头可以起到倭化竞争者的作用。

音乐和音效

如果电影《大白鲨》(*Jaws*)中没有反复播放两个音符节奏不断加快的主题曲,让观众们知道一片平静的海滩场景背后危险正在逼近的话,会是什么样?如果《惊魂记》(*Psycho*)中没有其背景音乐,又会是什么样?或《星球大战》(*Star Wars*)?抑或是任何的电影或电视节目意义与内容?对于电视广告来说也是这样。音乐和音效可以为屏幕上的故事增添光彩。

音乐

奇尔(Cheer)洗衣粉广告的开场是一对情侣在电话里聊天。在那个女的告诉她的男朋友她的飞机什么时候抵达时,她问道,“喂,你穿过我给你的那件黑毛衣吗?”他给了个令人满意的回答:“跟我想你的次数一样多。”她高兴地说:“它现在肯定已是灰色的了。”他顺从而肯定地回答道:“的确是。”她忽然有了个想法:“今晚穿上它来吧。”他惊愕道:“今晚?”他一挂掉电话就赶紧去把毛衣从礼品盒里拿了出来,反复地洗啊洗,希望可以把它洗成灰色的。与此同时,我们听到抒情的歌声:“总是思念着你,此爱永不褪……”这时,画面转到正在用“帮你防止黑色褪色”的奇尔洗衣粉洗毛衣的男子。门铃响了。当他去开门时,屏幕上叠加上一串字幕“去除污渍,彩色犹存。(黑色也不例外)”。

人们爱上了这则广告里的音乐,并且开始索要音乐的拷贝。一名女子甚至想要在她的婚礼上演奏这个音乐。但是这里有个小问题:根本没有这样的歌。这首歌是由李奥-贝纳广告公司的文案专为广告创作的,只有短短的16秒。当奇尔洗衣粉的母公司,宝洁公司陆续收到寻求音乐的电子邮件和电话时,他们要求作者和制作单位创作出一首4分钟的版本。有个完整版的歌,宝洁公司便给这些消费者发了一封有音乐完整版附件的电子邮件,可供他们下载或刻录成光盘。邮件中添加了广告词,介绍应如何点击公司网站去听完整的歌曲。在放上歌曲之前,奇尔洗衣粉网站的日点击率是500到1 500。有了这首歌曲后,每日的点击率上升到2 000到2 500。光盘的拷贝也被送往广播电台。几周时间里,电台广播了580次,有400万听众收听到了这首歌。①

广告中的音乐可以有助于引导观众进入一个合适的思维状态。它可以让观众们感受到浪漫、放松，或是充满恐惧。有时，音乐与内容形成情感上的反差也可以产生很好的效果。例如，一则针对家庭暴力问题的广告中展示的是被打妇女的照片，配以《和你的男人站在一起》（*Stand by Your Man*）的背景音乐。音乐的讽刺效果有助于说明坚持跟一个施虐伴侣在一起是多么荒谬。

音效

音效可以强化你要传达的信息，也有助于描绘场景。一则百事（Pepsi）广告的开场是一种很神秘的机械音效。镜头转向一个拼命想要百事可乐的人，他一直往不断退钱的自动售货机里投硬币。这个人投啊投，从清晨到黄昏，就像是里基·尼尔森（Ricky Nelson）的《寂寞小镇》里的场景。音效给广告额外增添了一层气氛。

旁白

旁白（Voice-over，VO）是指看不到人却能听到这人的声音。它可以做推销产品的结束语或帮助陈述整个故事。黎明牌清洁剂的广告，画面中出现一只满身油污的鸭子在野生动物营救中心接受清洗。

旁白：　如果这只鸟能说话的话，她会告诉你黎明牌清洁剂是怎么救她一命的。如果这只鸟能说话的话，她会告诉你专家们选择使用黎明牌的原因是因为它柔和无损伤。如果这只鸟能说话的话，她会告诉你她为能存活至今感到万分高兴！

图像：　黎明牌。20年来竭力挽救野生动物。

通过旁白大声朗读屏幕上出现的信息可以起到强调的作用。要注意，“SUPER”代表的是文字叠加在动态的图像上；而“TITLE”代表的是文字出现在静态的背景图像上。

把创意写在纸上：电视剧本

看一下图10-1中贝尔头盔广告的剧本。整个广告背后的创意（参见第四章中的案例部分）显示出一个像贝尔牌一样质量过关的头盔可以给你更多的勇气来更好地享受自行车运动。下面是广告剧本怎样通过创意来引导读者的。

① Adapted from Stuart Elliott, “Procter & Gamble’s Hit Song,” *New York Times*, 3 March 2003.

左边的部分都是视频，或者说我们所看到的图像。右边的部分都是音频，或是说我们所听到的音乐或音效。音频和视频排成一线，这样的话我们就能知道它们彼此的相连。情节在页面的左面部分按顺序排列并以数字标出序号，以便说明发展顺序。镜头3以及镜头5、7、9、12都是标题。在完成版的广告中，标题中的文字会按原样出现。

和广播广告中一样，音效可以用来指示音乐和其他声音。为了清楚明白，要在所有的音效说明下标上下划线。因为我们在广告中听到的都是酷酷的口哨声，因此右边部分在镜头10之前都是空白的。然后广播员在整个画面上打出商标时念出“Bell Helmets”。嗖的一声（就像是受保护着的脑袋被砸了一下的声音），紧接着是下巴锁扣的声音，与镜头11中的画面同时出现。

最后，在屏幕上出现标题的同时，广播员念道，“因你的头而勇敢”。当标明是旁白（VO）时，这些文字就不是在摄像机前说出来的。通常情况下，旁白的台词是在片段脚本拍摄好以后才录制的。它们可以让别人更好地理解你剧本或画面分镜剧本中的想法。

要注意该广告中的文字和它们出现在完成版的广告中一样，是叠加在移动的画面上的。

让它更清楚：电视画面分镜剧本

画面分镜剧本可以展现更多剧本的细节，帮助客户、制作人、导演和后期制作人员更清晰地理解剧本。关键镜头的图片可以有助于把故事从头至尾地讲述出来。注意看图10-2，中间是那些主要的镜头，左边是视频说明，右边是音频。有些广告代理公司喜欢把这图片放到左边，音频说明放在中间，视频说明放在右边。还有一些则会把音频说明放到每个图片的下方。

电视制作

一旦客户通过了一则广告提案进行制作的话，广告代理公司通常希望有一些不同的制作商进行竞标。他们会将涵盖整个广告所需信息的制作提要和画面分镜剧本的拷贝送出去，作为竞标的基础。制作提要须描述角色分配、服装、布景、特效、特制型号以及产品包装等制作方面涉及的细节。和制作单位讨论品牌战略也可以更好的表现产品，使产品广告的目标更为清晰。

一旦广告公司确定了某个竞标计划，制作过程就开始了。大多数的广告都会花费数个工作日来进行拍摄。在实际拍摄开始前，广告公司除了要确定导演、试演演员外，还要确定拍摄地点、当地后勤工作人员、产品以及其他必需品。

在制作阶段也会产生神奇的创意。一个伟大的创意可能会产生于演员或导演的建议。比如，一则广告开场中一只爱挑剔的鸭子大叫“Aflaaaack！”的创意就是在首拍中诞生的。广告中描绘了两个工友在午餐休息时间讨论如果他们受伤了且不得不休息的话会怎么样。和后面的一系列广告中一样，鸭子一直在重复AFLAC，美国家庭人寿保险公司的名字。

广告剧本或画面分镜剧本中并没有写出鸭子的个性特征。是导演汤姆·罗斯顿（Tom Rouston）赋予了鸭子意志坚定的个性。罗斯顿指出，其中的一位工人会心不在焉地丢给鸭子一块面包屑，但鸭子挑衅地把面包屑踢回给了他们。带领卡帕兰塞勒团队的琳达·卡帕兰·塞勒（Linda Kaplan Thaler）和罗宾·克瓦尔（Robin Koval）在他们的书《梆！》（*Bang!*）[1]中讲述了这突然想出好创意的时刻：

> 一听到这个创意，我们就知道找到了广告活动的关键点了。就是这里，鸭子挑衅地踢回食物，不仅把它整体个性特征都展示出来了，同时广告的要素联系也就此确定了。广告中起关键作用的部分，具体来说就是：鸭子有一条重要信息想和别人分享，他很狂躁没有人愿意听他说。这把鸭子从一只温顺的小动物转变成了一个意志坚定的小吉祥物。广告结尾部分强调了鸭子个性，也为广告活动本身增添了些许不安分的幽默。这一点也确定了其他每个广告需要遵循的一点：广告中用一部分时间来表现鸭子哼哼唧唧、踢东西、狂暴懊恼的尖叫。

拍摄完成后，后期制作选择便是最好的镜头，然后按照时间框架编辑镜头，制作出样片。

电视广告制作检查清单

- 你是先想到图片，后加上文字的吗？

---

① Linda Kaplan Thaler and Robin Koval, Bang! Getting Your Message Heard in a Noisy World (New York: Doubleday, 2005), p.192.

- 你为想要传达的内容是否选择了最好的表达方式?
- 你的广告中是依赖其娱乐价值来销售商品的吗?
- 开场镜头是否能吸引观众的注意力?
- 从时间和镜头特写上来看,产品受到展示的时间够长吗?
- 如果摄像机离镜头前的动作更近的话,广告的情节会更吸引人吗?
- 所使用的标题能让观众记住广告中的重点,特别是产品名称和广告主题?
- 你所选择的文字并非只是在陈述图片,它为图片增添了额外含义了吗?
- 你确定文字与所选的图片相关吗?
- 你选择的音乐或音效可以扩大信息的影响力吗?

建议活动

1. 这周里观看至少五则电视广告,按照下面的要求做笔记:
   a. 广告中第一次提到产品时,它是被显著地展现出来的吗?
   b. 在最后的或接近最后的镜头中,广告中描绘了产品的形象吗?
   c. 第一个镜头吸引到你的注意力了吗? 怎么吸引的?
   d. 第一个镜头与产品故事相关吗? 怎么相关的?
   e. 哪个镜头让你印象最深刻? 为什么?
   f. 看完广告后你对产品的感受是什么? 它改变了你对产品的看法了吗? 怎么改变的? 为什么?
2. 撰写一则电视广告。从写一个情景开始,过渡到写广告剧本,然后把它做成画面分镜剧本的形式。根据同学们的建议来做些修改。

网上查询:了解更多关于电视广告的知识

下面的网站中可以让你看到一些新的和经典的电视广告:

- 创造力的广告评论家(Creativity's AdCritic):www.ascritic.com(需付费订阅)
- 广告论坛(AdForum):www.adforum.com
- 广告园地(AdLand):www.commercial-archive.com(需付费订阅)

⊙ 简单案例

百事从“其他可乐”中找到取乐新途径

BBDO纽约公司的合伙首席执行官、首席创意官泰德·赛恩（Ted Sann）与高级副总裁和高级创意总监顿恩·森德尔（Don Snyder）和执行创意总监迈克尔·帕提（Michael Patti）一起组成的团队，为客户百事可乐公司创作出了让人印象深刻的“安全监视器”电视广告。帕提如是讲述了他们是如何想出创意的：

我们制作的竞争广告，很长时间里是以取笑竞争对手可口可乐为主题的，但是想要创作出更好的广告却显得一年比一年难了。我和顿恩作为一个团队，在我的办公室里日复一日的为百事想创意。泰德会经常跑过来找我们，一坐下来就给我们讲他想到的创意。这是个不断发展的过程。泰德会托着头想5分钟，然后说：“我想到个创意，软糖。”随后就走开了。而我和顿恩会坐在那里，继续想下去。

一天，他在午饭时间走进来。他没多少空余时间。我们正在和其他同事一起工作，然后他说：“安全监视器。我不知道它有什么意义，就是监视器。”

他刚刚在自己的家里安装了安全监视系统，而那监视系统就是创意的起源。我们告诉他：“好啦，那太无聊了。那个创意很傻。”然后他就走开了。然后他又回来，我们坐下来讨论。我们讨论到这个广告应当是一个固定场景，不需要剪辑或切换。我们觉得这对于百事来说是非常有趣的，因为我们从未做过这么简单，这么聚焦于一点的广告。

我们觉得这个想法有比较优势。顿恩提出，可以把两种可乐的自动售货冰柜放在一起。我记得，大约一两天后，我们想到可以让可口可乐的送货人去喝喝百事可乐。此后，我们一周内都没去管它。

然后，顿恩画了一幅主要画面，画面中有这个可乐送货员和两个冰柜。我们想表达的是可乐送货员正准备买一听百事可乐，这时一位妇女从商场的拐角推车过来看到了他的举动。如果他继续下去，会觉得很尴尬，于是便离开了镜头框。镜头会一直停在那里，拍着一个空无一人的场景。然后，那个送货员突然从监视器的下方鬼鬼祟祟地跑过来，抓起一听百事可乐，接着飞也似的跑走了。

这里用到的音乐是《欺骗的心》（*Cheating Heart*）——但我不记得是谁想出来的。我们曾经一直在讨论音乐，也曾考虑了很多首。当我们听到这一首时，我们就觉得如果

PEPSI
PEPSI
PEPSI
PEPSI
NOTHING ELSE
IS A PEPSI
PEPSI

用它的话，广告就完美了。感觉就是这样。

我们认为这个广告还不错，但还不是最棒的。百事公司的首席执行官很喜欢它，说道："嘿，我觉得它可以更幽默一些。"所以我们想出了第二个结尾。我们说，"哦，如果他从中拿了一听，然后有20听倒在了他身上，他不得不把它们都捡回去，那样，他会显得更尴尬。"

结果，我们创作的广告中用了20多听饮料的创意。导演乔·皮特卡(Joe Pytka)说道，"让我们把它做成最经典的泼洒事故！让我们把它做得不可思议！"我们只拍了两条，就完成全部制作，我们知道我们达到了目的。

11

第十一章

直复营销：居家购物的便捷之处

美国地之角服装公司(Lands' End)(译者注：成立于1963年的老牌零售商，著名的目录邮购公司)的一则广告一语中的："谁还有时间去购物？也许在商场购物曾经非常有趣，但今天绝对不再是了。你要忙着工作，开车载着孩子到处跑，还有其他堆成山的事情。你就是没时间去购物，不是吗？"

直复营销：一个为科技所改进的旧想法

尽管电脑、结账扫描仪、信用卡和因特网为它注入了新的生命，直复营销已经是一个具有150年历史的健康和活跃的行业。大约在1847年美国邮政服务建立海岸至海岸业务时，直复营销便已悄然诞生。早期被称为邮购的直接反应广告的提供者是成立于1886年的西尔斯-罗巴克百货公司(Sears and Roebuck & Company)，以及成立于1872年的蒙特乔莫利-瓦德百货公司(Montgomery Ward Company)。他们早期手写的黑白邮购目录通过电器、农场工具、服装甚至DIY房屋建设成套用具的途径将工业化世界的产品推销到了美国最偏僻的农场家庭。美国人从不裹足不前，因为直复营销的成功，美国的销售技术在世界范围内得到了热切效仿。

早在20世纪，例如国家现金注册公司这样的行业销售的先驱，便利用信件来吸引可能的消费者。但是没有了电脑、信用卡和800免费热线，目前直复营销中的改革将难以为继。电脑和结账扫描仪捕捉和吸收详细的业务和个人信息，然后按照精确设定的目标邮寄名单编辑这些信息。现在不仅仅年龄、姓名、教育背景和其他人口统计学指标，还有信贷历史、兴趣爱好和消费习惯，甚至业务的类型、大小以及明确的工作职务都已成为把消费者进行分类的依据。

直复营销如何有别于大众传播媒体的广告？

鉴于广告的目的在于建立品牌意识或创造对一个新的产品类别的需求，直复营销的目的定位为销售。时间上的紧迫性是其最重要的组成部分，另外，其信息有两种流动方式：由可能的消费者到广告客户，及相反从广告客户到可能的消费者。通过这种有目的的信息交互，广告客户可以尽早地识别出一份姓名清单，这些消费者提供了最好的一些信息。一旦把这份清单用社会学和人口统计学指标加以分析后，营销工作者就可以得到拥有相同特征的一份新名单了。在某种意义上，直接反应是通过销售来获得营销信息的一种方式。广告销售商品；而直复营销提供提议，并通过设定截止日期加速消费者的反应。其中最重要的是，继续促成这些消费者的购买将加强消费者和公司之间的关系。

直复营销发展迅速，因为它不断地吸引各个家庭从邮购目录上购买商品。近几年，超过半数的美国成年人通过电话、邮寄和网络的方式订购过商品或服务，其中女性多于男性；销售量增长最快的是18到24岁的年龄组，依次是45到54岁年龄组和55岁以上年龄组。来自各收入阶层的消费者们都参与其中，然而年增长最快的阶层倾向于年收入为5万美元或以上的人群。

更有趣的是，公司和营销工作者们能了解到顾客以下的信息：

- 购买量的货币价值
- 每年的购买次数
- 顾客和公司之间关系的持久度
- 影响同一顾客购买决策的其他信息
- 针对顾客的促销政策
- 顾客名单出租给其他公司的价值
- 不回应者的信息

- 顾客的社会学和人口统计学方面信息

超过半数的采取直接反应邮寄方式的公司将顾客名单有偿地和其他公司进行交换,通常是以租金或交换的方式。

直复营销较之其他广告形式的优势

直复营销有着诸多较之其他广告形式的明显优势,包括如下几点:

- 对可能的消费者准确定位。一个目标明确的数据库使营销工作者能够依据生活方式、人口统计学信息、购买习惯等准确定位一组可能的消费者人群。
- 个性化的信息。信息的设计和语气使用可以非常个性化。
- 更快速的销售。较之传统广告媒体,直复营销成交更快。
- 包装选择的多样性。除了被美国邮政服务强加的一些小规定,创造性的直复营销团队能设计出一系列激动人心的包装形式,从多层的折叠邮件、可撕包装到奇形怪状的盒子和实物样本。
- 来自其他媒介内容更少的竞争。不用受制于印刷和广播媒体的编辑环境,直复营销只需和同为邮件中的其他信息相竞争。如果设计和文字能成功地吸引邮件接收者阅读其中的内容,那么一旦发现一些有趣的内容,他们的注意力便会集中在上面。

计算机数据库:瞄准最可能消费者的关键

广告客户能够通过一系列的数据库,如其他公司的客户资源、汽车相关记录、自身客户的保修卡、出生通告、大学学生名单、杂志订阅者等等,对他们的最可能消费者做出准确定位。购买了无脂色拉酱和酸奶,结账台的扫描仪就将你自动归类为可能的运动器材和健身杂志消费者;而一旦买了新车,你就会时不时地接到生产商的调查问卷,或者通知你该给汽车保养了;购买了新房,草坪护理公司又会发函给你,提供迁入新居的免费除草和养护试用。

直接发函方式也能成为市场调查的工具。为了使新加坡的年轻人透露有关他们痘痘防护产品的使用情况,奥美广告公司的直复营销部直接设计了一份调查问卷邮件，同时附赠新潮礼品。通过在销售点发放传单，在年轻人杂志上投放迅速回答广告，在以前回复信息的名单基础上，公司为这次邮件市场调查收集了超过10 000名发函对象的资料。其中对照组(5 000人)收到了免费礼物(样品)，试验组(5 000人)在免费礼物之外得到了“皮肤护理工具书”，其中有皮肤护理建议和公司产品的介绍信息。附赠信息使试验组购买该公司产品的倾向上升为对照组的三倍，而直接发函方式的最终结果使得青少年购买该公司产品并正确使用的比例提高了34%。

直复营销要让目标受众参与

想要卖更多的铃铛？那么让寄给消费者的邮件能随着开启自动响起音乐；想让消费者闻到、品尝或感受你的产品，那么邮件中夹寄一份样品。尽管这些方式技巧的成本昂贵，但是因受众的数量及其可能的消费能力可能会成为一种经济的选择。

为了吸引尽可能多的商务会议，孟菲斯城向一些经过挑选的客人邮寄了一个有折脚卷边的包裹，上面附有手写的地址和一行字——我们在孟菲斯找到了您的钱包。而包裹里的确有一个钱包，里面装满了仿真的信用卡，以此来给客户选择田纳西最大的城市作为会议地点以充分的理由。尽管这个要求有些强人所难，但就是这个高度考虑到受众的包裹起到了神奇的效果。

为鼓励各团体预定——好时度假胜地的会议厅，拿苏提与亨克尔事务所设计了一个直邮包裹以强调好时不仅是一个休闲游乐胜地，也是一个开会的好去处。这个由联邦快递寄送到会议设计者的包裹，看起来像一个写满不同旅游目的地的公文包。仔细一看，你就会发现其中介绍的都是好时度假村的各种设施——温泉会所，高尔夫球场，酒店，旅馆。包裹里有好时巧克力温泉会所的免费券，一个高尔夫球，一支圆珠笔，当然还有一条好时巧克力。另外，还有一本小册子解释了在好时度假村预定会议的种种利益。

成功直复营销的三个必须

客户清单

作为直复营销最重要的一个因素，公司需要筛选出对销售和服务最有可能购买的顾客的名单。邮件的收发和电话的接听拨打构成了直复营销的最大成本，所以划去不适合和不会回复的受众名单。

信息内容

广告文案撰稿员估计通过发直复营销邮件，他们只有几秒钟的时间去抓住消费者的注意力。所以他们想出各种各样的方法，比如说制作超大尺寸的邮件，在信封上用黑体打上一条信息，把客户的名字用激光打印在信封上，个性化邮件的形状——比如一个草裙娃娃，一辆赛车，或者一个汉堡包。

在信封内，大多都包括一封个性化的信件，一本小册子，一张回复卡。是或否的粘纸是为了使消费者更投入。

信件用印有公司抬头的纸张，为了拉近与消费者的距离，称呼用"亲爱的音乐爱好者"，"亲爱的旅行家"或简单的"亲爱的朋友"组成。为抓住视线，与普通私人信件不同的是它将注意力转到了称呼前的黑体字上，它联系了信封上的诱惑和随后信封里的内容。

通过简练首行缩进的段落使信件通俗易懂。当你写信时，多用第二人称"你"并在最后附上似手写体的签名。对于重要的卖点，加上下划线或者使用粗体凸显之，但请慎用——如果每个字都是粗体，那么就没有重点了。记得加上附言鼓励消费者马上行动，因为附言是直接回答发函方式中读者阅读最多的部分。

优惠

直复营销邮件通常通过在规定期限内购买可获得优惠的方式来促使顾客回函。这有点像在截止日期前优惠券提供的折价，限时抢购，或是购物获得参加比赛的机会等一样简单。所以要提高回函率，需要提供已付邮资的免费商务回函卡、信封或者一个免费电话号码；在小册子里，尤其是邮购目录和订单页，必须告知顾客如何回复。这里，重复是个有效的方法，因为一般直邮读者都只会粗粗地扫几眼邮件内容，很多可能的消费者只阅读回函附赠优惠券而忽略信件和小册子，因为他们知道在那里他们可以清楚知道所有的优惠信息。

设计直复营销包装

想尝试一下吗？或许最普遍也是最省钱的直复营销包装设计就是标准平邮了，8.5英尺乘11英尺的纸一折三。这是你设计的起点。取一张这样大小的纸张一折三并大致草拟每一部分的内容。在准备的时候，你可能希望在第一部分写上有趣的题目，无论有没有视觉效果。考虑在用右手打开的部分继续书写内容，因为那是读者通常视线会看的地方。左手打开的部分在右手打开部分的下面。所以无论你把内容放在哪里都要考虑纸张的翻折。重点内容通常不会写在反面，因为读者的注意力最少出现在那里，但你至少可以在反面印上商标，或许还有广告主题语。

准备好你的信函和信封，瞧，一封直接邮寄广告就做好了。

直复营销是全面广告活动的组成部分

研究表明直复营销和大规模传媒投放广告的捆绑式攻势效果优于仅仅使用直复营销广告的攻势。同样的，配合同期的传媒投放的攻势，发放三封内容不同但优惠相同的直接邮寄广告，效果至少是仅仅发放一封直邮广告的两倍。

通过直复营销募集基金

非盈利性组织，如一角硬币之旅健康基金会（March of Dimes，译者注：1938年罗斯福总统成立，旨在帮助小儿麻痹症患者，现加拿大也有，现也帮助早产儿及神经管缺陷患儿）和美国肺脏协会（American Lung Association）利用直复营销作为他们主要的募集资金工具。近几年来，通过创造性和积极的直接邮寄广告攻势，每年为类似的事业募集的资金都超过了1 040亿美元。随着各州和联邦对非盈利性组织投入基金的减少，越来越多的慈善机构和文化团体转而向直复营销寻求帮助。对捐助者的竞争只会愈来愈激烈，只有那些与现有捐助者保持良好关系并且证明他们的捐助直接使捐助对象受益的机构将成为最后的赢家。

导致该股浪潮的另一个因素是，一些社会变革机构试图摆脱集团和大额捐赠者的控制，转而向成千上万热心的小额捐赠者求助。这些机构已经发现直复营销是促使社会变革的一种民主方式，因为小额捐赠者的捐赠额已占到总额的85%。

经验丰富的资金募集人会用重金吸引捐赠者。他们明白即使初次捐赠不能支付所有直复营销的费用，但是初次捐赠者极有可能再一次捐赠。类似地，当他们成功吸引了一名捐赠者以后，他们会及时向该捐赠者表示感谢以保证捐赠者对组织的忠诚度。以后，捐赠者会被要求每年继续捐款，而且每年该组织还会要求他们增加捐款额度。

募集捐款的请求也导致了一些特殊的问题。请记住资金募集人只募集资金却并不提供任何回报(除了可能会有减税的好处),所以,除非有明确的支持事项,否则人们往往对此类请求视而不见。通常，捐赠者的满足源于一种帮助弱者的成就感;所以,捐赠者的满足感还可以源于对一些服务的支持,如捐赠给公共电视,因为他们喜欢。

目录：把零售商店带回家庭和办公室

自西尔斯-罗巴克以来,目录广告的使用已有很长的一段历史。销售有些吃紧,一些边角目录广告也已经半途退出,但目录广告销售仍是抢占零售市场销售额的主要竞争者。

成功的目录广告符合现今成功的直复营销广告的所有特征：它们的目标受众定位清晰准确。有针对电影,音乐,猫狗宠物爱好者,年轻的父母,老年旅行者,赠礼者和设计师收藏家的不同目录广告。

同时目录广告列表也越来越丰富。美国的奢侈品百货店内曼-马库斯(Neiman Marcus)的假日目录是最吸引眼球的广告之一,能够买到的一切东西在它上面几乎都能找到。2006年度的目录广告中涵盖了价值176万美金的维珍航空银河号宇宙飞船的太空旅行,价值7 000美元的拥有皮质扶手椅的意大利纯手工制作的宠物之家和价值13.9万美元的宝马2007限量版V-10发动机M6敞篷跑车。想知道2006年目录广告中最昂贵的礼品吗？那是价值380万美元的意大利Castiglion Del Bosco(译者注：为一奢华林间城堡,用LV装备)红酒种植园的会员卡。没有那么多钱?别担心——目录中总会有价值25美金的书桌装饰用水晶铃等着你。

除了诱导性和趣味性,目录广告的文字必须涵盖一些常见问题并给出答案。可能的消费者必须在不能够接触针织衫时知道它可机洗,100%全棉,有16种颜色,四款大小。如果此款服饰的尺寸偏大,目录也需要提醒购买者。

直复营销信息个性化

编写直复营销广告的专家认为广告的成功源于一对一的交流体验。艾米丽·索尔(Emily Soell)解释道:“作为直复营销者,我们需要给可能的消费者一种感受,即我们了解他们的问题，需要和梦想。在制定出有意义的广告前我们还必须知道他们心目中对公司的认识。"①

记住本章第275页表格中的内容，从朋友和家庭那收集一些直复营销包装。选择其中之一进行分析，尤其对以下问题予以特别关注：

1. 信封上的信息能在多大程度上驱使收信人打开并阅读它？
   在信封内，信封上的信息和信件的开头联系有多紧密？
2. 整封信是如何衔接起来的？具体说来：
   a. 如果信件的开头是大字标题，它是否成功吸引读者继续阅读？
   b. 信中是如何称呼受众的？
   c. 作者是如何运用颜色、交错的段落短语和副标题来安排信件内容的？哪些类型的信息是用这些手段来凸显的？
   d. 优惠条件是什么？它和目录中的产品和服务有多大的关联？和目标受众有何关联？
   e. 及时回函能得到多大程度的奖励？
3. 信件中哪些统计学指标给了你暗示？（例如：年龄，性别，婚姻状况，职业，家庭收入，受教育程度，拥有房产或租房居住，搬家，换工作或退休，兴趣或特殊爱好。）
4. 在分类清单的基础上，还有哪些信息是发信人在寄信前对可能的消费者已经明了的信息？这些信息对加强客户和公司间的联系起到了怎样的作用？

现在选择一件受众很小但直复营销却成功推广的产品：

1. 你的受众是谁？你能否给出更精确的目标定义？
2. 你如何最小化目标的范围以提高回函率？
3. 你提供何种鼓励消费政策以促使读者尽快回函？
4. 假如你拥有一笔预算，你会选择购买哪一类信息以最大化你的可能消

① Shira Linden, "Emily Soell Delights HVDMA with Wit and Wisdom," www.Hudsonvalleydma.com, 5 November, 2003.

费者？

5. 你的优惠政策的内容是什么？你如何将之与推销的产品和可能消费者的已知信息联系起来？
6. 你会表达什么以吸引人们的眼球促使他们继续阅读？

您有一封新邮件

网络邮件是一种便宜又简便的联系忠实顾客的方式，但同样的原因导致一些非法的公司利用它散播病毒。所以合法公司该如何鼓励人们阅读自己的邮件信息呢？以下是几点建议：

1. 在邮件的发信人栏便点名公司的身份。
2. 在主题栏里便给出充分的让读者阅读的理由。就如同决定传统信件封面上的信息一样思考主题栏里的措辞。
3. 在开篇即点明你的优惠措施。
4. 记得留下你公司的网站地址链接以便给出更详细信息和购物资讯（见第十二章，学习如何创建一个网站）。
5. 添加一个继续接受或拒绝接受此广告的声明，以便和可能的消费者建立长期关系，并防止打扰不感兴趣的人士。

直复营销的伦理方面问题

尽管直复营销代表了与可能消费者建立联系的终极方式，它的贬低者认为电脑技术已导致了前所未有的隐私侵犯。市场营销者不仅可以收集到你的年龄、姓名和住址，还可以方便地得知你的消费习惯和最爱的慈善机构。每一次你刷信用卡消费、填写产品保单的生活方式栏，或做无数看起来无关痛痒的事时，你很可能在为某个数据库服务。你的年龄、体重、发色源于驾驶证的记录，你的政治倾向源自你的捐赠，而你子女的确切生日则源自你光顾的亲子商店的礼物登记。营销工作者们还可能知道你对哈根达斯冰激凌缺乏抵抗力或是偏好自然羊避孕套，因为每次你用支票或是信用卡结账时电子扫描仪都会把账单和你所购物品划至你的名下。一些人因而担心连处方药——避孕药，镇静剂，心脏药——都可能成为明细资料收集者的下一目标。

分类清单

为了用实例说明从消费者资料销售商处可以获得众多的数据，这里的样例是一个典型组织的生活方式和人口统计学数据。资料列表不是免费的。通常，名字越多，价格越贵。购买方可能需要一份结合人口统计学指标和生活方式、地理位置的各种现实组合的最精确的列表，以帮助广告设计者瞄准最具潜力的直邮客户。

生活方式

富裕/优质的生活：
社区活动
股票/债券投资
慈善/志愿者活动
商务旅行
文化/艺术活动
休闲旅行
艺术/古董　出国旅行
美食烹饪　经常出差者
拥有度假屋　红酒购买
通过目录广告购物
社区/公民：
当今时事/政治
投资慈善事业
军队老兵
野生/环保问题
家庭：
汽车打理
孙子辈
阅读圣经
家庭布置
看书
养育猫/狗
改制衣服
拥有微波炉
美食烹饪
娱乐：
购买录像　拥有DVD
订阅有线电视
立体声/磁带/CD唱片
赌博　看电视体育节目
家庭电脑游戏
录家庭录像带
高科技：
个人/家用电脑
手提电脑　新技术
摄影　科幻小说
兴趣爱好：
汽车打理　钓鱼
野营和远足　园艺
硬币/邮票收集
美食烹饪　字谜游戏
针线活　DIY修理
自我提升：
节食/体重控制
运动：
走路健生
健康/天然食品
改善健康
体育活动：
自行车　打猎/射击
划船/远航　摩托车
钓鱼　滑雪
高尔夫　网球

人口统计学指标

性别：
男/女（太太，女士，小姐）
地址：州，市，邮编
年龄：18—24岁，25—34岁，35—44岁，45—54岁，55—64岁，65—74岁，75以上（可提供出生年份）
房产：
拥有或租借
婚姻状况：
已婚或未婚
家庭收入：从$15 000到$100 000以上
职业：
专业的/技术的
手工艺者/蓝领
高级管理层　学生
中级管理层　建筑工人
市场销售　退休人员
牧师　创业人员
在职妇女（配偶有工作）
主妇
信用卡：
旅行/娱乐/银行/其他
家中子女：
从婴儿到18岁以下子女按年龄、性别区分
宗教/种族：
亚裔，天主教，拉美裔，犹太裔，新教徒
教育背景：
高中肄业，高中毕业，技术学校，大学肄业，大学毕业，研究生肄业，研究生毕业
其他信息：
摩托车汽车牌照号
普查数据
你所在公司的消费者数据库
有竞争力的商品信息（源自其他数据资料）

当你填写直复营销广告回函时，切记以上几点。

建议活动

1. 为检验你对消费者资料数据库的学习程度，请假设你是自己产品的目标消费者并填写相关表格。然后回答以下问题：这个消费者会成为哪类产品或服务的可能消费者？哪些线索，如果有的话，暗示了你能和该顾客建立联系？你将如何处理所有信息以整合出市场战略？
2. 以第275页上的《分类清单》为基础写一封直接反应的信函。可用任何技巧以吸引可能的消费者。别忘了优惠政策——设计的有吸引力使消费者们想要回函。不要“倾家荡产”，而是暗示奖品、特价、限量版或其他和可能消费者有关能代表他们的产品的措施。检查你设计的直复营销信函对目标群的设定的具体程度。切记，好的消费者资源数据库相比代表性的大众传媒可以提供更精确的受众目标。这意味着你发函的对象限制在了“理想的可能消费者”。为减少你的调查量，假定你可以购买你想要的任何数据库。除了可实行的各项，目录中还有哪些值得具体研究的特征？

   现在总结一下哪些人会成为你的可能消费者。这会如何影响你信函的特点和语气？
3. 你被新闻月刊《葡萄酒行业》录用，工作是吸引订阅者。这本月刊的使命是为帮助订阅者成为优质葡萄酒鉴定家提供及时的指导。订阅者将学习如何挑选、储存、斟酒和鉴定佳酿；他们将有机会享受制酒的过程；也将学习如何鉴定酒的成分、味道、色泽和储存年限。请为这本红酒月刊增加一些其他特征。一年12本月刊的定价为12.99美元。优惠政策是在指定日期前（由你决定）订阅可获得3个月的免费月刊。优惠政策还包括一份奖品：一个看似高价的放红酒瓶的带轮银盘（但大批量购买时价格便宜）。你的目标受众是居住在都市的30—50岁社会上层的优雅男士和女士。设计并制作信封、信函、小册子和回复卡。
4. 为一个非盈利性校园团体设计一封直复营销信函。将信函的受众定位在很有可能成为该组织成员或支持者的在校大学生。在开始之前，先采访该组织的成员，询问组织的哪些服务可使大学生们不得不加入该团体或为之捐款。

网上查询：了解更多关于直复营销的知识

想了解更多有关直复营销的知识，请登录直复营销协会的网站www.the-dma.org查询。

⊙ 简单案例

在女儿失贞后父亲寻求报复

喜欢故事的台词？那么你会喜欢《弄臣》(*Rigoletto*)。这一句台词如何："无能的盲人杀死了数以百计的异教徒"(《参孙与黛利拉》)；或者这句："一位前往修道院的女子与两个嫉妒的情人纠缠"(普契尼的四幕歌剧《曼依·莱斯科》*Manon Lescaut*)。是堕落？是道德败坏？还是品行不端？

看来巴尔的摩歌剧院这一季的演出又将带来无限乐趣。所以你阅读了沿街的信息栏；又或者在读到"称呼我为正经的女人吧，尽管我还没有对你奇特的娱乐方式做好准备"后不愿意继续了(很多人会这样做)。到底发生了什么？歌剧其实是个枯燥的事物，不是吗？这是巴尔的摩歌剧院通过随机电话调查揭示的人们的文艺喜好和欣赏习惯。订票量减少了，单场演出的出票情况不容乐观，相应的收入大幅下降。更糟糕的是，基础订票者数量停滞不前，而且其中大部分是长期的上了年纪的歌剧爱好者，很自然地，这批人的数量越来越少。

为扭转这种下滑趋势，总导演和董事会理事们采取了"戏剧性"的措施来扩大订票者和单场演出购票者人群，从而使公司重新焕发了活力。歌剧公司开展了重新定位的一系列营销活动，其中包含调研、公众教育、新媒体选择和口头宣传等系列活动。

从积极的角度来看，电话调查证实了文艺爱好者欣赏歌剧音乐，而且目前的订票者保证他们将会继续支持歌剧。但撇开这两点，其他还有一连串的消极影响——晦涩难懂的外语，难以跟上的节奏，不适合我，枯燥，不是自己喜欢的音乐等等，巴尔的摩人就是无法理解欣赏歌剧。所以歌剧公司新的战略将全力聚焦在尚未进入歌剧欣赏领域的大部分人身上，而不是以现有的拥趸者为目标受众。

利用诙谐的语言，展示优美的音乐，告知大众演出均有英文字幕，巴尔的摩歌剧院的直接反应、电话营销、社会服务电视媒体和广播广告攻势创造了奇迹！结果怎样？票房收入提高了，基本订票者人数增长了33%，固定订票者比例增长了10%，达到了有史以来最高点80%，单场演出的出票情况也提升了28个百分点。每年，歌剧推广成了人们不可抗拒的潮流。最近的一季，歌剧公司方形信封上的"碟片上的巴尔的摩歌剧"和收信人开了个玩笑。信封里其实是一个纸制的旋转覆盖"碟片"，可以让人们

巴尔的摩歌剧院即将上演的歌剧的剧照

以互动的方式回顾这一季的四部歌剧(无需使用电脑)。当你把风车叶旋转到威尔第的《茶花女》(*La Traviata*),介绍是这样的:"一个英俊的年轻人遇上了一个有着可疑过去的美丽女孩,但她心地善良——这是她最美丽出色的一面。总而言之,这是一个值得咀嚼的故事。"歌剧总是这样的,只是我们大部分人不懂得它而已。现在所有的巴尔的摩人都知道成功的歌剧和娱乐是可以和谐共存的。

12

第十二章

因特网：直接营销的最高形式①

因特网已成为我们生活的一部分，以至于很难想象若是没有它生活会变成什么样；同样地，很难想象一家公司离开了互联网将如何运作。根据富锐斯特（Forester）的调研发现，美国公司于2005年投放了147亿美元的互联网广告；预计2010年的因特网广告投放额将达到260亿美元。这个章节将带你首次领略因特网广告世界的设计和发展。最后，你未必能创建在线品牌感受，但至少在这个领域你会有所长进。

互动团队

当你设计可在因特网上投放的广告时，你的团队比设计传统广告的团队会庞大些。你仍然需要一名艺术总监和广告文案撰稿员，但你还需要其他的人员。你需要编程的技术专家，你肯定不想自己的创新思维被技术瓶颈所限制，但是有些时候

① 本章由吉姆·斯皮尔蒙（Jim Speelmon）撰写（Group M Interaction 亚太区区域战略总监）。

你还是需要知道自己的想法在技术上是否可行。你手头也需要有一名制片人。网站和网页上的横幅广告就像拼板玩具一样，所以10—15个人一起工作也就不足为奇了。制片人需要确定每一个组员都保持一致，并且随时跟进项目完成所必需的很多细节。

因特网广告设计：四步骤的过程

无论是做个100页的网站或是网页上的广告横幅，均有网络设计的方法。当你学习这一章时，你会发现因特网广告的设计过程和印刷与电视广告的设计过程差不多。因特网并不如你想象中那么难和与众不同。

步骤1：调研和计划

每当看到出色的广告活动，你会发现它的背后有成功的战略支撑。这听起来很熟悉？这是应该的。在第五章，你懂得了好的广告源自成功的战略。成功的网站和网页横幅广告也同样如此。在你的广告设计的职业生涯中，你会发现几乎每一个项目的第一步都是调研。如果连续做了几个项目，却没有清晰战略指引的话，你将会明白战略的重要性。

设计网站：网站地图

假设某个人请你建造一座房屋。你会如何开始呢？是直接冲向建材中心购买砖头、木材和管道等材料物品吗？你会先安装热水器然后再建墙？会先盖屋顶再打地基？答案很可能是不，你不会那样做的。你可能想先问几个问题，比如说房屋面积要多大？需要多少间卧室？餐厅是正规的还是随意的厨房延伸？需要一间还是两间浴室？如果不问问题，你就不可能知道要建什么样的房子或者如何建造。

网址的设计和建造房屋非常像。你第一件要做的事情是将你的想法写下来。请看图12-1具体详细的网站地图。如同蓝图可以让工程经理明白房间数目、门窗朝向等等，网站地图帮助一个创作团队确定需要设计多少网页和人们在网页之间会如何移动浏览，它帮助团队对网站的外观以及运行方式做出更好的决定。

理解人们如何浏览网站是非常重要的。你的设计方案将依据人们的浏览选择而相应变化。请看图12-2中的具体网站地图。

这个版本列出了"服务主页"部分的具体细节。网站地图不仅界定不同的内容，还提供使用技术的建议。服务主页下的演示键链接了Flash。当给这个部分下定义时，创作团队知道他们需要设计一个使用Macromedia Flash的演示片段；他们还知道内容显示窗口要足够大以播放Flash演示影片；该演示片还有自己的情节串连图板和台词脚本。

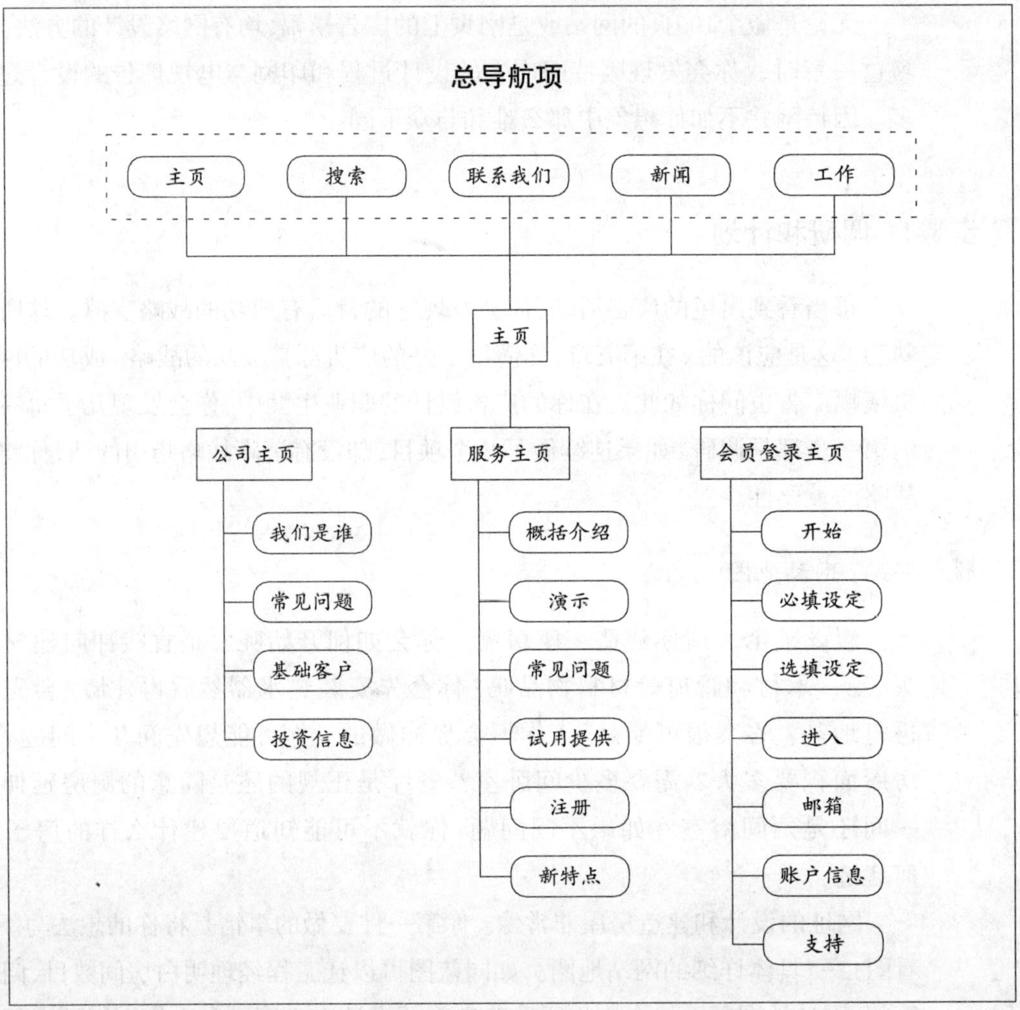

图12-1 这份高级网站地图将该网站设计的不同部分作了概况呈现。地图上方的总导航选项将会出现在每一张网页上。在主页上，罗列主要内容，创作团队由此可以对需要处理的信息量有个更好理解。

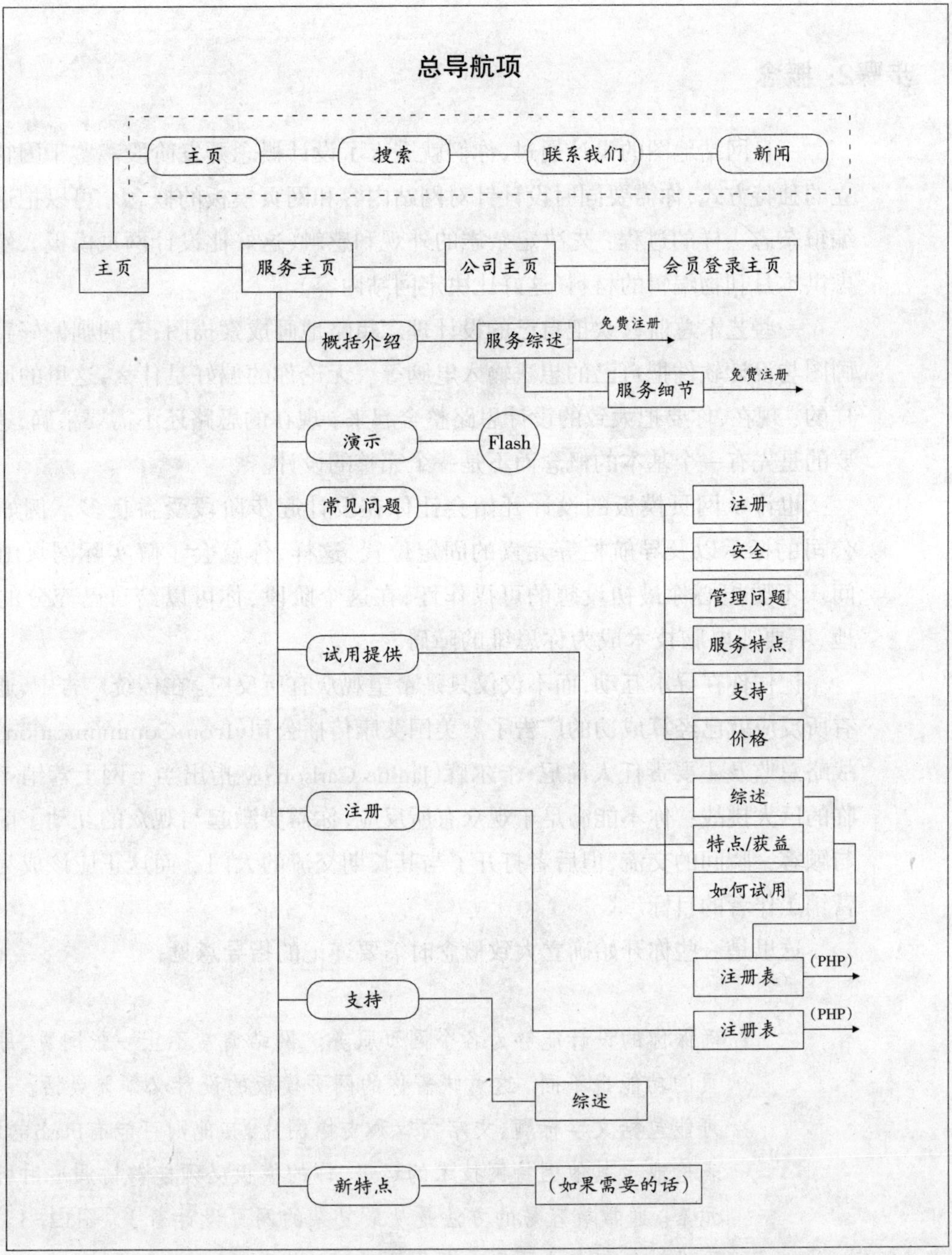

图12–2 网站的详细地图指出了每一张网页的具体内容。在这个例子中，方框内的是基础导航选择项，椭圆框内的是具体网页。

步骤2：概念

一旦网站地图的设计通过，你们就进入了设计概念开发阶段。鉴于因特网站建立的独特方式，你需要同时设计针对网站内容和网页模板的概念。可以把这想象成编辑杂志一样的过程：先决定杂志的外观和感触（这好比设计网页模板），然后再考虑供本月刊物编辑的材料（这好比决定网站内容）。

一些艺术总监喜欢把自己的设计理念粗略地画成素描图，有的则偏好直接使用画图与设计软件把自己的想法输入电脑等。无论你的偏好是什么，这里的原则是一样的：现在，你要把大致的设计思路整合起来。现在的思路还不需要精确，这里更重要的是先有一个基本的概念而不是一个完整的设计。

也许从网页模板的设计开始会让你在设计起步阶段受益良多，例如先决定公司的标示以及导航栏等元素的固定位置，这样，你就会了解实际网页内容的空间。不要担心你最初设想的可操作性，在这个阶段，你可以给自己充分的选择余地，不要让电脑技术成为你思维的障碍。

记住你在寻求互动，而不仅仅只是希望观众有所反应。在传统广告中，通常观众有所反应就已经算成功的广告了。美国艾康传播公司（Icon Communication）的市场战略总监及主要责任人简尼·卡尔森（Janine Carlson）就指出当下网上营销工作者面临的巨大挑战："你不能满足于观众有所反应，你需要激起与观众的互动。前者只是与顾客一瞬间的交流，但后者打开了与其长期交流的大门。而这正应该成为广告或营销工作者的目标。"

这里是一些你开始确立大致概念时需要谨记的指导意见：

1. 确保你的设计能够为各个网页服务。网站通常不止一张网页，每一张网页的功能也不同。这意味着你的网页模板的设计必须要灵活。一些网页可能包括文字标题、文字内容和支撑图片，其他则可能有Flash电影、提交表格或者其他因特网技术的运用。你的模板必须能够协调适用所有这些元素。通常最容易的方法是从最复杂的网页设计着手。图12-3说明了网页设计如何与主页和二级网页兼容。
2. 模板中的一些元素保持不变。当你设计网页模板时，有一点非常重要，即无论哪一张页面，有些设计元素必须保持不变。例如，你想把导航项放在

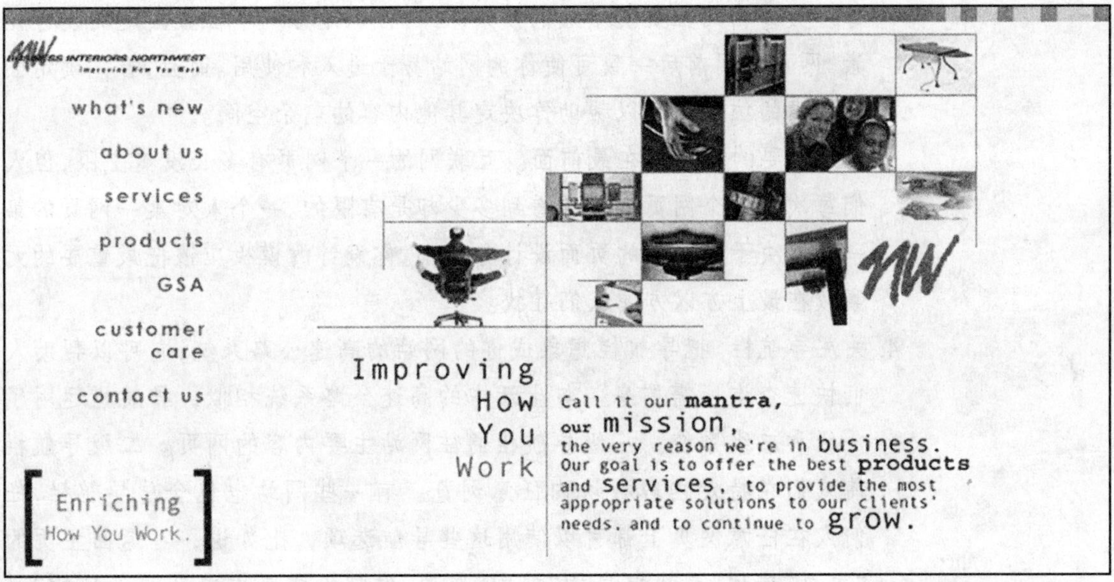

图12–3 这张主页的设计以导航选项方法的运用为主，给访问者提供了该网站所涵盖信息的综述。这张主页的目的就是指引访问者快速找到其所需信息的网页。二级网页提供了有关公司服务的具体信息。你可以发现主页和二级网页在设计上的差别不大。但是，虽然它们不尽相同，该网站的艺术总监将主页的主题风格延续到了低级别的网页中，每个页面的固定位置是品牌和导航栏等统一的元素。于是，最后的成果就是这个易于导航的、前后连贯的、有吸引力的网页。

每一页的相同位置便于人们搜索;公司标识是另一个位置固定的设计元素。网页之间前后一致可使你的网站易于进入和使用。而且,首先确定固定元素的位置还可以帮助你决定其他内容的剩余空间。

3. 将最重要的元素放在最前面。互联网的一个网页有多长没有上限,但人们每次在一个网页上能够看到多少却是有限的。一个人对某一网页的第一眼取决于该网站的页面设计与大小。你设计的模板应该把最重要的元素放在最上方以方便人们寻找。
4. 关注导航栏。把导航栏想象成你的网站的高速公路系统,它可以帮助人们快速查询所需信息。与生活中的高速公路系统相似,导航栏运用了一级和二级系统。一级导航栏通往网站主要内容的网页。二级导航栏使人们在特定内容板块内任意浏览。有一些网站也包含总导航栏,任何人在任意网页上都可以使用这些导航选项,比如说,可返回主页的"主页"选项,寻找信息的"搜索"选项,发邮件或寻求电话或地址的"联系我们"选项。

选择过多有时也会导致问题。记住电脑技术永远不会完美取代稳固的战略规划。会做旋转的公司标识并不意味着把它加到网页上就一定对。漏网之鱼网站设计公司(Elusive Little Fish)的执行总裁朱莉·约翰逊(Julie Johnson)建议创作团队要追求设计的优雅简洁之美。为了动态效果而做动态并不能使你的网站信息方便记忆或更有效,相反,这还可能会让人不胜其烦。

步骤3: 发展完善

完善设计

现在是时候对设计做出决定并确认细节了。发展改善步骤的重要一环即把你的概念和网站地图相比较。你需要确认最终的设计适用于网站的所有网页。有时,你很快就能找到合适的设计;但其他时候,你一下子找不到;甚至你发现自己又会回到原点寻求更好的主意。

在最终决定设计前,你很有可能修改了不止一遍。项目越复杂,修改的次数就可能越多。如果你将设计一个复杂网站时,在过于深入项目前,做一个关于概念的功能测试会是个好主意。此刻你需要编程人员的帮助。在你的指导下，他将模拟网站某个部分的运行以保证你的设计在技术上的可行性。

在完善设计的过程中，你极有可能增加网页。注意，要确保网页内容效果上的前后一致。网页只有在访问者可以找到并浏览的情况下才是有效的，而且在改善环节的最后阶段增加网页很容易给网站其他方面带来问题。

因特网的文字编撰

改善阶段也是广告文案撰稿人开始工作的阶段。如果你太早开始文字编撰，因为你不知道每张网页的功能，所以你的工作很可能是徒劳无益的。在设计过程的后期开始编写，将免去你很多重写的麻烦。

为因特网编写文字广告和编撰平面广告是不同的。为什么？因为人们在网上不阅读，而是浏览。根据尼尔森-诺曼集团（Nielsen Norman Group）的高级合伙人，效用专家雅各布·尼尔森（Jacob Nielson）的理论，人们很少一字一句地阅读网页，相反，他们只是粗略地浏览，挑出单词或句子。这意味着，当你为互联网编撰广告时，你需要根据人们在线的阅读方式以调整自己的风格。

尽管认识到因特网广告的编撰和传统写法不同是很重要的，但发现二者的相同点也同样重要。还记得第七章广告文案编写的指导建议吗？这里它们同样适用。如果你坚持使用它们和以下因特网广告文案编撰的指导意见，你的广告将会赏心悦目并且深入人心。

1. 运用关键词凸显法。给关键词增加视觉效果对抓住读者眼球有很大的帮助。粗体和斜体是有效的凸显方法。如果对具体的一个词有详细的解释，可对其作文本超链接，这样不仅夺人眼球，还进入了了解额外信息的后续网页。然而，不要乱用关键词凸显法。如果每一两个词就有一个链接或粗体字，那么读者将忽略它们并继续阅读。
2. 确保小标题同样有意义，而不仅仅只是巧妙而已。小标题就好比高速公路上的路标。开车者通过路标在一个不熟悉的城市寻找自己的方向，互联网的阅读者通过小标题在你的网站上搜索。如果你的小标题没有意义，那么读者会跳过你的网站去其他网站了。
3. 一段一个观点。一个观点将使人们更容易理解你的意思，读者会略过段落开头未提到的多余思想。在传统广告中，你不应该把所有想说的内容放在同一个广告中。在因特网上,你不应该把所有想说的内容放在同一个段落中。

4. 用着重号列表来解释复杂思想。有时,一个想法包含了多重部分,使人们很难又快又容易地理解其中心思想。着重号列表是罗列复杂内容、点明中心的重要方法。另一个好处是着重号列表可以做成文本超链接,轻点鼠标即可得到进一步详细的解释。

5. 运用倒金字塔的格式编写广告。先点明结论再写细节。如果人们需要阅读一整段才能理解抓住你的中心意思,他们才不会呢。将结论或利益放在开头可以方便读者决定对该页信息有否兴趣。

6. 运用比传统文案编撰一半(或更少)的文字。在线浏览和纸张阅读是两种截然不同的体验。研究表明人们在网上阅读的速度比他们阅读纸质资料慢了25%,缩短你的文字量可以弥补较慢的阅读时间。另一个问题是在线阅读对眼睛是一个巨大考验。回想上一次你花费了超长时间在网上阅读,很快,你就感到了眼睛干涩疲惫。通过编撰精确紧扣中心思想的文字,可以使读者在疲惫前就理解你的意图。

步骤4:制作

网站设计的最后阶段是拼合所有的部分。在艺术总监和编程人员的协助下,你将汇总文本、图片和网站的其他各部分以完成最后的产品。编程人员将处理例如显示屏分辨率、操作系统、浏览器和接口等技术问题。在成品完成后,网站就可以面向公众开放了。最后一步你什么都不用做,你只需将完整的编程网站链接到客户服务器上就行了。

网页横幅广告

很多网民认为横幅广告不胜其烦并想尽办法阻止它们的弹出。然而,通过正确的方法,横幅可以成为一种有效的广告方式。看看以下这个横幅广告的故事,要知道它使目标网站的点击量翻了一番。

你正在在线商店为你最好的朋友挑选圣诞节礼物。你别无选择正好看到了页面最上方发的横幅广告:“节日里需要现金吗?”广告自动变为第二个对话框:“卖掉去年的礼物吧。"最后是呼吁行动的话语："在线拍卖每一天。"你点击该横幅广告就进入了一个在线拍卖网站，在那里你可以为你的朋友挑到最完美的圣诞礼物。

为什么这个横幅广告如此成功？首先，它问了一个问题。相较陈述句，人们更难忽略问题，因为即使是一个愚蠢的问题你也会停下来思考。在这个例子中，人们对该问题的认同度使广告的有效性进一步提高。谁在过节的时候不需要额外的现金呢？

其次，它运用了幽默的手段。你肯定没有想到广告的第二个对话框的内容。我们中的大多数人兴许希望能卖掉去年的礼物，但是我们不会大声说出口。

最后，它采用了不同的方式。这个横幅广告的目标是把网上人群引向该在线拍卖网站。大部分在线拍卖广告将视线集中在"买"上。这个广告则集中在"卖"上，使它区别于同类的竞争并对买家卖家都起到了吸引的作用。

编撰横幅广告的指导意见

有时最简单的想法恰恰最有效。这里是一些能使你的横幅广告变得更有效的指导意见：

1. 短小易懂。人们浏览网站并不是为了看横幅广告，并且也不会花时间看复杂的信息。在人们翻页远离你的广告前你只有几秒钟的时间抓住他们的视线。吸引眼球的时间很短暂。短小易懂的信息有更明确的中心，更容易博得点击。作为一条通用的规则，横幅广告的每一个对话框的文字应少于7个字。
2. 对话框变换三次后停止。如果你经常上网，就会发现一直变换的横幅广告很烦人。即使网站没有动画的限制，最好使用限制。总而言之，你不希望人们对你广告的反应是负面消极的。
3. 以公司标识或名称结尾。如果人们没有点击你的广告，他们至少看到了你的公司名称。尽管这并不是你希望的最佳反应，但它总比没有好。横幅广告也许不是建立品牌效应的最好方式，但留给人们一点印象也不错。

建议活动

1. 你被一家卖袜子的公司雇佣了。为你的新客户创建一个网站地图，概括论述网站的成形过程。
2. 浏览至少5家网站并向自己提出以下问题：

a. 导航栏前后一致吗，使你浏览网站更加便捷吗？

b. 寻找你所需的信息是否方便？为什么？

c. 你认为哪一家网站的设计最出色？为什么？

d. 如果你对网站可以提出改善意见，会是什么？

网上查询：了解更多关于互联网广告的知识

在以下网站寻找有关互联网广告的更多知识：

1. 互动营销协会：www.imarketing.org
2. 网站之最：www.botw.org
3. 互动广告部：www.iab.net

⊙ 简单案例

在冰岛度春假

冰岛航空一条龙旅行业务中有一项针对在校大学生的春假之旅，目的地是雷克雅未克。提前一年预订将得到超乎想象的优惠。鉴于源自牙买加、巴哈马群岛、璨村（译者注：Cancun，墨西哥的度假胜地）等传统温暖气候目的地日渐升温的竞争，冰岛航空决定向拿苏提与亨克尔事务所寻求创新的对策。

很明显这不是寻常的任务。传播媒体和宣传信息必须反映出来冰岛度春假是多么的不同，这一点非常重要。总之，向刚度过漫长冬天的人们推销冰岛度假就如同向爱斯基摩人推销冰箱一样。

由于预算有限，拿苏提与亨克尔事务所决定将宣传定为一周的大学新闻报广告和在www.studentadvantage.com和冰岛航空网站上两周的网页横幅广告投放。

就大学生如何决定春假目的地的不正式调研得到了惊人的结果。尽管拿苏提与亨克尔事务所知道会得到类似 “我想晒出棕褐色的皮肤”，“因为我听说那有几家很不错的酒吧”等答案，它也得到了这样的答案：“我的男朋友/女朋友去了如何如何的地方，所以我想找个不一样的去处。”于是，拿苏提与亨克尔事务所决定将春假之旅的受众定位为那些想去不一样的地方做不一样事的大学生——尤其是和她或他的男朋友或女朋友不一样。

公司的创意包括网页上的横幅广告和大学生新闻报的整版广告，其中列举了前往冰岛度春假的理由：“因为你的男朋友去了牙买加”，“因为你的女朋友去了璨村”，“只有傻瓜才去佛罗里达”，“棕褐色的皮肤永远不适合你”。

宣传攻势的效果远远超出冰岛航空的预料。冰岛航空的春假旅行票售罄——比去年同期增长40%——而所有预算花费只有25 000美元。

注：感谢拿苏提与亨克尔事务所的乌迪·亨克尔提供案例。欲了解拿苏提与亨克尔事务所为冰岛航空解决的另一个问题，阅读第六章的简单案例部分。

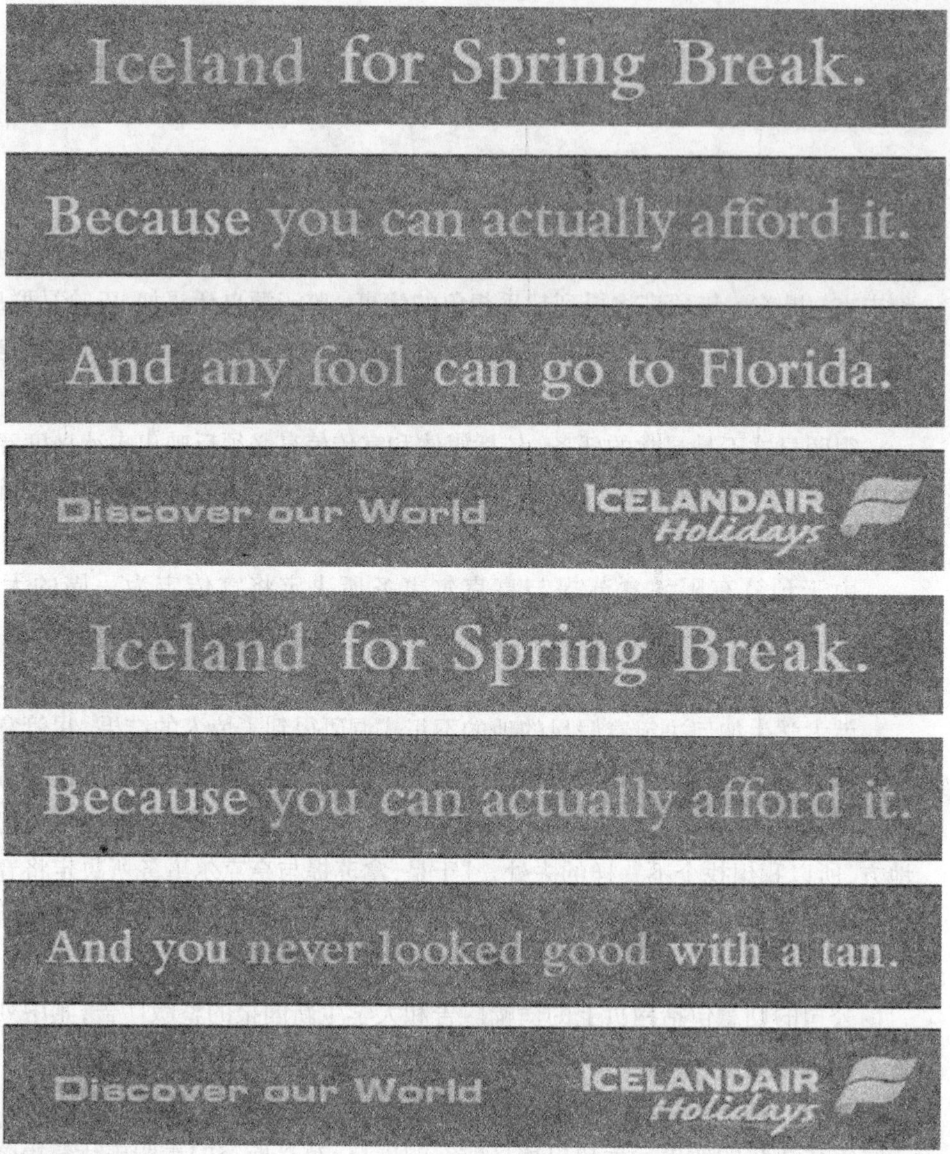

冰岛春假之旅。
因为价格适中。
只有傻瓜才去佛罗里达。
发现我们的世界　　冰岛航空度假
冰岛春假之旅。
因为价格适中。
棕褐色的皮肤永远不适合你。
发现我们的世界　　冰岛航空度假

13

第十三章

整合营销传播:在品牌和消费者之间建立紧密关系

还记得第二章简单案例部分的“多芬真美”活动吗?布莱恩·科林斯(Brian Collins),奥美广告公司的创意执行总监,在《快速公司》(译者注:Fast Company 为美国最负盛名、最具影响力的商业杂志之一)的一次采访中道出了该活动的进展始末。

我们的第一个活动是巡回展,展示女性摄影家拍摄的她们眼中之美——这些摄影作品颠覆了美女广告中不真实和有害的典型形象。数以千计的人们在北美各大购物商场排队等候这个极富创造力的揭幕仪式的开始。人们的身份不再是“购物者”,大部分人都在展览陈列室里流连了半个小时。很多是和家人一起来的,有些甚至感动得落泪。这次体验极具冲击力,因为它是有形的,也是社会性的。[①]

“多芬真美”活动通过广告牌继续,关于什么是真美的讨论吸引了更多的观众;印刷广告将该活动信息直接交到了人们手上;公共关系通过媒体加快传播了活动的进程,而且脱口秀主持人欧普拉(Oprah)邀请了多芬广告中的女性参加她的节目。在那之后,有关真正美丽的在线争论急剧升温,网站www.campaignforrealbeauty.com每天有超过400万次点击,网站邀请人们分享观点,下载母女软件,向所爱的人发送真

---

① Kevin Roberts and Brian Collins,“Screen Brab: Is a Brand What We See on the Tube,or What We Experience?”Fast Company,June2006, p.108.

美电子卡片,同时阅读有关自我尊重和身体照片的文章。

多芬真美活动的进程说明了整合营销传播的强大作用。

整合营销传播

整合营销传播(IMC)是指公司内部所有市场营销传播手段的协作和综合而成的完美衔接的无缝方案,用最小的成本,实现对消费者影响的最大化。[①]整合营销传播包括直接营销,网络营销,销售促进,公共关系,促销产品,赞助活动,社会利益相关营销,游击营销,当然,还有广告。

销售促进

一个喜爱x品牌的消费者很有可能购买y品牌或者z品牌的产品。对这种奇特行为的一种可能的解释是因为销售促进,短期激励性措施如优惠券,折扣售后返还,试用装,免费试用,比赛和彩票等。如果使用正确,销售促进可以扩大你的品牌的试用度,恢复你的品牌和忠诚顾客之间的关系,并能帮助强化你的广告效应。

象牙香皂的著名广告宣传语"99 44/100%纯净……它在漂浮"掀起了该品牌创立120周年庆典活动的促销浪潮。人们只要找到沉没的象牙香皂,便有机会赢得100 000美元的大奖。为了纪念这个重要的日子,每一块象牙香皂都使用了限量版包装,看起来和它最原始的包装一样(见图13-1);而由多块香皂组成一套的外包装上则对象牙香皂的著名广告语进行了加工:"象牙香皂,120年的历史,它仍在漂浮。"

比赛,彩票和游戏

比赛需要技术、能力或其他特质。例如,奥斯卡·梅尔公司(Oscar Mayer)赞助了当地销售经理的一项比赛,看谁能为流动热狗车(译者注: WienerMoblie 为公司设计的一款外形搞笑的车,用来卖他们的产品)的到来做出最广泛的宣传。这类比赛的结果通过剪报和当地新闻的录音即可计算。当然,相对数目较小的销售经理的参与也提高了比赛的可操作性。

---

① Kenneth E. Clow and Donald Baack: Integrated Advertising, Promotion, and Marketing Communications(Upper Saddle River, NJ: Pearson Prentice Hall, 2004) p.322.

图13–1 象牙香皂在有限的时间里推出了其原始设计包装的产品。这种老式设计帮助它在商店各类商品中脱颖而出，并且强化了品牌的纯净形象。

（摄影：黛比·贾里斯）

其他比赛则由于报名人数过多而难以施行。这时彩票的方式便最有效。

象牙香皂“发现沉没香皂”的销售促进活动就是一个彩票发行的例子，因为每个人都有相同的获奖机会。在其他的彩票活动中，卡夫食品公司（Kraft）向披萨爱好者提供了赢得一份在迪吉奥诺“工作”的机会。大奖获得者将得到100 000美元的“工资”，一辆克莱斯勒PT巡洋舰牌（Chrysler PT Cruiser）轿车，一件量身定制的迪吉奥诺递送外卖的员工服和够他一整年吃的免费披萨。并且，因为“它不是外卖，它是迪吉奥诺”，所以大奖获得者不用送一份外卖披萨。如果你能获奖的话，绝对是份不错的工作。

是运气，而不是技能帮助人们赢得彩票。和比赛不同，你不需要任何人来评定报名者的资质，除了确保他们填妥了报名表。

游戏也基于运气但奖励会吸引人们再次参与。麦当劳的专利游戏要求消费者们集齐游戏玩具的所有部分即有机会赢得奖励。如果你在2006年集齐了4条玩具铁路，则有可能获得500万美元大奖。

为打消消费者“我不可能会赢”的顾虑，麦当劳也有“即时赢”的游戏券，每一张专利游戏券的反面都有编码方便人们上网注册并获得另一个获奖机会。而每当消费者登录麦当劳的网站注册，麦当劳就会获益，这是因为它收集到了有关玩家的资料，包括姓名、邮编、邮箱地址、生日（为确保玩家的年龄符合儿童上网隐私保护法案的规定，这样麦当劳才有权收集其信息）；有一些玩家甚至愿意提供手机号码以便用手机登录网站。[①]

法律规定人们无需购物即可购买彩票、参加游戏或者比赛，规定还告诉人们如何获得免费的报名表，这通常需要寄出含回邮地址的信封。如果消费者必须花钱才能参加，那么这是赌博，是非法的（除非是政府彩票）。

奖品

奖品是免费赠送或是大幅打折让利吸引你购买的产品。如果你曾在麦当劳购买快乐儿童餐而得到玩具，或是在克立架饼干（Cracker Jack's）的活动中抽过奖，或收集各类购物凭证以换取礼物，你就知道奖品是什么。

当人们购买品牌产品时，自我处理类的奖品便会给消费者一个直接折扣低价销售。圣诞季节，在许多零售商店，消费者只要购物满一定金额，便可以象征性的价格获得填充玩具。梅西百货公司在节假日期间供应的奖品玩具的创意源自商店每年感恩节游行时的气球。

有时包装本身就是一种奖品。季布勒（Keebler）将自己的饼干包装在一个形似它们小矮人的罐子里。绅士牌花生（Planters Peanuts）将花生放在一个形似花生先生形象的玻璃瓶里。图特西（Tootsie）蛋卷的排列看似一个巨大的图特西蛋卷。流行的广告偶像也可以是极有效的一种奖品。

优惠券

美国大约78%的家庭使用优惠券，64%愿意使用优惠券购买新品牌产品。[②] 美国妇科癌症基金会的广告就利用优惠券的力量吸引到了受众的注意力。（见图13-2）

然而，优惠券并不是万金油。很有可能是忠诚的品牌消费者在使用优惠券，而不是新的消费者。同样的，如果你太过频繁地发放优惠券，会使消费者“养成”不购买全

---

① Beth Negus Viveiros, “A Big Mac and $1 Million, Please.”12 September 2006, www.directmag.com.
② Clow and Baack. Integrated Advertising, p.322.

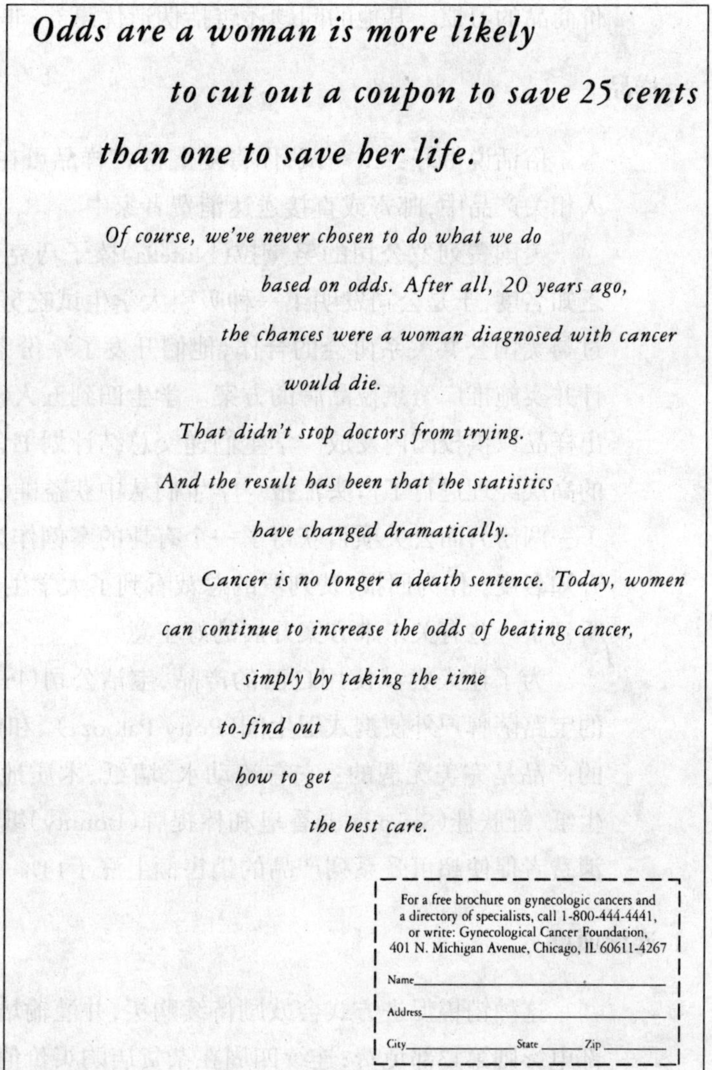

图13–2 在《人物周刊》赞助的妇科癌症基金会公益广告发布前，基金会的800免费热线平均每月接听500个电话。广告投放的当月，1 278名女性打电话来索取相关信息，还有425人通过邮件方式进行了回复。甚至在两个月后，平均的月接听电话数(974)还是高于广告投放前的平均值。尽管预算限制了投放量及视觉冲击感，这个广告还是成功了。是什么使这么多女性对广告做出了反应？

女性为了节省25美分很可能会去剪下优惠券，而对挽救自己的生命却不那么积极。当然，我们从不特意仅根据不常发生的事情推断未来。20年前，大部分诊断出癌症的妇女会面临死亡。但那没能阻止医生们尝试的步伐。结果是相关数据已发生翻天覆地的变化，患上癌症不再等于被判死刑。今天，女性可以与癌症抗争并争取更多的存活机会，只要花一点时间去寻求最佳关怀。

价商品的习惯。其他的问题还包括伪造优惠券，非正常兑现和销售收入的下降。

样品

俗话说得好："试一试，你将爱上它。"样品可在特殊场合、商店内部分发，或者插入相关产品中，邮寄或直接送达消费者家中。

美国费列罗公司的努黛拉(Nutella)榛子巧克力酱在欧洲盛行但是在美国却缺乏知名度，于是公司发明了一种吸引大学生试吃努黛拉巧克力酱的创造性方法。通过与美国公共关系协会的合作，他们开发了一份案例分析，邀请公关专业的学生设计并实施推广努黛拉品牌的方案。学生四到五人组成一个团队，公司给所有学校寄出样品以供校园内发放。学生们递交总结计划书，其中最出色的三个小组向费列罗的高层经理进行了口头汇报。学生们从中获益匪浅(有的可能在此过程中体重增加了一两磅)；而公关项目获得了一个有趣的案例作为教学工具，并借此机会为本校提升知名度。作为回报，费列罗的总裁看到了大学生们在试吃样品。除此之外，他们还听到了一些有关未来方案开展的好主意。

为了让人尝试使用自己的产品，宝洁公司(Procter & Gamble)发明了节日可用的宝路萨牌户外便携式卫生间(Potty Palooza)。和传统的可携带尿壶不同，宝洁公司的产品是完美无瑕的：它有流动水、墙纸、木质地板和超可爱牌(Charmin Ultra)卫生纸、舒肤佳(Safeguard)香皂和棒提牌(Bounty)纸巾。宝洁公司预计使用该设施的消费者促使超可爱系列产品的销售额上涨了14%。①

连续项目

这种销售促进方式会鼓励持续购买，并灌输培养人们对品牌的忠诚度。租借12部电影则第13部免费；连续四周在杂货店购买价值25美元的物品便可在圣诞节获得一只火鸡；使用指定的某类卡，可在你最爱的航空公司累积更多的飞行里程数。

科申堡姆广告公司(译者注：Kirshenbaum Bond & Partners为全球广告公司收入前100家公司之一)揭示了一个有趣的关于常旅客计划会员的现象。一些人陶醉于看到自己的里程数飙升，即便他们可能永远也不会使用它。②这个观察结果还为美国花

---

① Jack Neff."P&G Brings Potty to Parties."Advertising Age, 17 February 2003, p.22.

② Janathan Bond and Richard Kirshenbaum. Under the Radar: Talking to Today'sCynical Consumer(New York: Wiley,1998). p.34.

旗银行优势卡的广告点燃了灵感,大束玫瑰簇拥着标题:"他担心吗?还是在担心里程数?"

售后返还

请寄来购物凭证,你将收到售后返还支票。听起来非常简单。但是,很多人没有去兑换,所以最终在某件商品上的支出超过其原来的计划;又有一些人花了大把时间剪下代码条和复印购物收据,填写表格然后寄出信件,售后返还支票却好几个月后才姗姗来迟,更有甚者,有时售后返还支票永远等不来;还有的可能是,售后返还申请因为信息的缺失或是消费者不符合某项条件而被拒绝。依波士顿的阿伯丁集团(Aberdeen Group)分析师彼得·卡斯特纳(Peter Kastner)所言,大约60%的消费者因为未能寄回售后返还申请或是未能给予足够信息而无法收到售后返还。①

许多消费者权利拥护者对售后返还提出了道德质疑。拖延太久迟迟不发售后返还的生产厂商有时会吸引联邦商业委员会(Federal Trade Commission)的注意,它可以以不公平待遇和欺诈行为对之进行起诉。一些公司已经放弃提供售后返还以避免削弱消费者的积极性。

销售终端广告

销售终端——在商店中,消费者在其琳琅满目的品牌里进行挑选——这个时候的广告是广告客户影响消费者购买决策的最后机会。一般销售终端广告(POP)包括橱窗海报、商店内外的长期标志、特别陈列展示柜架、墙面海报和"会说话的货架"(指产品存放货架周围无处不在的小提示)、购物点和结账处的优惠券发放人员、手推车广告以及通道上的标志等等。

由于很多物品的购买是在商店里才决定的,所以销售终端广告可以非常有效。事实上,50%的卖场和大型商店的购物支出是计划外的。② 物品的正确摆放可以激发消费者的购物冲动或品牌挑选的变化。所以,商品陈列要能夺人眼球并传递清晰的销售信息,并与其他的广告及促销信息相关联。但是,如果零售商不愿意让你的商品在商场内如此陈列,即便再创新的主意都不会奏效。你的陈列方法需要便于集合与

---

① Howard Millman. "Customers Tire of Excuses for Rebates That Never Arrive." www.nytimes.com. 17 April 2003.

② Clow and Baack. Integrated Advertising, p.32.

存放,灵活方便,这样零售商们可以根据各自不同的需要作出调整。

推拉战略

推进战略鼓励零售商和其他中间商向消费者推销产品;拉回战略则将消费者作为重点,即希望促使消费者向零售商要求生产厂商推广的产品。很多成功的案例结合使用了这两个战略。例如,只要巨型的流动热狗车停靠在超市外,奥斯卡-梅尔的产品总是很快销售一空。在其中一次销售促进中,只要向流动热狗车的员工出示了自己购买了3件奥斯卡-梅尔产品的收据,消费者便可获赠一个免费的奥斯卡豆包玩具。为活跃店内气氛,愿意摆放150处展示的零售商店获得脚踏的流动热狗车,而摆放75处展示的零售商则可获得毛绒玩具。

就像前面的例子说明的一样,销售促进技巧可以帮助组织收到快速可衡量的成效。它们可以向消费者和营销中介灌输组织的良好信誉。不同于传统广告,销售促进技巧可促使消费者产生立即购买冲动。但销售促进也有自己的危险。创意领袖路克·苏立文将对销售促进的依赖比作毒瘾:

相似点1:都能带来短暂的幸福感和流行性。

相似点2:销售促进很有可能使你度过一个愉快的夜晚,但当黎明来临你又需要食物和租金(如为建立品牌意识),资金链却断了。

相似点3:没有了刺激源,压抑感再次来临,又会产生无法遏制的购买短暂愉悦的需求。[①]

公共关系

公共关系从业人员试图在组织和它的公众之间建立沟通桥梁。对于奥斯卡梅尔,其公众包括杂货店经理、餐馆老板、家长、孩子、食物专栏作家、雇员、工会、股东和财经分析师。

新闻稿

传播组织信息的最普遍的方式之一就是媒体曝光。在奥斯卡-梅尔的流动热狗

---

① Luke Sullivan. "Natural High: Getting Off Those Addictive Promotional Drugs." Adweek,9 September 2002, p.10.

车进入任何社区前,它的公关部门已把新闻稿发给了当地的媒体以确保新闻的知晓度。媒体对此喜闻乐见因为这是一个吊人胃口的故事。有关流动热狗车的故事争相出现在《华尔街日报》、《今日美国》、《洛杉矶时报》、《芝加哥论坛报》和美国东西海岸间各州当地报纸上。再看电视覆盖率,热狗爱好者,开着巨型流动热狗车的人们,先后出现在杰·雷诺(Jay Leno)的“今夜秀场”(The Tonight Show),音乐电视、欧普拉访谈节目以及NBC电视台的“今日之秀”(Today Show)等节目中。

不幸的是, 并不是所有的新闻稿都能得到和维也纳车队进城同样的热情报道的。事实上,90%的新闻稿因为过于商业性或与当地的媒体受众相关性不高而被编辑或制片人搁置在了一边。①

就像一个新闻故事,新闻稿需要用记者不偏不倚的语调进行叙述,并且包括时间、地点、人物、事件和原因这五要素。它应该是倒金字塔形的结构,最重要的观点放在最前面,最不重要的事例放在末尾,这样总编只需从末尾处删减而不用担心影响全文。在撰写新闻稿时,请遵循下页表所示的格式。

安·瓦列(Ann Wylie)为新闻稿的发布提供了这些额外建议:②

1. 用大标题抓住人们的注意力。一篇具有新闻价值的电讯的标题不能超过8个字以便编辑与记者迅速抓住中心。
2. 在副标题或小结中通过不同视角宣传主张。
3. 在第一段回答“发生了什么”和“为什么读者要关心它”这两个问题。
4. 将新闻稿字数控制在500字或以内。

除了新闻稿,为了帮助新闻工作者决定你故事的新闻价值和信息可信度,你可能还希望给出一个媒体包,其中包括事实清单、背景资料、宣传册、照片、试用品或其他的相关信息。事实清单即是一篇新闻稿架构中的人物-事件-时间-地点-原因-方式。相比新闻稿,一些报刊编辑更偏好事实清单,因为他们想自己撰写新闻稿以防止偏见。背景资料可能包括你的组织的历史信息、重要人物的生平和满意消费者的证词。照片可以提高你的新闻稿被录用的几率,并且需要附有文字说明。你也可以提

---

① David W. Guth and Charles Marsh, Public Relations: A Values-Driven Approach (Boston: Allyn and Bacon, 2003), p.274.

② Ann Wylie, “Anatomy of a Press Release,” Public Relations Tactics, September 2003, p.16.

写新闻稿遵循的格式

新闻稿写作格式
1. 单面隔行打印。新闻稿要言简意赅，最好控制在一页之内。如果超过一页，请在第一页的末尾写上"未完"。 2. 注明你的组织，在页面最上方打上你的公司名称和标识。 3. 标明新闻稿的发稿时间。大多数新闻都是"即刻发送"的，但有时你会规定一个具体时间和日期。例如，一家公司想在未来某一天宣布新产品的发布但预先联系了媒体。通常这类信息是用大写字母并粗体显示的。 4. 发布日期。这通常写在第三点的时间后。 5. 联系方式。写"联系："，接着是姓名、头衔、电话号码、邮箱等可了解更多信息的联系方式。这个无需隔行打印。 6. 标题。在你的联系方式后空两行给出故事梗概。不要求粗体但建议使用。 7. 发稿日期和地点。这是你发稿的城市，如果它不是主要城市或是会和其他城市名混淆，请在后面加注所属州的缩写。发稿日期在第一段首用大写字母书写，加破折号后连引言。 8. 引言。这是你新闻稿的开头，通常包括人物、事件、时间和地点。 9. 正文。这是其余的故事部分，可能包括引用公司官员的原话。在最后一段，你应注明网站或其他可用信息来源。 10. 结尾。在最后一句话后跳过一行，用"###"或"-30-"表明文章的结束。 11. 照片。在照片下方加上文字说明。照片反面应给出联系人的姓名、地址和电话号码。扫描的照片可用TIFF或JPEG格式保存，用光盘或电子邮箱寄送。

供一份可能拍摄照片的清单，使媒体记者知晓他们想要抓拍事件的时间和地点。

视频新闻稿，通常被称为VNRs，是经过设计的如电视新闻报道般，直接可以播报用的。大多数视频新闻稿包括一个叫B卷的部分，它包括了未剪辑前的原始材料，这样电视台可以创建自己的播放版本。真实情景录音是寄给广播电台的，并通常附有新闻稿。

为了引起媒体和观众的关注，有时新闻故事是分阶段发布的。例如，杰克-霍纳传播公司(Jack Horner Communications)分阶段为亨氏新的紫罗兰色番茄酱制造新闻点。它第一份新闻稿的亮点在标题："拿起你的圆面包，打起精神"，并且附了一张神秘照片，照片上是一个新上市但确切颜色还未公开的番茄酱。

广告攻势的第二阶段是一个盖子，上有不同颜色问号的盒子，目的是让人们猜测番茄酱的颜色并造成流言效应。盒子里有紫罗兰色番茄酱，当然也有普通的红色番茄酱、蘸碟和几包薯片，记者可以用它来做蒙眼口味测试。最后，新闻稿公布紫罗兰色为新的颜色并附有两张照片。除此之外，B卷视频运用国家卫星进行传送。这个广告非常成功,有近2 000篇新闻稿,其中包括超过1 000个电视新闻故事。[①]

宝洁公司雇用曼宁-希尔维奇-李广告公司(Manning,Selvage & Lee,MS&L)为宝路萨牌户外便携式卫生间作媒体覆盖投放。音乐会风格的T恤上印着"宝路萨牌户外便携式卫生间……噜啦啦",在发行前已送到了当地媒体处。这些T恤被折叠压缩包装成18轮拖车形象,使那些以前从没想过卫生纸和便携式洗手间可以成为新闻点的记者们倍感惊讶并为之吸引。除此之外,MS&L公司在每个节日和集市开幕前2天将新闻稿发给当地媒体;在活动前一天,公司又及时快速向媒体发出提醒邀请参观宝路萨牌户外便携式卫生间。尿壶宣传成功了。电视里充斥着该新闻,当地各家卖场都在分发广告。除此之外,3家国家新闻台覆盖报道了这次活动。宝洁公司和曼宁希尔维奇李广告公司因为这次与媒体关系的创意行动而获得了美国公关协会的安维尔奖(Anvil)铜奖。

特别活动

无论是主流活动(例如梅西百货公司的感恩节游行)还是为消防志愿者募集资金的社区烹饪活动,你都需要回答以下几个问题:

1. 你的组织如何从这次活动中受益?它会给你带来更多的顾客吗?在社区内建立更好的商业信誉?给你一个产品体验地点?
2. 你如何衡量活动是否成功?是通过正式的调研法,如调查或焦点座谈会?销售额会增长吗?你的媒体覆盖率会增长吗?
3. 哪里是最好的体验地点?例如,奥斯卡-梅尔把流动维也纳热狗带去了集市和百货商店停车场,因为那里是它的受众买热狗和享受热狗的地方。梅西百货更喜欢邀请它的常客来商店进行个人购物,为的是给顾客购物的情境。雪城大学在曼哈顿多次举办招待会,因为那里是它许多学生和校友的居住地。
4. 哪些人群需要被覆盖到?你需要决定你的目标受众,就如同你在制定广告活动时一样。你是在感谢忠诚顾客吗?还是正在寻找新顾客?或者尝试覆盖老师和政客这类看门人群体?
5. 需要覆盖多少人?多并不总是意味着好。一些类似内曼-马库斯

① "Bronze Anvil 2003 Winners," Public Relations Tactics, September 2003, p.16.

(Neiman Marcus)的精品零售商并不希望一大群人漫无目的地在它的时装秀上闲逛,因为它是非大众型的。除此之外,过多的客流还会导致商品的损坏和安保投入的增加。

6. 会发生什么错误? 先把它们写下来,即使你做了最周全的准备,意外情况还是会发生。发言人和名人会临时取消活动;客人可能因为餐前点心而感染食物中毒;而自然的力量可能会使你的户外活动计划泡汤。有一次,饮料制造商斯奈波(Snapple) 决定打破吉尼斯世界纪录中最大冰棍的纪录,然而,炎炎夏日里,当起重机打算在全体纽约人面前将17吨重的奇异果草莓冰棍缓缓举起的时候, 意外发生了: 黏稠的粉红色液体慢慢从巨大的冰棍里渗出,淹没了联合广场(Union Square),行人们只得仓皇跑走。①

危机管理

公共关系最重要的一个职能便是危机管理。你希望自己永远也不要用到它,但你要准备一份危机处理方案以便面对紧急情况时,公司能做出相应反应,如该向哪位专家求助,谁负责与媒体及其他各类公众进行沟通。

危机计划的第一部分是危险评估。食品生产商需要了解如何应对食品污染事件,航空公司需要了解如何应对飞机失事,所有的企业都要了解如何应对财政危机、工伤事故、火灾和自然灾害。你的计划中应指明危机发言人和可以寻求咨询的专家,包括律师、技术专家和财政顾问。

一旦危机发生,你需要完整迅速妥善地告诉人们真相。任何的延误或掩盖都会使危机系数升级。你应该说明改善危机的措施,无论是给予受害者家属支持,还是产品召回,或是其他适宜的举措。

危机处理最成功的案例之一当属强生公司的案例,当时有人故意将泰诺胶囊和氰化物混合导致7人死亡。

强生的首席执行官迅速作出反应,承认事件的发生,并进行全国召回,并就公司危机处理的计划做了演说: 将采取三层密封包装并制作密封胶囊。如果这次危机没能成功处理,泰诺品牌将不复存在。而今天,它依旧是业界的翘楚。

---

① Anthony Ramirez, "Giant Snapple Popsicle Has Meltdown In N.Y." Berkshire Eagle, 23 June 2005, p.A7.

促销产品

每当你参与人才市场招聘会，享受室外音乐会或参加任何重要活动时，回到家时你总是发现手头都是印满公司标识的免费宣传品。你可能发现自己收集了不少自己从来不曾听说过的公司派送的圆珠笔、铅笔、咖啡杯、T恤和清凉饮料等。这可不是对促销预算的有效使用。

然而，有策略地使用促销产品可以帮助你树立品牌形象。一家保证每天早上6点送报的报社可以考虑给订报人一个印有他们口号的闹钟；一家承诺省钱的杂货店可以给申请积分卡的顾客送一个计算器；南方的汽车销售商可以赠送防晒膜，北方的销售商可以送刮雪器。促销产品的使用关键就在于和品牌形象的相关性和一致性。

通常，促销产品是公司公关努力的一部分。例如，联合太平洋铁路想要提升其6 200名员工的安全意识，所以它向每位员工的家中邮寄了一封信，信中是一磁性相架和一名信片，上面写着"安全第一，为你为我"。在工作中，这条信息更是通过海报、印花地板、横幅等加以强化。经理们给表现安全工作行为的员工发刮刮卡，其奖品包括瑞士军刀、隔热冷却装置、热水瓶、双目望远镜和印有"安全第一"的定制的岩石牌(Fossil)手表。这次行动使工伤事故发生率降低了30%。①

一家当地的硬件超市在丈量的标尺上传递自己比大型卖硬件连锁店更个性化的信息。标尺上的信息包括：

没有叉车。没有ATM机。没有39号通道。史密斯硬件(Smith Hardware)，电话721-5168。

手推车是为卖甜瓜的店准备的。史密斯硬件，电话721-5168。

Smithhardware.com?不要屏住呼吸。史密斯硬件，电话721-5168。

特殊包装

如何让一个1869年创立的品牌焕发青春？这就是李奥·贝纳广告公司当时面临亨氏番茄酱的挑战，这家老字号已经开始渐渐失去市场占有率。研究表明消费者们

---

① "Walk Like a Winner," PROMO, 1 April 2003, p.16.

知道并喜爱这个品牌但就是不再像过去那样购买它了。更糟糕的是，番茄酱已经不再是最主要的调味品了，墨西哥风味的萨尔萨salsa辣味调味汁已经登上了第一的宝座。一定要做些什么来改变现状。

亨氏不想降价或者提供销售刺激，因为那只会使品牌形象廉价化，但它也不想投入大笔广告预算。李奥-贝纳广告公司做的第一件事是确认受众。妈妈们是购买者，但青少年才是主要消费者。贝纳需要找到一种让个性十足的年轻人觊觎的新奇自信的品牌形象，这就需要给品牌加上"态度"。妙语标签就完成了这项任务（见图13-3）。瓶壁上字里行间透露出诙谐，包括"指示：请涂抹于食物上"，"比蛋黄酱要高"，"如果必要的话可以和芥末合作"，"迫切寻求小土豆"，"140亿根薯条的见证"。亨氏的广告活动一时大热，其中还包括电视、印刷品和书面封套的其他活动。市场份额上升了15个百分点，瓶装产品大受欢迎，人们还在e-Bay上购买（见图13-4）。这项广告活动获得了艾菲（Effie）奖，这是美国市场协会一年一度颁发的奖项，是对一年

图13-3 你怎样吸引让人们对一家百年老字号评头论足？让老字号来自我推销。亨氏1999年的世界最畅销番茄酱率先引进了"自言自语标签"的方法。这些话语标签都是"说说番茄酱"比赛的获奖言论（每句话的下方都有作者的名字）："亨氏——比伍斯特郡容易拼写"，"亨氏——汉堡包不可或缺的伙伴"，"亨氏——寻求在您家厨房的用武之地"。

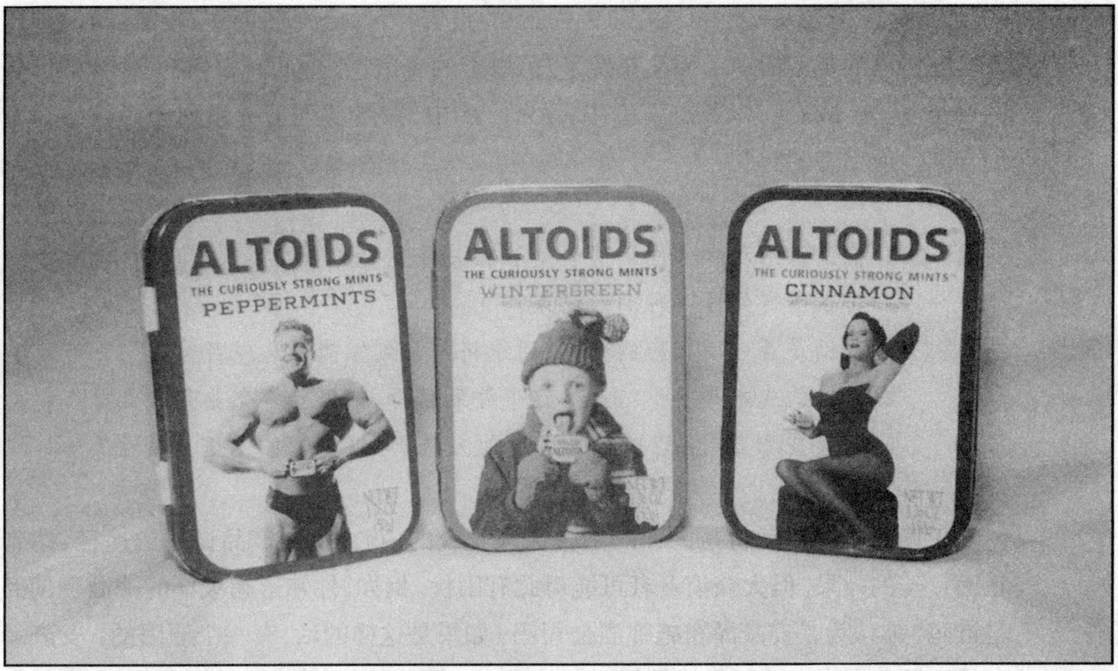

图13-4　Altoids著名的广告口号与定位战略"超强薄荷"来自其产品包装上的一句话。于是，一些最流行的广告语即被公司印上了限量版的薄荷糖盒："Altoids——超强薄荷 胡椒薄荷味"，"Altoids——超强薄荷 鹿蹄草味"，"Altoids——超强薄荷 肉桂味"。

中最成功的广告活动的褒赏。①

李奥-贝纳广告公司为Altoids设计的心型锡罐为它再一次赢得了艾菲奖。这个心型盒的设计是为了在情人节的时候投放并突出Altoids的薄荷糖可以为你的爱情添加情趣的概念。2003年，Altoids又推出了印有它流行广告图案的可收集的薄荷糖罐。

随着传媒手段的日益纷杂和货架上新产品的层出不穷，创意包装已经变得越来越重要。

赞助活动

2001年所有企业仅在冠名权上就投入了250亿美元，从街边的艾滋横幅到体育

① Adapted from a lecture by Edward Russell at Syracuse University on 17 March 2003 and from www.leoburnett.com.

场,无一遗漏.瑟吉奥·兹曼(Sergio Zyman)的报告显示,公司在创作、投放广告、推广和实施自己的赞助活动上往往花费了3倍以上的支出。在他的新书《我们所知的广告的终结》(*The End of Advertising As We Know It*)中,兹曼罗列了一系列公司在签订赞助合同前应回答的问题。①

1. 赞助该活动和你的消费者是否相关并且有说服性?
2. 你试图得到哪一种商业结果?
3. 赞助是否占用相应的资本,而这将关系到你能否达成目标?
4. 赞助的成本是多少? 为了这个赞助目标,你需要多少业务来支撑?
5. 机会成本是什么?(如果有其他方式,你将如何使用这些资金?)

正确的赞助活动将帮助你的品牌深入受众的内心,提供产品试用的途径,达到正面宣传的效果。但大众消费者可能对此有困扰。例如,你知道超级杯的啤酒赞助商是谁吗?你认为是安豪泽布施啤酒公司吗?如果是这样的话,有一个原因的:安豪泽布施啤酒公司自1989年起就是超级杯的唯一啤酒赞助商。但是,尽管如此,它在任何广告宣传和推广时不得使用“超级杯”的字样。想知道原因吗?库尔斯啤酒公司才是美国国家足球联盟的指定赞助商,也是唯一有权冠以令人垂涎的“超级杯”商标的啤酒制造商。

社会利益相关的营销

社会利益相关的营销是指将一个公司或品牌和一项旨在消费者心中建立起良好信誉的社会利益建立联系。一份科恩/罗佩调查公司(Cone/Roper)的报告显示消费者们在决定使用哪个品牌时的主要标准是公司或品牌的价格、质量和社会参与度。② 一份罗佩-斯塔齐调查报告(Roper Starch)确认了这一结果,92%的被调查者认为生产厂商寻求成为优秀的企业公民是很重要的。③

一个成功的社会利益相关的营销案例是切姬塔国际公司(Chiquita)对

---

① Sergio Zyman, The End of Advertising As We Know It(Hoboken, NJ: Wiley, 2002), pp.151-154.
② Sonia Reyes,“Hotdoggin' Cross-Country,” Brandweek, 3 April 2000, p.R16.
③ Carol Krol, “Consumers Note Marketers Good Causes: Poper.” Advertising Age,. 11 November 1996, p.51.

雨林的承诺。奥杜邦杂志(Audubon)报道了切姬塔国际公司赞助的一项特殊活动:

她的帽子用卡门米兰达水果式装饰;她的唇膏是消防队车的鲜红色。真正的切姬塔小姐最近出现在了蔻帕卡巴纳(Copacabana),纽约城的热带温泉,庆祝一个新里程碑的建立:雨林联盟已经鉴定并批准拉丁美洲的所有切姬塔农场为环保型和社会责任型的农场。在该联盟的环保香蕉项目中,农民们按照严格的指导意见保存泥土和水,尽可能最小化农药和其他农药化学品的使用。[①]

你认为奥杜邦协会的会员会在乎这些话题?他们真的会。大多数消费者也是这样的。但你觉得又有多少消费者真正知道农药化学品是什么?答案很可能是否定的。这就是切姬塔国际公司在向母亲和孩子传递环保理念时运用的不同策略。一家杂货店内悬挂的切姬塔香蕉意味着可能赢得一家四口赴哥斯达黎加雨林旅行的机会。想要参与的话,12岁以下的儿童需要把一幅描绘着热带植物、鸟类、动物和切姬塔小姐的热带雨林图填上颜色。画作中处处体现了有关热带雨林的知识以及切姬塔国际公司善行的种种趣事。

不幸的是,也有失败的社会利益相关的营销例子。一些公司号称关心社会利益,但是他们并没有能够在品牌和利益间建立起相关性。他们的这些行为的目的可谓"司马昭之心,路人皆知",有时往往事与愿违。一个主要的零售商就吸取了这样的一个教训。它要求消费者们提供旧牛仔裤;作为回报,人们购买新牛仔裤时可获得折扣价,而旧牛仔裤将被捐给慈善机构。听起来这是个不错的主意,然而,这家商店在联系慈善机构前就打出了广告。结果,慈善机构并没有分发旧衣物的途径,最后还以侵犯姓名权的理由起诉了这位零售商。

在计划社会利益营销之前,先回答以下的问题:

1. 这项社会利益和品牌有多大的联系?是否有自然的连接点?
2. 消费者对这项社会利益的感觉如何?你是否需要教导人们有关该事项的重要性?
3. 慈善性机构的期望是什么?
4. 你如何推广你在该社会利益方面的参与度?

---

① David Seideman, "Miss Chiquita Takes a Stand," Audubon, March 2001, p.17.

游击营销

由杰·康拉德·莱维森(Jay Conrad Levinson)创立,游击行销是一种非传统型的行销战略,旨在利用最少的资源使效益最大化。假设你想使一种酒精饮料成为下一个引领潮流的品牌,你可把一些新新人类派到最酷的酒吧里,并且让他们选择该品牌的饮品,以此吸引人们的注意力并做出同样的尝试。

想让人们意识到他们香烟里的有害成分吗?考虑一下这种方法:让一个穿着老鼠形状外套的人在纽约的大街上假装死去以警醒人们香烟中含有氰化物,用来毒死老鼠的化学物质就是它。

你如何向人们展示你汽车的紧凑?克里斯-蓬波特-博古斯凯广告公司将迷你库伯车放在意想不到的地方,包括放在正在主干道上行驶的福特多功能车车顶上,放在杂货店门外投币使用的儿童玩具车的位置上(边上写着驾驶它,16 850美元)。

产品置入式和品牌化内容营销

在詹姆士·邦德系列电影《择日而亡》中,你至少可以看到20种产品。据报道称福特公司花费了3 500万美元让皮尔斯·布鲁斯南(Pierce Brosnan),邦德的扮演者,驾驶价值为22.8万美元的阿斯顿马丁征服(Aston Martin Vanquish),让哈利·贝瑞(Halle Berry),金克斯(Jinx)的扮演者,驾驶和她泳装一样颜色的珊瑚色的雷鸟(Thunderbird)。[①]在电影中,邦德戴着欧米加的腕表,喝着芬兰(Finlandia)马丁尼鸡尾酒,乘着英航的一等舱,穿着巴拉坦(Ballantyne)的圆翻领毛衣和博罗奥尼(Brioni)罗马式的西装。

产品置入式营销可以从置入背景中拍摄到以产品为中心的剧集拍摄进行。例如赛恩费德(Seinfeld)将一整个剧集都留给了小小薄荷糖(Junior Mints)。还有一些公司甚至自己投资制作电影、电视节目和游戏。

品牌化内容营销可以很昂贵但决不简单。福特公司和它的代理商,J·华特·汤普森(J.Walter Thompson),为WB网络创作了一部户外探险节目。节目名称是"无界

---

① Guy Trebay, "Make It a Finlandia and 7Up, Shaken, Not Stirred," www. Nytimes.com/weekinreview, 27 October 2002.

限”，和福特SUV的广告词一样。结果节目大热，很快成为大家的谈资。

产品置入式营销当然也存在风险。有可能过于抽象微妙，人们根本没有感觉到；又有可能过于炫耀露骨，贬低品牌内涵，而把消费者吓走。最关键的一点是使品牌看上去和故事的人物和主线自然贴切。

建议活动

1. 为你敬仰的一家企业设计一份活动策划案。包括活动的细节，如邀请的客人名单、活动地点、如何推广和成本计算。当然，请点明如何评估活动的成败。
2. 为前面你描述的活动，写一份新闻稿。
3. 为你最喜爱的软饮料或零食设计一份销售推广方案。
4. 去影院或在家收看两小时黄金时段的电视。注意其中可看到多少品牌，它们是如何融入故事主线的。

网上查询：了解更多关于整合营销传播的知识

想了解更多有关整合营销传播的知识，可浏览以下网站：

1. 娱乐资源和市场协会（产品置入式营销）：www.erma.org
2. 游击营销：www.gmarketing.com
3. 销售终端广告学院：www.popai.org
4. 公关公司理事会：www.prfirms.org
5. 美国公关协会：www.prsa.org
6. 公关周刊：www.prweek.net
7. 销售推广协会www.pmalink.com

⊙ 简单案例

北卡罗来纳州成了主角

《阿甘正传》(*Forrest Gump*)是在北卡罗来纳州拍摄的。在此拍摄的还有《最后的莫西干人》(*Last of the Mohicans*),《红色十月》(*The Hunt for Red October*),《涯雅姐妹的神圣秘密》(*Divine Secret of the Ya-Ya Sisterhood*),《忍者神龟》(*Teenage Nina Turtles*),《道森的河》(*Dawson's Creek*)和其他数以百计的电影和电视节目。事实上,北卡罗来纳州是美国最主要的电影拍摄地之一,仅次于加州和纽约。

自1980年以来，北卡罗来纳州电影办公室吸引了超过800部电影和电视的制作拍摄,创收超过70亿美元。仅2005年一年,整个电影行业在北卡罗来纳州花费了超过3亿美元拍摄电影、电视秀和其他广告等。

为什么电影拍摄者都选择北卡罗来纳州呢?对于初学者,它提供了一连串令人印象深刻的景致,从原始海岸到热带沼泽,再到从蓝山之巅俯瞰的峡谷全景。超过一百万公顷的国家和州属的林地为野外场景的拍摄提供了大片未破坏的场地。北卡罗来纳州的城镇汇集了真正的殖民地时代,南北战争之前的,现代高科技和美国中产阶级的建筑风格。

另一个优势在于北卡罗来纳州气候宜人,春夏秋冬四季分明。它还拥有良好的电影基础设施，包括一个拥有2 000名以上专业摄影师的世界级的拍摄团队,8家一应俱全的制片公司，超过30个室内摄影棚,400家配套服务公司和5个地区电影委员会。还有传说中的南方人的好客——员工们都非常友好和配合。总而言之,在这里,电影制片人会经历比在其他地方少得多的日常争吵。

由洛夫勒·凯切姆·蒙特乔伊(Loeffler Ketchum Mountjoy)的掀起的广告活动用电影拍摄者和制片人的语言说话,并给出了在北卡罗来纳州拍摄电影的令人信服的理由。

文案之一：你不需要大喊"在片场请保持安静"。(声音)渐强，令人屏声静气的美景。这个画面一定有地方错了，每件事看上去都那么正确。同事们出奇地友好。镜头转向了外景物色人员的脸。她低语："等一下你将会看到另5个地点。"毛片一张一张地放，太棒了！你已开始在考虑续集了。拨打(919)733-9900你就可以把一切搞定。你展示一些剪辑，每一个人都在鼓掌，即使是不露声色的制片公司经理(这使你略微担心)。你想起了自己进入电影这行的首要原因。生活很美好。

文案之二：在有名的大城市里拍摄影片只有一个问题，那就是别人会与你对着干。(声音)渐强，多砂砾的城市场景。你发誓你看到的是布鲁克林的某处、洛杉矶或芝加哥南部。但感觉却又完全不同。人们很友好很配合，即便是政府部门，没有交通堵塞的噩梦，没有繁琐的官样文章。你拍摄十分流畅。你可以拥有技艺精湛的服务。当你喊"停"时没人会用刀指着你。拍电影就应该是这样。你的注意力应该集中在艺术上而不是其他干扰上。准备好作提名演讲吧。

文案之三：如果剧本不是那么符合奥斯卡的胃口，至少电影拍摄技巧达到了标准。令人无限神往的场景。每一次拍摄后，摄影师都需要一根烟静静神。画面融入到了好莱坞。一小群人会聚集在一起感叹着一切。经理会突然称呼你为“那个能把一切做得很棒的天才”。镜头切换到奥斯卡颁奖礼。你正与梅丽尔(Meryl)、昆丁(Quentin)、乌皮(Whoopi)在一起。获奖的是……你。你开始感谢所有人。你的获奖感言太过冗长。网络被切换到了小猫褥草广告。这难道不是个不错的生意吗？

第十四章

客户比稿：如何销售你的理念

在英国电影《诚实，庄重和真实》(*Honest, Decent, and True*)中有很棒的一幕——是对广告的讽刺性模仿——其中的广告文案撰稿员和艺术总监使尽了浑身解数想让客户相信他们所创作的这个广告能够成功地把他的新品牌贮藏啤酒推向市场。如果不是因为这个场景与我们所从事的行业如此贴近，我们可以笑得更无辜些。但正如所有成功的讽刺一样，这个场景，可能有各种各样的形式，在几乎所有的广告或客户会议室里都上演过。通常的情形是这样：文案作者热情地展示一个广告故事情节，当然他作了很充分的准备，架起的情节画板全面涵盖了他所有的想法。这些人，除了客户之外，还包括代理广告商的其他成员（如客户主管，调研策划或负责人，媒体分析师，当然还有广告撰稿员和艺术总监，他们为了想出这个理念已经废寝忘食了数周了）。

然而这个广告是要冒风险的。它讲述了一群快乐的远航者在一艘邮轮的酒吧里的故事。一些人点了极贵的饮品，少数则"勇敢"地选择了自己想要的——客户的新品牌贮藏啤酒。突然，一阵隆隆巨响，邮轮开始沉没。在最后的镜头里，我们可以看到幸存者们在一艘救生艇上，正品味着该品牌的贮藏啤酒。直到那时我们才知道那艘邮轮的名字——泰坦尼克号。

客户默默地听着，一言未发，即使当演说结束以后也是一言不发。令人窒息的沉默最后由调研人员自己打破，他解释说这是一个幽默的讽刺，是一个大玩笑。客户答道："是的，我估计一些人会觉得这是有趣的……是的，这很好，很好。"边上传来一声如释重负的叹息。客户接着说道："但这里我还有几个小问题，不是什么重要的地方。我想知道这里的时间框架。毕竟，这是一个当代的产品，将它设置在一个过去某段时间内是否合适？还有幽默对销售贮藏啤酒是否合适的问题。我对利用这样一个历史灾难来促销我们的产品有疑问。但这些都不是什么要紧问题。"又是沉默。而后是几声清嗓子的声音。接着广告代理商的成员们试图忽略这些个"小"问题，告诉他们保守的客户那些年轻的目标受众不会在乎泰坦尼克，他们只会对灾难一笑而过然后理解我们传递的信息。但这些都没有用，客户并不买账。

方案演示是成功的一半

想出好点子是非常艰难的工作，但使你的同事和客户能够买你的账也不容易。当你看到好广告时，你很确定这些好点子能够见到天日是因为客户愿意冒风险投资。

不管你的客户对承担风险的魄力如何，你必须像相信你的广告能推销产品那样相信自己的广告。通常，有关广告创意部分的方案演示应放在所有其他活动的讨论完毕之后。其他部分包括产品或服务市场背景的小结，广告公司构思的战略的调研讨论，计划的媒体投放方式以及选择和放弃使用某个媒体的理由。

因为你的市场小结将针对受众和更广泛的市场目标，所以你的广告方案演示应该集中在沟通这个部分。但从哪里开始呢？事实上，你几个月前就可以开始和你的客户建立起舒适的双向沟通关系。客户们不喜欢惊喜。如果在踏进房间之前，他们对演示内容一无所知的话，他们更容易拒绝接受你的主意。通过和客户保持联系，并让他们感受到自己是你们团队中重要的一员，可以使他们更容易接受你们的提议。但是，这并不意味着你需要提前将你的想法告知他们，而是，你们应该在正式演示前对广告活动的大致进展方向达成一致。好的客户是愿意冒一些风险，而不会给有益又有创意的点子设置障碍的。你的部分工作就是在演示之前先一步在客户心中培养出这种态度。然后，当演示这一天到来时，以下是应该发生的情节：

1. 以对此次任务的扼要综述为开场白。客户要求你帮助处理一个问题，所以，你可以提醒你的顾客这个问题并且分享你于该问题上的创意探索。你甚至可以分享一些你不怎么赞成的意见；这可以显示出你关心的是整个活动的成败而不仅仅是兜售你自己的想法。

2. 充分探讨你的创意策略。你并不是和消费者聊天，他们不需要理解广告背后的策略；你是在和会为你的努力付出大价钱的人对话。因此，你必须以高度清晰的逻辑使人们相信你即将要阐述的——即使它可能显得一点也不符合逻辑——是条理清晰，理性思考的产物。所以你可以阐述一些受众的想法，谈谈他们现在在想什么，谈谈你想让他们说什么，谈谈你的广告为何能从激烈的竞争中脱颖而出；你甚至可以用其他竞争的广告来证明自己是如何突出重围的。总而言之，当你阐述自己的战略时，将它和项目的最初目标清晰地联系起来。它有没有解答该问题？它是如何做到的？
3. 就广告的主题做出详尽的介绍。至今为止，你可能对广告的主题已了如指掌，但你的客户可能从没看到或听说过。通过白板或银幕放映的方式对主题做出大量介绍。如果动画，音乐或声效允许的话，将它们加入到演示中。
4. 展示如何传递你的大的创意。这包括各种不同的广告、销售促进和附赠产品，以及其他一切广告活动需要的手段。许多广告代理商将尽可能演示其成品（如广播广告的演示CD，一盘未剪辑的视频，或者电脑制成的照片，并附上可用于电视的声道）。其他的广告代理商则仅给出一个他们电视广告的主体框架，通过广告的中心点凸显理念的方式来传递自己的想法。当展现框架时，请解释将采取的行动，你甚至可能想亲身演示。对于平面广告，有经验的广告人员都同意一个观点：那就是不要念给客户听。与之相反，简要概述然后让他们自己以后再阅读。你需要努力传递的是重要信息——中心主题——它应该贯穿整个广告，并且是精心设计了战略的成果，它将完美地诠释你们希望展示的信息。
5. 以小结陈述作结并呼吁客户做出选择。提醒客户这个广告活动很有效，它是如何全面达到客户的营销和沟通要求的，并且指出它是解决手头问题最佳方案的原因。
6. 诚实地回答各个问题。如果你不知道答案就回答不知道并承诺会找到答案。避免直接冲突，但也不要在客户面前变成应声虫。客户不希望那样。如果你不同意客户的建议，礼貌并有逻辑地向他解释原因。在次要的环节可以妥协，但坚持对有关你的策划精神和意图的重要部分。如果达不成一致，你的唯一选择就是感谢客户，然后继续另一项工作。大部分代理商不会放弃自己的创意标尺,而妥协去制作低层次的策划。这是个微妙的处境。

想要应对持反对意见客户的方法,不仅仅需要充分了解客户的公司文化,还需要摸清决策人的性格。

比稿时需要激情

广告是个创意行业,所以休想让客户接受你呆板的理念。让演示变得有趣起来,但切记紧扣主题。看看麦克利-纽曼-哈提广告公司(Merkley Newman Harty)对纯种马竞赛协会会员的比稿。广告代理商以一段视频开始了演示,画面中有典型的马赛场景——马蹄的重击,马鞭敲打的声音,向外张歙的鼻孔和一幅定格的冲刺画面。紧接着是一行字:"所谓精神错乱就是一遍一遍做着相同的事,还期待不同的结果。"这使得广告代理商认识到赛马场使用多年的老方法已经不适用了,它需要一个全新的使用方法,它需要麦克利-纽曼-哈提广告公司。对这一点,国家纯种马竞赛协会的会员一致同意。

当凯文·费什尔(Kevin Fisher)就河畔动物园的广告活动做演示时,他伴着便携式录放机大声演奏的歌曲"疯狂的事(wild thing)",开始踩着节奏舞蹈。玛莉·莱维特(Mary Leverette),动物园的市场总监,回忆起当时自己的反应:"当他伴着音乐狂欢起舞时,萨驰(Satch)(动物园的总监)和我交换了一个眼光。这和我们过去看到的安静的广告大相径庭。但我们很喜欢。"费什尔的表演向动物园经理们卖出了这样的广告创意:广告中,动物会跟着摇滚乐摇晃,而人们在动物园里则可以无拘无束。①

李奥贝纳广告公司赢得了亨氏公司的广告制作权,因为其广告使该品牌形象非常酷且贴近青少年。在最后比稿的那天早晨,广告公司团队在大堂里摆起了热狗摊,并在扶手电梯的周围墙壁上贴满了抓人眼球的番茄酱标识。会议室被布置成了一个餐车餐厅,里面有长台座位、柜台和快餐厨师。

资麦曼广告公司(Zimmerman Advertising)赢得了六面旗帜公司(译者注:Six Flags是美最大的连锁主题公园,第一家在德州开业时,为纪念德州上空曾飘扬过六个不同政府的旗帜,把公园命名为六面旗帜)的比稿。他们为六先生,主题公园的老

---

① Anna Velasco, "Swimming with the Big Fish: Fisher Communications Makes It Big, but Stays Small," The State,29 August 1999, p.G1.

年舞蹈的偶像，上演了一场模拟葬礼。这次葬礼的设计正好与他们参与比稿的鬼节的惊悚聚会(Fright Fest)的主题相吻合。

不要以为辛辛苦苦做出的演示效果是赢得客户的最好方式。就像所有的广告一样，你需要考虑受众和传递的信息。例如，山姆俱乐部(Sam's Club)，它不喜欢花架子，所以广告公司的花招噱头对它不会起作用。但是，草莓青蛙广告公司(Strawberry Frog)却赢得了山姆俱乐部这一大客户。最初，他们考虑在大堂里安放一个巨大的盒子，上面写着“奇思异想”以表现自己公司才思泉涌。然而，他们放弃了那个广告方案，取而代之的是向一家小公司派去了一个有12名工作人员的团队，在那工作了一天。因为小企业业主是山姆俱乐部的主要客户，这个方法比前面那个广告噱头要令人印象深刻得多。这体现了广告公司对品牌和它的受众的理解与认识。

过分的花招的使用有时也会事与愿违。一个到七喜比稿的广告公司让人扮成马戏团成员，在会议室里跳舞，这段表演占用了3小时长会议的三分之一的时间，而且似乎和品牌及其定位完全不相关。不用多说，它传递了错误的讯息，最后没有中标。

另外一家广告代理商为参加地铁公司的比稿，设计了一段10分钟的视频，并将它上传到了YouTube上，供人们——甚至包括竞争对手——观看。很快，短片大热，不少模仿的作品和讽刺代理商公司和员工的视频出现在了网上。该广告代理商只能推出，声称该视频已经进入了冲突客户的最后比稿名单。

为什么一些公司费尽心思想中标？想一想：根据美国广告商协会，一个客户使用一家广告代理商的平均时间在7.2年左右。哈里·雅各布(Harry Jacobs)，马丁广告公司的荣誉主席告诉《里士满时报-快讯》(*Richmond Times-Dispatch*)，“新业务(新客户)是广告公司的血液。只有不断地完善和熟悉，公司才能成长。”①

潜在客户(和雇员)对广告代理商形成初步印象的最佳方式就是去浏览他们的网站，其中有广告代理商的企业哲学，现有客户名单，主要班底的简介和创意设计的样例(见图14-1)。然而，再好的网站都不能达到面对面沟通的效果。

准备演示的指导意见

无论你选择了广告业的哪个领域，你总是需要向人们展示些什么。拥有越多的

---

① Otesa Middleton, “Here's the Pitch: Ad Agencies RevealTheir Strategies for Getting Accounts,” Richmond Times-Dispatch, 2 September 1996, p.G16.

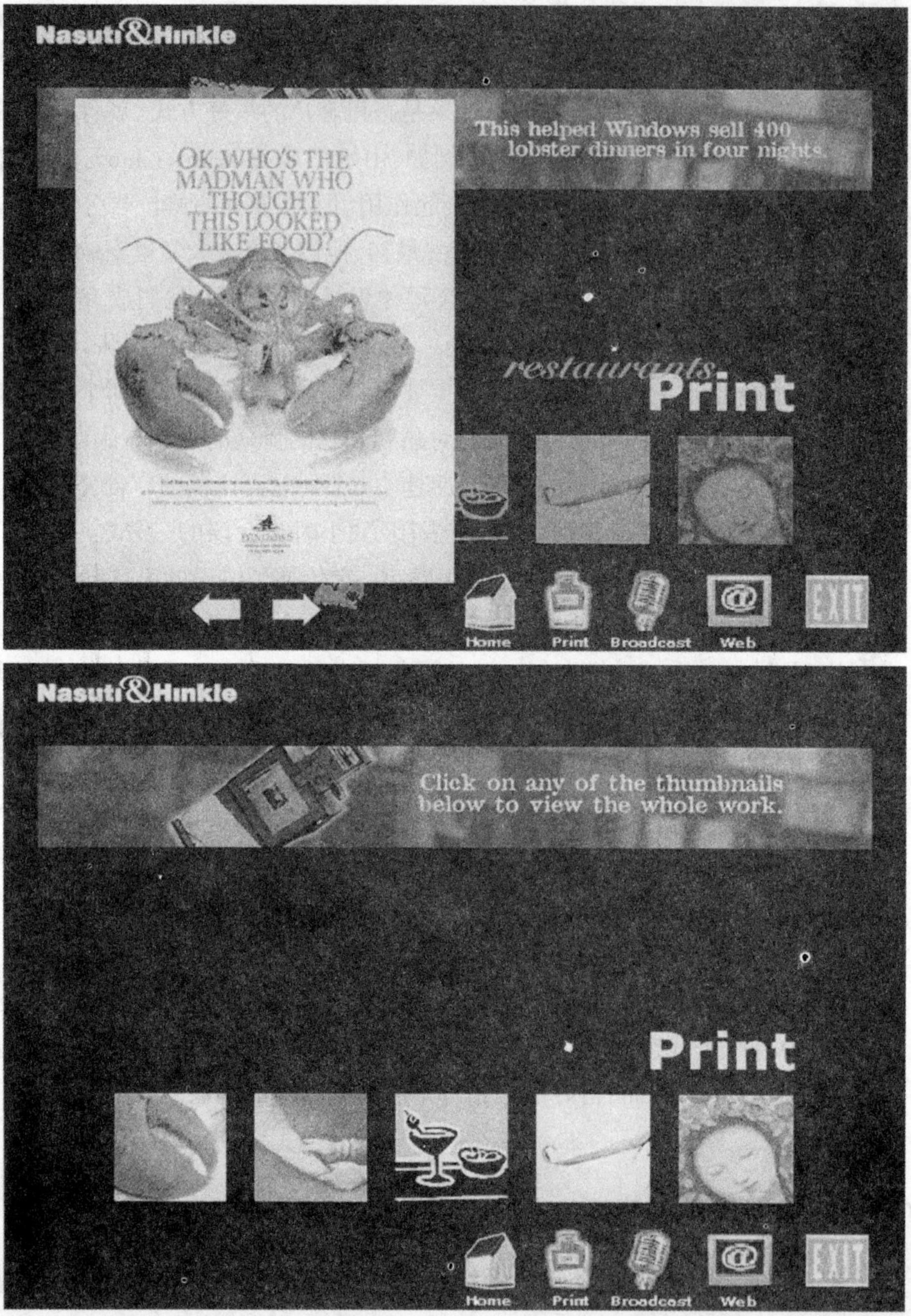

图14–1 拿苏提与亨克尔事务所的网站解释了它的哲学并举例说明了它的创造性作品。当然，也请注意它制作的广告的惊人销售结果。这个广告帮助商家在4个晚上销售了400份龙虾大餐。

演示经验，你的表现自然越出色。最好的开始地点是你的教室。以下的贴士将帮助你更自然、更热情和有说服力地进行演示：

1. 立刻抓住听众的注意力。演示的开场白不仅要能吸引听众的注意力，更要使他们对你产生权威感并认真思考你的话题。自我介绍中绝对不要道歉——这样只会降低你的可信度。
2. 记住听众的感受。作为学生你有很多作为听众的经历。你最有趣的教授是如何抓住你们的注意力的？依样画葫芦。
3. 预先准备可能出现的问题。不要让人们偷袭你。当然人们这样做也不为过。如果你不知道答案，简单地告诉大家你不知道，看其他人能否回答。
4. 大声地彩排。在一面镜子前练习，除非那会让你不舒服。如果是这样，就在一间房间里彩排，假设房间里坐满了人。或者邀请一或两位朋友陪你练习并给出评价。
5. 仔细听自己的用词和语调。如果听起来不正确，那十有八九是真的。在重点的语句下划线强调。标出换气暂停处将帮助你把握节奏。
6. 挺胸站立。你的双臂应自然下垂于身体两侧。避免大摇大摆的姿势。不要玩弄橡皮筋、文件夹或笔盖。尽管刚开始这会有些难，但你能做到。
7. 保持视线交流。如果你的听众数目众多，记得不时地将你的视线由房间的一侧转向另一侧的人们。要照顾到每一个人。如果其中有一位比其他人都重要，记得和他或她多进行视线交流。
8. 用隔膜发声。运用你声音的低沉部分。这样会使你的声音听起来更具权威性。
9. 使用抑扬顿挫的语调。避免单一的语调。在阅读演示稿上划线时记得强调。稍稍的停顿可以带来激动人心的效果，一个对你而言漫长的停顿对听众而言只是很短的一瞬。
10. 运用合适的面部表情和肢体语言。这些需要和你的演示内容相一致。如果讲到有趣的事物，就笑一下。
11. 在演示开始前检查一下房间。没有什么比演示进行到一半却发现无法使用视频辅助设备更让人困窘的了。所以在演示开始前，确认你需要的视频/音频设备并且在准备就绪。椅子是按照你要求的方式排列的吗？是否有供你放稿件的台面或桌子？如果你打算在演示过程中写下重点的话，是否有配纸的板架，或配粉笔的黑板，或投影仪？是否有合适的油性笔或粉笔？

演示中的危险和误区

朗恩·霍夫（Ron Hoff），他漫长卓越的职业生涯早就和奥美、博达等广告公司（Foote Cone & Belding）联系在了一起，对演示中的危险和误区有着许多独到的经验。①以下为其原话：

1. 我们面临的最大问题是听众们觉得索然无味。有时，我们自己也觉得很枯燥。我们的个性很少能够体现在我们的职业工作中，这极有可能是我们作演示时乏味的原因。
2. 视觉和听力的结合可以使人们双倍接收你传递的信息。当你试图说服听众时，视听结合的演示方式将使90%的听众回忆起你的重点。
3. 在演示开始后的90秒时间里，人们对之已经做出了评价。这就是听众决定是否真正听你阐述的原因。如果演示人只是不停地聊着有关自己的话题，人们就会走神或是做白日梦。听众就会坐在台下问自己："什么时候他才会讲到我呢？"

霍夫先生也指出了以下几条促使演示成功的关键策略：

1. 了解自己的反对者，了解自己的最佳支持者。你发言的开头应针对与你持不同观点的人，然后可以转向你的支持者，此刻你应觉得充满力量并将注意力转向所有的听众。当你遇到好像不怎么支持你观点的人时，可以将注意力转回你的支持者。在听众中尽可能地获得支持，然后才向"敌方阵地"入侵。
2. 用自己习惯舒适的方式开场。这可以是轻松有趣的，但一定要切题。圣地亚哥普里提金长寿中心（Pritikin Longevity）的斯蒂芬·齐普巴拉特（Stephen Zipperblatt）博士在他的学术专题讨论会上的开场白是："人不

① The authors thank Ron Hoff for granting them permission to use these ideas.

会死，他是自杀的。”接着他告诉参与者如何活得更健康。演示结束后全场掌声雷动。

3. 任命一个“DSW”——“那又怎样”总监。他代表了听众们卑鄙自私的利益。每次当你跑题时，他或她就会说“那又怎样”以让你回到正轨。
4. 中场开始对你代理的作品进行介绍。中场通常是大多数演示者将重点从自己身上转到客户身上的时候。从听众关心的重要问题切入，而不是先谈你的问题(得到这笔生意)。问问自己：“我如何帮助这个可怜的家伙?”

霍夫先生也指出了“人们在演示中会犯的错误。”他解释说这些例子都源于经历了许多次失败演示的人们的体会：

1. “你对这比我在行得多。”(客户需要一个比自己懂行的人)
2. “我很紧张。我希望你没有看到我颤抖的双膝。”(一个真正的自信建立者)
3. “我把稿子弄得一团糟。我不知道该怎么办。”(客户思忖：“我在这里做什么？”)
4. “我们知道你在等待创意，所以我会快速地介绍媒体投放计划。”(因而你错过了宣传整个计划的机会，而且还很可能没能给你的大创意创造足够的铺垫)

霍夫先生也指出演示中应该有一个强烈的主题。我们大多数时候都缺乏中心，只是语无伦次地在讲话。他继续指出很多演示者在不知道下一张PPT内容的时候就开始演示，就如同不知道需要视线交流一样。他们漂浮的视线注意的遥远一点究竟有什么有趣的？是不是有什么神奇却无关的事情在那里发生？

如何改正存在的问题

视线交流和接触非常重要。所以打开灯并且走向听众席，缩短你和他们在地理和思想上的距离。人们在演示的开始总是很紧张，那时距离感是最强烈的。

如果被打断，不要觉得不舒服。回答问题但不要回击，记得体现你的专业水准。

如果听众中有些粗鲁的人，还是请保持你的礼节。听众他们自己会处理的。总而言之，不要发脾气，否则等于让自己失去这笔生意。

如何克服紧张呢?告诉自己你是最棒的——并且坚信如此。放松,对着镜子进行演示,仔细地观察自己,倾听自己的声音。如果条件允许的话,拍下这一过程。先看一遍,第二遍时只放录像切掉声音,第三遍时只放声音。你喜欢自己的无声演出吗?如果不喜欢的话,一步一步地提高自己。你喜欢自己的声音吗?

如果有的话,什么可以使你的声音听起来更可信呢?在演示前多活动活动自己的下颚,慢慢地做几次深呼吸。

你的声音会把你所有的情绪都表达出来——快乐、紧张、期望和无聊。你的声音第一时间向你的听众泄露了你的情绪,但我们通常会忽视这一点。低沉的声音可以给人权威感。每一个人都可以通过练习,用比正常声音低沉的语调交流演说。花一天的时间研究自己的声音,通过使用录音机记录一天的生活:"现在是早上九点,我正在等巴士。现在车开过来了。车站上人很少,但今天不是繁忙的一天……"然后仔细地倾听,然后重复这样的行为,再仔细听一遍。

霍夫先生指出最重要的是,要记住客户不一定总是对的,但客户总是客户。

PPT的有效使用

在脑海中想象这样一个画面:你坐在一间漆黑的房间里,幻灯片一幅接一幅地更换着,演示者正用一成不变的嗡嗡声读着幻灯片上的文字,他告诉大家会发给每个人一份讲义,所以你不用记笔记(或者,如你意识到的一样,应该听他的演示);偶尔PPT上会出现可爱的图片或卡通形象,你暗暗发笑,即使你看不出它们与主题的相关性;最后,演示结束,灯光重新亮起。在你的眼睛正试图适应光线的时候,演示人问道:"有问题吗?"你脑袋混混的,根本无法作答。

就像这个例子一样,错误的视觉辅助使用可能会破坏整个演示。那你应该怎么做呢?

1. 记住,你,而不是屏幕,才是全场的中心。你受邀作演示一定是有原因的。否则,他们会要求你将你的演示稿作为邮件的附件发送的。让屏幕作为你的辅助,但不要让它替你说话。
2. 尽量少用铃声或口哨声。PPT允许你添加各种新奇的声音和动作。有时这些小玩意帮助你突出中心,但过多地使用它们是你经验不足的表现。
3. 记住优秀设计的基础。可读性是关键。每幅PPT只传递一个信息,文字不要超过8行；字号设置为24号或更大的尺寸，并利用大小写字母使人们阅读起来更方便。

4. 为你的演示PPT创造一个新模板。选择一种使眼睛感到舒适的字体和色彩的组合。无衬线体（灯芯体）因为它的简约成了最佳选择。当然，记得把你公司的商标放在每一页的页角。
5. 利用数字，着重号和列表。这些方法将帮助你安排你的材料，并使听众们更容易理解你的思路。但一份事无巨细都用列表演示的文档也会使读者手足无措。开始的部分讲一张幻灯片一个重点，在讲完所有的重点后再进行总结。
6. 演示文档和你讲的内容应同步一致。最使人分心的情况便是一边听演示人的构想介绍一边看着屏幕上的流动图表，或是其他不相关的信息。即使是很细微的不一致也会很恼人，例如，当一个人说，“节约50%”的时候，屏幕上显示的是“半价”。
7. 记住，一份出色的演示文稿并不能掩盖平庸的理念。所有新奇的铃声和口哨声都不能粉饰一个平庸的演示。

建议活动

1. 联系一家广告公司的客户经理，创意总监或广告经理，安排一个短小的面试。在面试过程中，询问他们一个独特的创新战略是如何制定的。将你的发现向全班作一个演示。
2. 挑选本书中的一个课题研究，想象你被选中向客户推荐这个战略，准备一个演说。在班级里进行你向客户推销战略的演示。
3. 阅读一本有关推销技巧的书籍或采访学校里的语言学教授，并就行销中的关键因素写一份报告。你如何运用这些原则来推销一个主意呢？

网上查询：了解更多说服客户的知识

想了解更多说服客户的知识，可浏览以下网站：www.effectivemeetings.com

简单案例

ITT工业公司集团的广告活动：给公司塑造整体形象[①]

集团广告战略推广的是整个公司，而不仅仅是单个的产品品牌。通常，当一家公司觉得消费者不了解自己的业务时会实行集体广告战略。以纽约为基地的ITT工业公司就是一例。这家公司在1998年9月开展了一项集团广告战略，试图提高自己作为工程和制造业公司的社会认知度。

这项活动的受众范围较广，包括供应商，金融团体和ITT自己的雇员，同时它想以"一种难忘的方式"进行推广，此话出自汤姆斯·马丁(Thomas Martin)，集团公共关系高级副总裁和执行总监之口，他指导了整个战略的发展。

ITT工业公司找到了在相同的层次下教育公司不同受众的方法——的确有些字面意思。广告战略包括投放电视广告，表现海洋生物多姿多彩的生活，它们还唱着汉德尔(Handel)的歌"哈利卢亚大合唱"。作为一个战略性的广告活动：它通过给抽象的公司形象加上性格以推广公司整体品牌。在ITT的案例中，这个特别的广告教育公众干净的水的重要性，而ITT的液体技术部门正是能够在这方面给你以帮助。

其他部分的电视广告也取自生活的片断，每一个都用简洁创新的方式成功解释了复杂的商业理念。当然，媒体选择的关键在于它能覆盖ITT需要教育的多样性的目标受众。广告在CNN、CNBC和其他主要市场的当地新闻节目中播出，如纽约，华盛顿特区，波士顿和芝加哥。

渐渐地，ITT工业公司采纳了一种用全彩和逼真画面的平面广告，以此着重介绍自己的四个部门：液体技术，电子元件，电子防御和服务和动态控制。例如，ITT电子防御和服务部门的广告是一幅印有战斗机飞行员走出机舱，迎着夕阳走去的图片。

从战略角度讲，这个广告显示了ITT工业公司如何运行"根据人们所在地给出精确位置信息"的全球定位系统(GPS)。一个为动态控制部门设计的广告的标题是

---

① 本案例由雪城大学S.I.纽浩思公共传媒学院苏·威斯特科特·艾立桑德拉撰写。

文案之一：他不知道ITT工业公司帮助追踪他的任务。但在3月1日、2日，他明确知道自己的位置。

在空中每五秒钟一英里的时速考验着人们的耐力。GPS定位系统能给出准确的定位信息。ITT卫星发射器不仅向战斗机发送GPS导航信息，还向整个地球上的或飞、或飘、或滚、或走的接受器发送信息。

ITT工业公司坚信技术是无形的。在这个案例中，ITT帮助每一个人，从战斗机飞行员到远足者，保持在正确的轨道上。

远离著名的丛林。

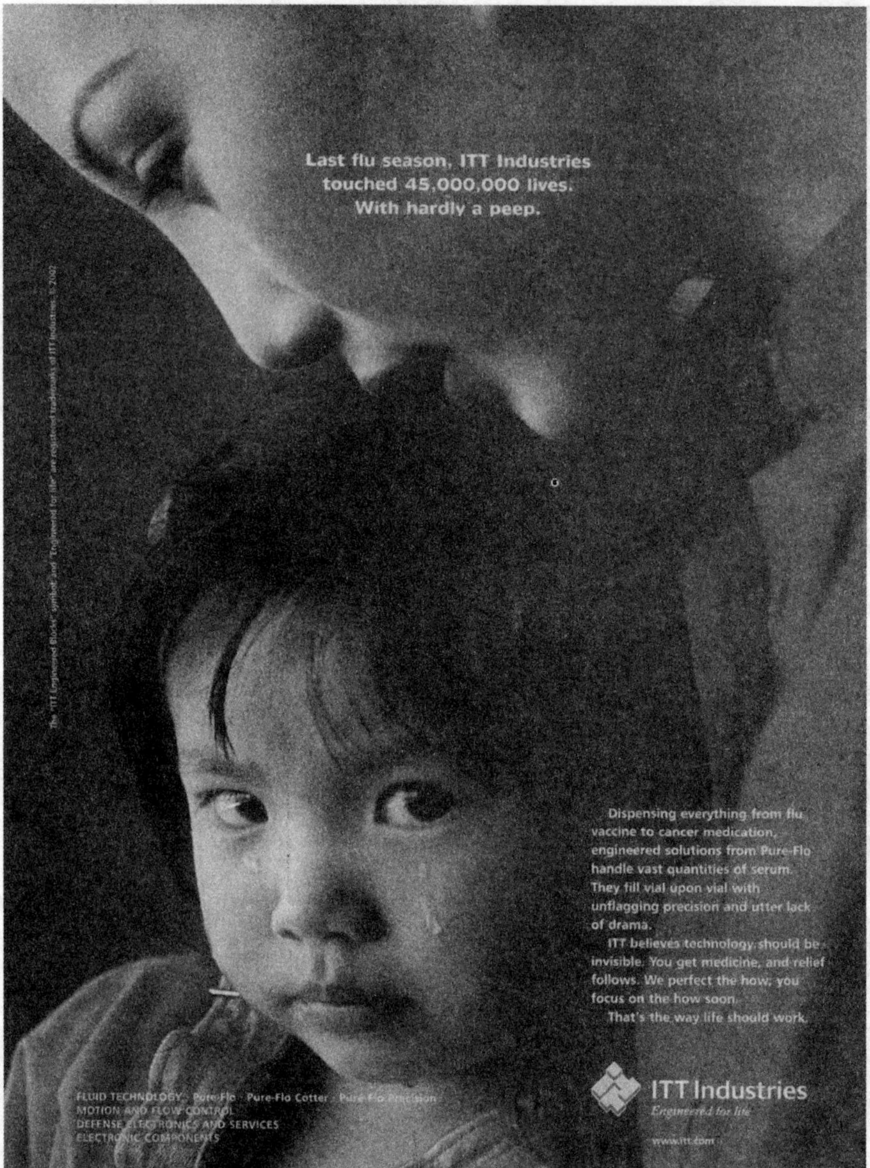

文案之二:在上一个流感季节,ITT工业公司接触了4 500万人,没有一声怨言。
分发所有的东西,从流感疫苗到抗癌药物,解决方式从简单处理流感到收集大量血浆。他们毫不松懈,一小瓶一小瓶严格处理,整个过程绝对严肃。
ITT工业公司坚信技术是无形的。你获得药物,疼痛减轻。我们研究怎样做;你们关心多快有效。
生活就应该是这样。

“超过600万的游艇乘客不知道是ITT工业公司帮助他们的船只保持平稳”。利用一个水手登上一条小船的画面是为了说明一家企业可以帮助维持“自己的稳定”。

广告活动实施几年后，ITT的总裁发现电视在目标受众覆盖这一点上远不如平面广告来得实际和可行，所以在2002年，公司决定不再在其他地方投放电视广告了。相反的是，ITT工业公司开始将媒体投放预算转向汽车广告等可以达到公司需要范围和频度的目标。

ITT工业公司和它的广告代理商设计了一份媒体投放计划，其中包括一些水平贸易的组合，包括《商业周刊》、《巴伦周刊》、《福布斯》和《财富杂志》，以及一些主流媒体，如《时代周刊》和《新闻周刊》。同时鉴于ITT工业公司30%的财政收入来自防御部门，公司利用一些垂直贸易组合来定位其华盛顿领袖的目标。包括《国会季刊》（*Congressional Quarterly*）和《国家期刊》（*National Journal*）。公司利用了相同的办法向其他的重点市场，如水处理技术，灌溉和通讯等作宣传。

在广告活动进行和结束时，一家公司通过对结果的测算来决定广告活动是否成功。因为在广告的基础上是不太可能进行因果关系的争论的，所以也不能直接把股市价格的上涨归结于广告，但是ITT工业公司却研究了二者之间的关系。

除此之外，ITT公司还运用了其他几种方法来量化广告的成功。例如，除了计算汽车广告达到实际活动的范围和频度，公司还分析了针对汽车广告的调查，测算回放率和信息保有度。通过分析这两个量度，公司可以证明它是以合适的频率在接触正确的受众。更重要的是，这些努力向公司强化了一种思想即正确的消费者正在关注公司。为追踪更详细的结果，公司通过熟悉度和喜好度调研以测量它在和受众细分市场的接触中成功与否。

最后，公司自己的员工是其最大的一群股份拥有者，因此是ITT工业公司集团广告战略的重要听众群体。为了接触这些受众，ITT将此次活动刻录在CD中，并且分发给了每一位员工。为测量在这一部分客户中的成功度，公司用一种创新互动的方式时不时地检测员工对广告的掌握度。ITT工业公司在一次“最受欢迎广告”的评选中赢得了几百张选票，这也同时测量了人们对其广告的赞赏度和喜好度。

索　引

(条目后的数字为英文版页码)

A

B

C

D

E

G

H

I

J

K

L

M

N

O

P

Q

R

S

T

U

V

W

Y

Z

附录1：

作品公事包

如何在创作部门中谋得一份工作

以下是公司在招募入门级文字编撰者和艺术总监时寻求的一些关键特质：

1. 创新思维。当然，这是很主观的。但是如果没有特殊表现，你连面试机会都很难获得。况且，你的作品和你这个人还得符合面试官的思路。
2. 工作热情。这包括将设想付诸实践的激情和从错误中吸取教训的能力。
3. 对世界的激情。我们崇尚的远不是对音乐、电影、剧院、艺术和当下流行的幽默元素的短暂的痴迷；我们还崇尚旅游，尤其是走那些冷僻线路。因为那里往往是灵感的源头。
4. 对文字和设计的迷恋。这种迷恋应是持续的，始终强烈的。
5. 超凡的想象力。想法并不一定需要具有可行性。如果实在不可行，公司会及时把你拉回正确的轨道，而要求你有新意其实更难。
6. 相关的调研和市场营销知识。这意味着你可以与之神交，但是你得思维却不会受之束缚。

7. 尝试最愚蠢想法的胆量。和情绪抗争。感动人们。但不能过度。过多的使用双关语会伤害你;错误的双关语更会使你受到打击。再度重申,这也是很主观的。

你的作品公事包或“书”

你需要的不仅仅是一本好书——你需要的是一本伟大的书,只有这样,你才能得到一个大广告公司的注意,这是一位广告公司的创意总监在周末给广告教师上创意讲坛时说的。相较循规蹈矩的书,广告公司更喜欢打破常规的书——它以聪明的方式独树一帜,就如同精彩的广告一样。

你应该使用何种作品公事包呢? 活页本会是个不错的选择,因为它可以让你在最终定稿前可以不断更新和重新安排内容。你可能希望将堆积如山的工作放进一个简洁的作品公事包,并将每一页都按最好的方式展现出来。然而,这个方法显得有些麻烦。一些同学花更多的钱压缩自己的作品,并给它设计了专业的封套;还有一些同学则将自己的作品刻成光盘或是发布到网上。

记住,是你作品的质量决定了你是否能谋求到这份工作,而不是你花费的金钱。一个打印错误会降低你的录取几率,无论你是用压缩、刻盘还是复印方式。然而在两个候选人的作品公事包不分伯仲时,投入更多努力的那一个当然成功率更高些。

当然,也请记住,广告公司经常会要求你留下你的作品公事包以备后用。因此,你需要准备几本书或是准备几本印有你作品复印稿的“备用”书。

你的作品公事包的内容

约翰·思维尼(John Sweeney)给出的本“书”内容的建议:[1]

1. 解释说明活动理念。确保你列出展示的第一个活动是最出色的。最后一个是最多彩的。因为第一印象和最后的结束印象都是很重要的。
2. 根据面试的需要调整你的书。但是如果你想要一个简单的公式,那试试这个:一个包装产品广告(如牙膏、除臭剂、垃圾袋等等),一个耐用品产

① John Sweeney, “Step Up Persistence to Get in Agency Door,” Advertising Age, 2 May 1985.

品广告(如立体声、照相机、电脑、冰箱等等),一个食品或时尚广告活动,一个公共服务或旅游广告活动,一个新产品理念和市场进入广告活动。其中的一个广告活动至少需要用到包括电视、平面、广播和户外广告等——这样才能完成一个完整的活动理念的展示说明。使用一次音乐,一遍解说和一声表扬,你需要展示你针对不同的产品使用不同的宣传手段的能力。

3. 可能的话,选择自己喜欢的产品为你的广告产品。但是,请注意了,虽然人们总觉得为自己喜欢的产品设计广告不难,但是在实际工作中你很少会有自由选择的机会。当然,如果你试图击败美国运通卡、可口可乐和Macintosh的广告创意,你很有可能会失败。还是选择那些拥有创意却未被重视的产品。而且,不要选择你应聘广告公司的客户为目标对象,你选择的战略很有可能早已被公司的调研否定了。
4. 至少包括两个以上长篇文案的广告企划。许多创意总监对新人很是怀疑。他们对夸夸其谈电视类型却没有基本写作技巧的人心怀戒备。为证明你的写作功力,在文案正文部分写下至少两段内容截然不同的长篇平面广告文案。每个广告至少300字的文案,以展示你驾驭文字的能力。
5. 确保你的脚本计时正确。业余爱好者的作品很可能会是这样:30秒的广告播出来却有58秒。学习正确的脚本格式,它很简单就能帮助使你的作品看起来比较专业。
6. 对受众和策略的陈述要简短。公司追求的是原创思维和较强的写作技巧,而不是市场或调研潜力。
7. 监控回馈信息。如果在不同的面试中听到一些相同的评价,那你就要认真考虑这一点,看是否可以改进。如果对你所做的同一广告,你听到很多评论,那么欢迎你的加入(于广告这一行)。

需要避免的错误

基于一份针对美国顶级创意总监的调查结果,爱丽丝·肯德里克(Alice Kendrick)和她的同事指出,学生在准备他们的作品公事包时最常犯的错误包括:①

① Alice Kendrick, David Slayden, and Sheri Broyles, "Real Worlds and Ivory Towers: A Survey of Top U.S. Agency Creative Directors。" Used by permission.

1. 创作过于花哨的故事情节，不花500 000美金拍不出来(所以，一些人甚至怀疑电视广告在作品公事包中存在的合理性)。
2. 点子不佳或是好点子但不能贴切的用广告体现。
3. 没有做广告活动的策划。
4. 重复已经做过的活动而不冒险尝试新想法。
5. 为已有成功宣传的产品作广告。
6. 显示出明显的写作、思考和概念能力匮乏。
7. 展现了太多作品——过多。
8. 过度重视执行，却忽略了内容。
9. 过多地使用双关语。
10. 忘记了广告的真正挑战在于消费者关注的细微小节。
11. 更注重作品的润色和效果，而忽略了作品的创新性。
12. 展现了不能运用于广告的作品。

附录2：作　业

一步一步建立一项广告活动

选择一个客户，并在你学习本书的每一章时完成相应的作业。关于客户选择的建议在这份附录的最后。你可能想要一个正在寻找新的广告代理商的客户，你可以参考《广告周刊》杂志的新业务部份或是《广告时代》杂志的客户行动部分。

第一章：评判一下客户当前的广告活动。它是否满足本书中探讨的创新定义？该广告的优势是什么？劣势呢？它和竞争对手的广告相比如何？你认为客户为什么需要一个新的广告代理商？

第二章：分析你目前的品牌识别的优点。讨论以下几个方面：

1. 名称和标识。和竞争对手相比，它是否有独特性？
2. 色彩。有没有代表品牌的标志颜色？
3. 主题语。品牌有这一栏吗？如果有的话，它是如何帮助深化品牌识别的？
4. 建筑。公司的总部大楼的外观如何？和企业的品牌识别是否一致？

现在,以竞争对手为目标,重新进行这个练习。

第三章:客户目前的广告活动反映出多样性了吗?如果是的话,其做法是积极正确的吗?还是继续着传统的偏见?

第四章:为客户做一手信息和二手信息的调研。讨论以下几点:

1. 今天客户所处行业的趋势?
2. 客户和竞争者相比如何?
3. 消费者是如何看待客户和其他竞争者的?
4. 客户的形象可以如何差异化?包括现有的和对未来的构想。

第五章:依据前一章你做的调研结果,为客户写一份战略陈述。

第六章:依据前一章你的战略陈述,为客户构想20个点子,它们可以是概要或文字简述。然后向全班展示你的作业,并听取回馈。认真考虑其他同学的意见,记得使用本章中有效使用批评的建议。

第七章:选取前一章作业中最出色的一份创意,设计创作一份平面广告,并描述其视觉效果应该如何。

第八章:把你刚完成的广告文案制作成很简单的草图。从中选择最好的一份做成详细的图稿。视你的电脑技术水平,你可能可以扫描一些图片以使你的作品更成形。

第九章:判断你的平面广告能否转换成同样有效的广播广告方式。如果平面广告需要视觉辅助才能被理解,那你能否把图片效果通过声音表现出来?如果不行的话,为广播广告设计一份新的企划,仍旧用你第五章的作业中的战略陈述,然后撰写一段30秒或60秒的广播广告。

第十章:判断你的平面广告能否转换成同样有效的电视广告方式。如果平面广告有较长的文案,那么你能否将其通过视觉图像表达出来?如果不行的话,为电视广告设计一份新的概念,仍旧用你第五章的作业中的战略陈述,然后设计一份30秒的电视投播广告文案。

第十一章:为你的客户设计一份直邮邮件。针对信用卡公司和非赢利组织这些需要较多文字内容才能明晰定位的客户,一封带信封的邮件是再好不过的了;对于零售商和B2B组织,一份目录最合适;而明信片适合餐馆、美发沙龙和其他以服务为主的客户,它们不需要太多文字介绍来提醒消费者,它们时刻准备着提供服务;对销售个人护理产品和包装食品的客户可提供平面广告或报纸中的插页广告。

第十二章：浏览一下你的客户目前的网站。它是否体现了客户的品牌形象？它浏览起来是否方便？设计一个网站导航地图，并将你为客户设计的新形象作为其主页。

第十三章：决定除了传统方式以外对客户最有效的广告方式。然后至少作一份企划。这里并不需要设计包括样品展示、特别包装、或优惠奖励——只要在一张8.5英寸×11英寸的纸上说明它的形象即可。

第十四章：对你刚完成的广告设计进行修改润色，并充分考虑教授和同学的反馈意见。在修改的同时，请确认你的作品是可持续的并可形成一个系列的广告活动。一旦修改完成，以班上同学为假想客户，向他们作比稿演示。讨论以下几点：

1. 就客户公司和其消费者你有什么深入发现？
2. 该广告活动的主题和以此为主题的理由。
3. 有关该广告活动的3—5个活动例子。
4. 为什么客户要聘请你作为其新的广告代理商？

关于客户选择的建议

美国经典茶叶

一百多年前，茶叶种植者将中国、印度和锡兰的最上等的原始茶叶带到了南卡罗莱纳州地势较低的区域。这些当年荣耀的茶叶历史现在传承到了查尔斯顿茶庄，全国唯一种植茶叶的地方。农庄的主人，马克·弗莱明（Mark Fleming）和比尔·霍尔（Bill Hall），将自己的一生献给了茶叶。霍尔是在伦敦学徒的第三代品茶家。弗莱明，是位园艺家，当这个农场还在汤姆斯·J·立顿（Thomas J Lipton）研发阶段时就在这里工作了。他们两位都坚持品种的纯正，他们种植香红茶，绝不使用农药或杀真菌剂。

卡斯卡德（Cascade）二合一塑料碗清洁剂

你是否曾试图清洗装过意大利面或烤宽面条的塑料容器？那调味酱汁在碗里留下的一层令人恶心的橙色油迹很难清除。但现在不同了，只需在洗碗机里倒入三勺卡斯卡德二合一塑料碗清洁剂，说变就变，洗好的塑料碗亮丽如新。它还是清洁洗碗机使之焕然一新的好方法。

这个产品包含过氧化苯（甲）酰，并不适合手洗，且标签上建议不要长时间和皮肤接触。6.8盎司一筒的价格为3美元，这比更换一个特百惠（Tupperware）的碗便宜多了。但你如何说服人们这比买一次性碗更好呢？因为一旦弄脏，一次性碗就可以扔掉。

沸兹泡腾（Fizzies）饮料片剂

当然，这决不是为了那些喜欢香槟的人准备的，这是为儿童和青少年设计的。那些七八年级学生总喜欢一些怪怪的东西。这种片剂被称为沸兹泡腾片，它是速溶饮料片剂，有樱桃味、葡萄味、根汁饮料味和橙汁味。

对于20世纪50年代后期的人来说，这种汽水有着强烈的怀旧意味——那是防空洞的黄金时代——正是汽水被引进的年代。它们现在的回归，对儿童（也有可能是他们的父母——甚至是祖父母——那些还记得"好日子"的人们）来说又成了新奇的事物。

沸兹泡腾片令人难以接受的一个原因是——你甚至不需要一瓶水就能获得乐趣——只需要把它放在舌头上；很快你就能"口吐蓝沫"，并有"彩色的泡沫从你的嘴角缓缓流出。"那你该如何做广告呢？

"让它走"挂断装置（Gotta Go）

接到骚扰电话又不想尴尬地单方面挂断？一个叫做"让它走"的电子装置可以模拟电话公司待接电话的提示音。这个白色盒状小装置只需按一个开关便可激活，可以用在任何单线电话上。它的发明者试图结束和唠叨女友的不着边际的对话时，想到了这个方法。他女朋友每天都在他最忙的时候打来电话开始空谈。有一天，当她听到待接电话的提示音时，便意识到他还有其他的电话要接，便主动提出挂机。这使他明白了一旦有人打来电话，并听到提示音后，他就解放了且不需要自己提出挂机。"让它走"挂断装置售价14.95美元，这比每月收取服务费的电话公司提供的待接电话提示要便宜。

希尔宠物饮料

这是给狗和猫的饮料，你可以把它想象成佳得乐（Gatorade），依云（Evian）和保证（Ensure）等饮料的混合物。乔治希尔博士牌宠物饮料是专为猫和狗设计的牛肉味混合饮料(两种配方)。它们可以和干粮混合吃,也可以作为奖励的饮品。二者都含有12种维生素和矿物质,并且都经过酵母发酵可防止跳蚤等。

产品为32盎司或64盎司的奶壶瓶包装。小包装售价1.39美元。希尔博士是一位来自北卡罗莱纳州索尔兹伯的兽医,他认为猫和狗的饮食营养不均衡。

同时另一个竞争者,原创宠物饮品公司,已经签下了4个饮料罐装厂,并已向市场投放了它的"饥渴狗"和"饥渴猫"牌饮料产品。这些富含维生素和矿物质的饮品的目标是取代宠物碗里的普通水。一升装牛肉味清爽味饥渴狗和一升装臭鱼味饥渴猫饮料均价为1.79美元。另两种新产品正在研发阶段,主要针对小狗小猫和老年宠物。调研发现许多宠物的主人给他们的宠物饮用的是依云和巴黎水。"一旦你给人们除水之外的饮品,他们就会选择其他;那动物为什么不可以呢?"公司总裁马克·杜克(Marc Duke)反问道。

库拉通(Koolatron)便携式冰箱

它长得像一个冰柜,但它可便携,真的是一个冰箱和加热器的二合一产品。美国宇航局为库拉通公司发明了这项技术。它需要比传统冰箱更轻巧更可靠的螺旋管和压缩机。一种叫做热电偶的固态物质被反发现了,它和一个火柴盒差不多大,降温水平和10磅重的冰一样。除了一个小型的排风扇,这个电子冰箱没有其他可移动的易损坏的装置。它的售价等同于一台较好的冰柜加上一两个季度的供冰费(差不多是一家五口外出吃晚餐的费用)。

当插上插座,库拉通就变成了焙盘、汉堡和婴儿奶瓶的加热器。它可以加热到125摄氏度。空箱时它只有12磅重;满箱时,它可以装下40个12盎司重的易拉罐。在汽车旅行时,可把库拉通接入你的打火机。当野餐或钓鱼时,它可以保持24小时冷藏状态。如果你把它留在关闭引擎的车上充电,它每小时的耗电量为3 amps。售价99美元,12美元送货费。选配一个多重交流电变压器,你就可以把它放在娱乐室、户外就餐处或是汽车旅馆里。订购电话为1-800。

草坪喷彩

或许是受了发胶广告片的启示,这瓶气溶喷彩是专为那些不想让自己的草坪在秋冬时节显得光秃秃的人设计的。你可以依据自己的心情给草坪上色,从棕榈绿,雪松绿到春绿,再到肯塔基蓝。标签上承诺该产品完全无毒,并建议你可先在草坪上喷一小块做一下测试。当然这绝不是为那些自然纯粹主义者设计的,他们不是本产品目标受众。找到你的市场,然后使人们相信拥有一个好看的草坪比一个健康的草坪更重要(开玩笑)。

立顿健康家庭汤

煮30分钟即可。只需加水。自然健康。四人份,32盎司。没有什么汤比家里煮的更好喝的了,但当今的时代,谁都没有时间,所以请选择立顿——它的健康家庭汤,内含豆类、谷物和意大利面点,配以药草和香料。换句话说,这些配料都帮你混合好了,你只需加入水,然后让它慢慢地煨30分钟即可食用。它有四种口味:鸡肉配意大利面条和豆类汤,各种豆配意大利面条汤,(加蔬菜,大麦,通心粉等煮成的)蔬菜通心粉汤,鸡肉洋葱配谷物和菰米汤。密闭包装,上面还有透明部分,你可以清清楚楚看见里面的内容。该产品的竞争者是罐装汤,只要加热5分钟即可食用。

果酱软糕

这是一种果酱调制品,德克-莫尔公司(Durkee-Mower)生产,可以用来涂抹在其他食物上,主要的销售市场为新英格兰和纽约上州区域。这种软软、黏黏的零食由玉米浆、糖、蛋白干和香草制成。你可以把一块直接加入热巧克力中,也可以把它当作蛋糕上糖霜的基本成分,还可以增加甜土豆软饼的甜度。与乌皮派和芳吉软糖一起吃,味道特别棒。但是,因为软糕坚果三明治——新英格兰儿童的最爱三明治,软糕开始引起了大家的关注。2006年,该三明治家乡所在地,马塞诸塞州的一个州参议员提议说,这种三明治在学校的餐厅一周只能售卖一次;随即,另一立法议员跳出来反对,坚持软糕坚果三明治是本州的正式特产。在本书出版之时,这个争论还没有一个结果。但是,不管如何,当前儿童肥胖症的确是个严重的问题,那么你又将如何来向全国各地消费者推广这个产品呢?

比萨大厨-美食家比萨

当地的比萨饼店,每份比萨现时现做,比萨上面有各种新鲜药草和香料做调料。其美食色拉由新鲜的长叶生菜与自制的色拉酱调拌而成。该店还烘焙小面包,它的比萨饼都是用当天的全面面团或者手工作成的面团烘焙。当然,除了烘焙好的比萨,该店还出售未经烘焙的比萨,你只需预定即可。

堂吃,外卖,或者自取,三种方式都可以。店内还供应啤酒和葡萄酒。传统的浇头配合该店"设计师比萨",田园、恺撒、开胃和西南鸡肉四种色拉选择。你在做该产品的广告设计时，注意与那些诸如比萨屋和多米诺的比萨巨头区别开来。

个人安全-音之伴

小孩走失了，传统的方式就是用震得破窗玻璃的声音呼唤小孩的名字；今天，你可以电子定位你的小孩。迈阿密儿童安全制品公司推出了一款儿童追踪监控系统。该系统包括一个由电池控制的发射器，上附一个儿童安全锁扣，一个家长用的接收器，每套设备售价99美元。

通过该系统，家长可以在小孩的发射器上设定一个30—60英尺安全范围的警报，接收器如一枚硬币大小，可挂在胸前。如果孩子们游荡出了设定区域，家长接收器的闹铃便被激活。当发射器被关闭或浸入水中时它也会叫。

塔巴斯科（Tabasco）七味辣椒秘方

一百多年前，世界上最早的红辣椒酱制造商已经在生产它的产品了，但却没有想过要扩充其产品线。家族企业麦凯尼（McIlhenny）公司，是塔巴斯科酱的生产商，它拥有除辛辣酱以外所有的调料市场，但是它直到1973年才开始研发新产品，当时它生产了红色玛利酱，接着是1982的匹恺特酱（picante）。现在它提供了塔巴斯科七味辣椒酱的秘方，这引起了对塔巴斯科这一传统品牌的普遍关注。

塔巴斯科之于红辣椒酱就如同施乐之于打印机。尽管屡屡接到购买秘方的申请，麦凯尼公司致力于家族秘方的保密工作。该酱在偏僻的艾维利岛的橡木缸里诞生，那里地处路易斯安那州阿卡迪亚城（Cajun），也是公司总部所在地。

这种劲道十足的酱很难复制，因为在其生产过程中加入了美国中部产的辣椒，和当地的盐和醋进行了混合。

塔巴斯科公司诞生于1865年，当时的亨利·麦凯尼（Henry McIlhenny）用购自墨西哥尤卡坦半岛（Yucatan）辣椒制作其塔巴斯科酱。整整四代人，每一位家族掌门人，在秋收季节每天都会穿着西装，戴着领带，来到辣椒种植园里亲自观察植物生长的质量，检查大缸中的浆的质量，查看装瓶情况。

一百多年来，瓶子的包装，品牌名称和标识都没有变过。

辣椒酱由最成熟的番茄、青椒、切块的洋葱、真正的塔巴斯科辣椒酱、7种草药以及只有公司知道的香料制成。你只要加入牛肉。该酱作为意大利面调料露面。标签上写着："塔巴斯科牌七味辣椒酱，麦凯尼公司生产。"

塔巴斯科占领着辣椒酱市场30%的份额。这是个日益增大的市场，因为辣味饮食正日益流行。

私立高等教育的价值

美国的私立学院运行良好但它们必须努力扩大招生量,所以它们决定合资做广告宣传自己的优势并以此扩大生源。中西部正结合各州(伊利诺伊州,印第安那州,密歇根州,俄亥俄州和威斯康星州)私立学院联盟的努力,现在正需要设计一份平面广告。

这份广告将出现在全国发行的各新闻周刊的中西部版上,而且部分广告的刊登可以视作公共服务。这些有关私立学院的信息并不是众所周知的:

1. 私立学院对我们的社会起了很重要的服务作用,尽管它们的许多贡献并没有获得认可,但这很可能是因为公立学院或大学的势力影响过强。
2. 它们的师生比例为14:1。它们的生源来自各种族和各收入阶层。
3. 中西部这些学校已录取了390 000名学生,其中48 000位是少数民族学生,80%的学生接受过某种形式的财务资助,其中的20%源于学校的财政预算,这是10年前的两倍。
4. 它们颁发了本地区30%的学士学位证书,66%的学生走上了读研的道路。
5. 它们每年为当地的经济贡献大约100亿美元,并每年为当地创造了350 000个就业岗位。
6. 在《财富》杂志公布的世界500强企业中,每10位CEO中就有6位来自私立学院。

因此很明显这些学院为社会的教育、文化和经济的健康发展作出了巨大贡献。

受众:

选择多重受众较为合适,但这份广告是为了私立学院服务,所以请从中西部初高中生的父母角度出发。因为拥有经济资助,所以一定要针对中等或中低收入家庭,尤其是那些从来没想过除了公立大学外还能送孩子去哪读书的家长,他们认为公立大学学费更便宜,低收入家庭也更容易获得资助。

因为每40名学生中就有5名少数民族学生,所以这个受众也不能遗漏。重要的是,这条信息应该被那些坚信多样化的白种人和各少数民族知晓,他们应了解到公立大学的低师生比例和其他使私立学院异于竞争对手的特质。

竞争：

这是一个较广义的范畴。目标市场的受众可能认为竞争来自大型公立大学和社区或技术学院(低成本)。但你也可以以不上大学的群体或思潮为竞争对手。记住，这是一个成本膨胀的时代，教育投资也不例外。学生们几乎都需要通过工作或赢得资助奖学金等来支付部分学费。总的理念是学校越小越私立，获得经济资助的机会越小。

创造并销售一种新产品

为特殊消费群设计创造符合他们特定需求的产品。以下的指导将帮助你决定设计何类新产品。然后你就可以在此基础上开展广告活动了。

1. 产品的本质是什么？请说明用途、包装、大约售价、销售商店、规格、大概的形状和外观。
2. 产品的名称是什么？它象征什么？
3. 从人口统计、生活方式和人际关系的角度分析受众范围。有没有潜在受众？
4. 新产品将取代消费者现在使用的何种产品？新产品相比旧产品的优势。
5. 新产品关键的销售思路是什么？

后　记

本书经过一年多时间完成，由杭虹利副教授、李全喜、曹姝婧、王婧津共同翻译，全书最后由杭虹利副教授校对并审阅定稿。限于我们的水平，书中难免有误解或不妥之处，恳请本书原作者谅解，敬请广大读者和专家给予批评指正。

杭虹利

图书在版编目(CIP)数据

广告创意战略(第九版)/〔美〕朱丽安妮,〔美〕朱勒著;杭虹利等译.
—上海:复旦大学出版社,2011.9
(公关与广告系列)
ISBN 978-7-309-06742-2

Ⅰ.广…　Ⅱ.①朱…②朱…③杭…　Ⅲ.广告学-高等学校-教材　Ⅳ.F713.8

中国版本图书馆 CIP 数据核字(2009)第 111848 号
Bonnie L. Drewniany　A. Jerome Jewler
Creative Strategy in Advertising(9Ed)
ISBN:0-495-09620-2

Cengage Learning Asia Pte. Ltd.
5 Shenton Way, #01-01 UIC Building, Singapore 068808
上海市版权局著作权合同登记号　图字　09-2008-162 号

广告创意战略(第九版)
〔美〕邦尼·L·朱丽安妮　〔美〕A·杰尔姆·朱勒　著　杭虹利　等译
责任编辑/姜　华

复旦大学出版社有限公司出版发行
上海市国权路 579 号　邮编:200433
网址:fupnet@fudanpress.com　http://www.fudanpress.com
门市零售:86-21-65642857　团体订购:86-21-65118853
外埠邮购:86-21-65109143
常熟市华顺印刷有限公司

开本 787×1092　1/16　印张 24　字数 464 千
2011 年 9 月第 1 版第 1 次印刷

ISBN 978-7-309-06742-2/F·1502
定价:40.00 元

CENGAGE Learning™

Supplements Request Form (教辅材料申请表)

Lecturer's Details（教师信息）			
Name: (姓名)		Title: (职务)	
Department: (系科)		School/University: (学院/大学)	
Official E-mail: (学校邮箱)		Lecturer's Address / Post Code: (教师通讯地址/邮编)	
Tel: (电话)			
Mobile: (手机)			

Adoption Details（教材信息） 原版□ 翻译版□ 影印版 □			
Title: (英文书名) Edition: (版次) Author: (作者)			
Local Puber: (中国出版社)			
Enrolment: (学生人数)		Semester: (学期起止日期时间)	

Contact Person & Phone/E-Mail/Subject:
(系科/学院教学负责人电话/邮件/研究方向)
（我公司要求在此处标明系科/学院教学负责人电话/传真及电话和传真号码并在此加盖公章.）

教材购买由 我□ 我作为委员会的一部份□ 其他人□[姓名：] 决定。

Please fax or post the complete form to（请将此表格传真至）：

CENGAGE LEARNING BEIJING
ATTN : Higher Education Division
TEL: (86) 10-82862096/ 95 / 97
FAX : (86) 10 82862089
ADD: 北京市海淀区科学院南路 2 号
融科资讯中心 C 座南楼 12 层 1201 室 100080

Note: Thomson Learning has changed its name to CENGAGE Learning

VERIFICATION FORM / CENGAGE LEARNING

复旦大学出版社向使用本社《广告创意战略》作为教材进行教学的教师免费赠送多媒体课件,该课件有许多教学案例以及教学 PPT。欢迎完整填写下面的表格来索取多媒体课件。

或者登陆www.fudanpress.com 填写网上调查反馈表,将获赠电子书一本。

教师姓名:__________职务/职称:______________________________

任课课程名称:______________________任课课程学生数:________________________

任课课程名称:______________________任课课程学生数:________________________

任课课程名称:______________________任课课程学生数:________________________

将开课课程名称:____________________将开课课程学生数:______________________

将开课课程名称:____________________将开课课程学生数:______________________

E-mail 地址:____

联系电话:(O)_________________ (H)_________________ 手机:_________________

学校名称:______________________________________

学校地址:______________________________ 邮编:____________________________

学校电话总机(带区号):______________ 学校网址:____________________________

系名称:_____________________________ 系联系电话:__________________________

需要赠送教材样书名称:__________________________________

赠送教材样书地址:______________________________邮编:______________________

____

____

____

您认为本书的不足之处是:

您的建议是:

请沿此线剪下

请将本页完整填写后,剪下邮寄到上海市国权路 579 号复旦大学出版社 姜华 收

邮编:200433 联系电话:(021)65106110

E-mail: jianghua7828@fudan.edu.cn 传真:(021)65106110